广东省哲学社会科学"十二五"规划项目"客家区域教学文化发展的生态化研究"（项目编号：GD11CJY02）

客家区域教学文化导论

杜德栎　胡　梅　著

暨南大学出版社
JINAN UNIVERSITY PRESS

中国·广州

图书在版编目（CIP）数据

客家区域教学文化导论/杜德栎，胡梅著 . —广州：暨南大学出版社，2017.7
ISBN 978 - 7 - 5668 - 2118 - 8

Ⅰ. ①客… Ⅱ. ①杜…②胡… Ⅲ. ①客家人—民族文化—研究—中国
Ⅳ. ①K281.1

中国版本图书馆 CIP 数据核字（2017）第 114148 号

客家区域教学文化导论
KEJIA QUYU JIAOXUE WENHUA DAOLUN
著　者：杜德栎　胡　梅

出　版　人：徐义雄
策　　　划：杜小陆
责任编辑：陈绪泉
责任校对：黄志波
责任印制：汤慧君　周一丹

出版发行：暨南大学出版社（510630）
电　　话：总编室（8620）85221601
　　　　　营销部（8620）85225284　85228291　85228292（邮购）
传　　真：（8620）85221583（办公室）　85223774（营销部）
网　　址：http：//www.jnupress.com
排　　版：广州市天河星辰文化发展部照排中心
印　　刷：广州家联印刷有限公司
开　　本：787mm×1092mm　1/16
印　　张：17.25
字　　数：308 千
版　　次：2017 年 7 月第 1 版
印　　次：2017 年 7 月第 1 次
定　　价：55.00 元

（暨大版图书如有印装质量问题，请与出版社总编室联系调换）

前　言

2009 年 7 月，笔者从炎帝故里宝鸡来到世界客都梅州。从"千里黄云白日曛"到"红豆生南国"，由于南北气候、饮食、方言等方面的差异，笔者对南北文化，特别是客家文化进行了长时间的思考和对比分析，深感南北区域文化之别。后来便由区域文化的思考转入对教学文化的专业思考。2011 年，笔者将这种思考归纳为"客家区域教学文化发展的生态化研究"，并以此作为申报课题，当年被立为广东省哲学社会科学"十二五"规划项目。本书对客家区域教学文化的认识与分析既是本项目的最终成果，也是笔者自我人生的一次文化之旅与反思。

一

作为一种亘古绵久的社会现象，"文化"是一个蕴含丰富内涵的综合体，不同的人有不同的认识。据不完全统计，有关文化的定义至今已不下三百种。① 为了保证研究的科学性，力争还原文化的本质面貌，在既不误解文化的本质含义，又不任意扩大文化外延的前提下，我们认为"文化是具有一定社会意义的一个人的群体，在一定时期、一定区域内所形成的，为这个群体所特有，并被共同接受或认可的价值信念、思维模式、行为规范、制度约束以及承载这些精神产物的物质器物的总和"。文化是一个民族的精神和灵魂，是国家发展和民族振兴的强大力量。② 它具有场域性、资本性、生态性和创新性等特征。文化既是教学的手段，又是教学的目的。教学与文化密不可分。教学文化是教育文化的亚文化，是指在一定时期和区域的师生，为了建构新（有意义）的生活方式，用表意符号或象征符号所形成的价值理念、思维模式、教学制度、教学行为及其外在的物质表现的整合体。从构成要素来看，教学文化是包括教学精神文化、教学制度文化、教学行为文化和教学物质文化在内的整体性文化，包含以下内

---

① 郑金洲．教育文化学［M］．北京：人民教育出版社，2000：2.

② 中华人民共和国中央人民政府．中国共产党第十七届中央委员会第五次全体会议公报［EB/OL］．http：//www.gov.cn/ldhd/2010－10/18/content_1723271.htm.

涵：一是教学文化的目的是营造和谐愉快的教学文化氛围，唤醒教学文化自觉，培养全面发展的人，促进学生的社会化和个性化成长，改善教与学的品质，使教学主体在德、智、体等方面达到真、善、美的境界；二是教学文化建构的主体是由教师和学生组成的教学文化共同体；三是教学文化是以表意符号或象征符号为中介进行建构的；四是教学文化是一个多要素整合构成的生态系统，这个系统是由教学精神文化、教学制度文化、教学行为文化和教学物质文化等组成的内在因素，以及外在社会因素、家庭因素、环境因素等多种因素构成的一个整体；五是教学文化的本质是师生建构有意义的生活方式，使教学活动更美好、更人性化。

教学文化具有不同的形态。从教学文化主体之间的关系来划分，可分为竞争性教学文化和合作性教学文化；从教学文化的显隐程度来划分，可分为显性教学文化和隐性教学文化；从教学文化存在机制来划分，可分为控制性教学文化和生成性教学文化；从教学文化存在的历时性来划分，可分为古代社会的展示性教学文化、近代社会的传递性教学文化和当代社会的生成性（探究性）教学文化三类。生成性教学文化关注人的全面发展和人的主体性发挥，倡导对师生的生命关怀和人格培育。它秉持生成性思维方式，将教学的生成与预设统一起来，辩证地加以审视；它强调教学是师生生活的建构过程、课程探究的过程、师生自我价值实现的过程，也是教学过程、教学结果和教学评价有机结合的过程。在教学实践中构建生成性教学文化是当代教学文化发展的主流。教学文化是一种宝贵的潜在的教学资源，教育者只有通过文化主客体之间的对话、交流与认知体验等多种方式，将静态的教学文化资源变成动态的教学文化资本，才能使教学文化发挥其本身的功能，产生巨大的教学效益。我们认为教学文化具有价值导向、环境美化、制度规约、情感激发、道德陶冶等功能。

二

一般认为，"区域是一个变动的构架，它必须符合研究任务提出的要求来加以定义"[①]。人们可以根据历史传统划分区域，也可以根据经济发展水平或自然地理特征划分区域，也可以根据历史传统、经济、文化、人口、自然地理条件等综合因素划分区域。以行政区划和历史传统文化为依据，我们认为区域教学文化是在一定时期和区域的师生，为了建构新（有意义）的生活方式，用表意符号或象征符号所形成的价值理念、思维模

---

① 陈秀山，张可云. 区域经济理论［M］. 北京：商务印书馆，2003：5.

式、教学制度、教学行为及其外在的物质表现的整合体。这里"区域"的标准主要指行政区划及在一定时空文化的共同性，如客家文化区域、民族文化等，主要由区域物质教学文化、区域制度教学文化、区域教学行为文化及区域教学精神文化四个方面组成。它是教学文化的亚文化，是制约教育教学改革和教师发展的深层次根源。

作为理论存在，区域教学文化是课程与教学论及区域教育研究领域的重要课题；作为实践存在，区域教学文化是一种客观存在的现实。由此，区域教学文化的价值体现在理论和实践两方面。

其一，有助于认识区域教学文化的特殊规律，丰富和完善教学文化与区域教育理论。区域教学文化研究是一个多学科研究的边缘领域，其上位学科既属于教学文化学的范畴，又属于区域教育学的范畴。因此，对区域教学文化进行研究，形成区域教学文化的相关理论，既是教学自身的本然需要，也是区域教育发展的需要。同其他事物的运动一样，区域教学文化的发展也有其特殊规律，比如区域教学文化的本质、特点与价值，影响区域教学文化形成的因素与过程，不同区域教学文化的差异，构建区域教学文化的运行机制及区域教学文化制度创新等。这些规律不同于教学文化发展的一般规律，也不同于区域教育发展的一般规律。区域教学文化发展在任何状态下都要受这些规律的制约，建设区域教学文化必须认识与遵循这些规律。而开展这方面的研究，无论是对丰富和完善教学理论与区域教育理论，还是对指导区域教学文化的发展，都具有重要意义。应该说，国外相关的研究已经有了一定积淀。然而"从国内相关文献检索来看，没有发现教学文化方面的专著，可见的只是一些研究者的论著和相关的译著中对教学文化的偶尔提及，缺乏系统而深入的考察"①，尤其是对区域教学文化研究的成果目前还没有人论及，是一个亟待深入探索的新领域与课题。

其二，区域教学文化研究凸显教学论研究的价值，有助于产生原创性研究成果。从区域文化的角度来分析教学，对现代教学理论进行全面的研究与反思，构建具有本土文化特色的现代教学论，有益于我们应对全球化的挑战，理解教学的深层次结构，探求不同教学理论流派产生的根源，理性地比较和借鉴西方教学理论，指导当前的教学改革，这是教学论建设与发展的客观需要和新生点。正像日本马越彻教授所认为的，"没有能称得上是'区域研究'的研究，也就不会出现能够称得上是理论的理论"②。

① 徐继存，车丽娜.教学文化研究引论［J］.天津市教科院学报，2007（4）.
② 马越彻."区域研究"与比较教育学——以明确"区域"的教育特质为目的的比较研究［J］.饶从满，摘译.外国教育研究，2002（4）.

其三，有助于妥善解决不同区域的教学文化问题，深化基础教育课程改革。我国幅员辽阔，地区差异很大，各地经济、文化发展极不平衡。在"互联网＋"时代，区域的发展越来越依靠区域的人才资源与自主创新，越来越依靠区域的教育与教学。事实上，我国城乡地区之间的教育差异，其实质就是区域教学文化的差异。怎样从不同区域的文化实际出发，深入研究区域教学文化中的问题，寻求本土教学理论，是我国教学研究的大趋势。从大的区域来讲，我国目前已初步形成了京津教育带和沪宁杭教育带两个比较明显的教育高地，其他区域如以武汉为中心的华中教育带、以西安为中心的西部教育带、以重庆为中心的教育带以及以广东为中心的南方高地均没有形成优势，但正在崛起。同时，各地由于自身的历史传统、经济发展水平、文化信仰、民族差异和自然地理条件等各种因素作用，产生了许多区域教学问题，如区域教学资源配置、社会主流教学价值与区域教学价值的冲突、区域教学文化创新等，客观上形成了许多具有不同特色的区域教学文化，有待我们去思考、去解决。研究区域教学文化发展的规律能为我们实事求是地解决区域教学发展问题提供理论指导与实践依据。

"深化课堂教学改革是十多年来新课改一直强调的，但现在改革进入全面深化阶段以后，课堂教学改革的重点和核心在哪里？答案是教与学关系的根本性调整。从总体上来说，目前课堂教学还没有普遍地实现根本性的转变，我们所期待的那种新型的课堂还没有普遍地建立起来，根本问题就在于——还没有有效地调整好教与学的关系，课堂还没有从根本上实现由以教为主向以学为主的转变。很多的改革还没有真正涉及课堂深层结构和深层教学关系的调整，有些改革还停留于表面。"① 究其原因，最为核心的还是课程改革的理念无法真正落实到教学实践中，新课程所倡导的探究性教学文化与原有区域教学文化之间的冲突以及原有教学文化对新文化的抵制，教师还没有从根本上破除传统捆绑式的教学习惯和文化。因此，要全面深化课程改革，一是把由面向全国、整体的统一要求逐步转向区域化、具体的实践理念规范和行为模式，必然要与当时当地（区域）的特殊文化环境结合起来，把新课程倡导的教学思想转化为每个教师的教学信念。唯有如此，才能破除传统教学习惯和文化的束缚，落实立德树人的根本任务。二是在区域教学文化内涵的各个层面之间，找出从静态教学文化到动态教学文化的转换机制。

---

① 田慧生. 落实立德树人根本任务，全面深化课程教学改革［J］. 课程·教材·教法，2015（1）.

其四，有助于区域教学文化资源的开发与利用，指导学校教学文化建设。一方面是有利于教学文化资本的形成和积累，使教学文化具有文化生产力及资本性的特征；另一方面是指导区域教育行政部门及各学校如何利用教学文化资源，加强教学文化建设，让其为今天的教学改革发展服务，提高教学质量与品位。

文化资本的积累是文化主体不断策划、经营、发展的过程。研究区域教学文化，认识区域教学文化的资本特性，有利于各教学文化主体本着经济低碳生态化的理念，去发展区域教学文化，扩大区域教学文化的效益。从各区域教育行政部门来讲，有利于整合配置优质教学文化资源，解决教学发展的均衡问题，实现教育公平，提高教学效率。从各个学校来讲，有利于优化办学的文化场域，加强学校教学文化建设，放大教育力与辐射作用，彰显办学特色，克服近年来我国学校文化建设中区域教学文化建设缺位的现象，将研究指向教育的根本之处和生命发展的源头。

其五，有利于推进区域教师专业化的发展，提高师资队伍水平。教师专业化是"教育改革的重大主题之一，也是教师教育研究的核心课题"①。教师专业化改革的成功，必须从长、宽、高三个层面加以考虑，即在长度上要保持改革的连贯性和持续性，在宽度上要做到知识、原理、技能的综合组织和运用，在高度上要深入文化层面的变革。然而，目前的实际情形却是过分从宽度上强调教学技术化的教师专业化发展，导致教师专业化成了各种技能和知识的堆积。如过分强调教师的课堂教学技巧，应该如何让学生动起来，让课堂活起来，但为什么要这样做，其内在精神与思维模式依据是什么，则过问太少；只把课程教学当作文化传承的载体，却忽视了课程教学要引导，没有促进师生去创新文化和发展文化。教师是区域教学文化的主体，如何促进区域教师专业发展是区域教学文化的应有之义。据此，区域教师专业化改革必须纳入教学文化层面进行考虑，方有可能摆脱目前的困境。加强区域教学文化研究，揭示区域教学文化与教师专业发展的关系，营造教师发展的良好生态环境，唤醒每一个教师的教学文化自觉，建构区域教学文化形成新机制，有利于教师认识自我的"文化工作者身份"②，增强教师自主发展的积极性，促进教师发展。

---

① 钟启泉. 教师"专业化"：理念、制度、课题 [J]. 教育研究，2001 (12).

② 教师是"文化工作者"这一观点，出自"将教学理解为文化交往实践，意味着教师在教学中是以文化工作者角色和文化主体身份参与文化交往的"。见程良宏. 知识传递与文化交往：课堂教学的路径审思 [J]. 西北师大学报（社会科学版），2015 (4).

三

有太阳升起的地方，就有客家人创造的奇迹。梅州被称为"世界客都"，是客家人聚居集中的区域。这里虽然深处山区，交通信息闭塞，经济落后，土瘠民贫，但客家人富有理想与担当，十分重视教育，自古教育普及，人才辈出，其教育发达之水平处于全国之冠，具有崇文重教的优良传统。南宋时塾学遍布，明清时科甲兴盛，辛亥革命以来，梅州出了340名大学校长（书记）、473名将军、30名两院院士，享有"文化之乡"的美誉。清乾隆年间，时任广东督学的吴鸿称"嘉应之为州也，人文为岭南冠"①，学校密度之大，国内少见②。至二十世纪七八十年代，梅州基础教育仍处于整个广东省前列。

客家区域教学发展的事实再一次证实了教育可以在落后地区优先发展。③ 贫穷并不可怕，怕就怕没有教育和文化，教育文化建设对于一个区域的发展具有极大的推动力量。梅州土瘠民贫，"男读女耕"以维系生计，实是时势使然。南宋绍兴年间，梅州知州方渐说："梅人无植产，恃以为生者，惟读书一事耳。"（《舆地纪胜》）客家俗语则称："子弟不读书，好比没眼珠。"把儿童接受教育视作成为一个健全社会人的基本条件。唯此，才有著名诗人冼玉清"学舍最多文教盛，满城儿女挟书囊"这句赞美客家人兴学办学之风的诗句。客家区域教学文化的丰富内涵有力说明了"穷则思变""教育改变命运，知识创造财富""中国的希望在教育"等观点的科学性。从这个层面来讲，客家文化的本质事实是教育文化（主要体现为教学文化）的发展。

但改革开放后，由于区域经济发展制约了教育发展，梅州基础教育的水平滑落到全省中下水平。如何借深化课程改革和广东省进行教育现代化建设之东风，重建教学文化，振兴发展梅州客家区域教育，这不仅是振兴发展梅州的客观需要，是落实建设南方教育高地、深化课程改革的需要，也是促进教师专业发展、提高教学水平的有效途径，对于全面提高育人水平，让每个学生都能成为有用之才具有重要意义。

---

① 赖雨桐. 试论梅州客家民俗文化的多元因素［J］. 岭南文史，1997（4）.

② 何尚武. 科举制度对区域教育文化的多重影响探析——以客家梅州地区为主要研究对象［J］. 龙岩学院学报，2007（5）.

③ 在人类教育史上，苏联的帕甫雷什中学，美国的第56号教室，我国近年教学改革的典型如杜郎口中学、甘肃省会宁县的高考成绩等无不是在经济落后的地区盛开的教育教学发展之花。

梅州客家区域教学文化的形成与发展不仅受教学精神文化、教学制度文化、教学行为文化和教学物质文化等自身因素的制约，还受到各种外部因素的制约。因此，进行客家区域教学文化的重建工作是一个系统工程，不仅需要正确的指导思想和科学方法，还需要学校、教师、学生、家庭及区域社会各部门的共同参与，形成建设合力，才能最终完成。我们认为，梅州客家区域教学文化重建的基本对策是：

一是正确认识客家区域教学文化建设的意义是前提。充分认识客家区域教学文化生态化建构对于振兴发展客家区域教育的意义与价值，是唤醒客家区域社会、各学校、全体教育工作者与学生进行教学文化建设的自觉性与积极性，形成区域教学文化建设的新局面的前提。树立文化建设是强校育人不可或缺的宝贵资源与有效途径，不是教育教学可有可无的装饰品。把建设与营造良好的教学文化任务摆到学校教育教学的日常工作之中，使全社会、学校与师生能够具有正确的教学价值观、教学信念以及有效的教学行为，让学校、家庭及公众场合具有美好的教学物质文化环境。

二是树立文化生态化观念是客家区域教学文化建构的基础。生态化本意是将生态学原则渗透到人类的全部活动范围中，用人和自然协调发展的观点去思考和认识问题，并尽可能最优地处理人和自然的关系。这里是指以生态学的基本原理与方法，来解决区域教学文化发展与"环境"的关系问题，构建优质的区域教学文化生态系统。文化生态化发展观认为，区域教学文化发展是一种文化生态因子与文化生态环境之间交互平衡的系统生态现象。它具有以下含义：区域教学文化是一个教学文化生态系统；区域教学文化发展是区域教学文化生态系统各因子的主动发展；区域教学文化发展是区域教学文化生态系统的共生发展；区域教学文化发展是区域教学文化整体发展的过程。

三是建立具有客家特色区域教学文化建设的运行机制是重点。客家区域教学文化的建设过程，实质上就是新教学文化如何顺利运行，如何将静态的教学文化资源变成动态的教学文化资本的问题。要实现新教学文化的顺利运行，使教学文化资源转换成教学文化资本，运行机制建设是重点。教学文化是由教学精神文化、教学行为文化、教学制度文化、教学物质文化四个基本要素组成的有机体。因此，要形成客家区域教学文化发展高效的运行机制，必须考虑制约教学文化发展的各种因素，使其产生生态平衡。为此，我们提出"教学精神内化创新机制—教学制度的主体高效机制—教学行为的技术优化机制—教学物质文化的美化机制"四维统一的建设路径。同时，要坚持客家区域教学文化特色，做到与传统教学文化相结

合；坚持改革开放，做到与不同区域教学文化的交流融合相结合。对于传统教学文化，要树立在保护中开发、在开发中创新的意识，通过文化主客体之间的对话、交流与认知体验等多种方式，将静态的教学文化资源激活为动态的教学文化资本。如结合梅州客家乡贤与华侨一直具有捐资教育的优良传统，可以每年举办"客家崇文重教文化节"，研究与发展客家区域家族教学奖励制度文化；为了传承客家宗祠重视教育的传统，利用闲置的校舍兴办书院，像大埔县"2013年最美乡村教师"廖乐年一样，把老宅子翠轩公祠变成自己义教的"阵地"。①

四是形成新教学文化所要求的教师信念是关键。这是由教师在教学文化变革中的地位以及教师信念对教师的重要性决定的。区域教学文化的变革涉及的许多因素与不同主体，其中最重要的因素与主体就是教师。教师是具体教学文化的操作者、体现者和实现者，教育变革的成败最终取决于教师的所思所为。"教师信念是指教师对有关教与学现象的某种理论、观点和见解的判断，它影响着教育实践和学生的身心发展。"② 它是教育场景中应该坚守的基本教育观念、教育的思想和教育的理想。③ 如果教师不能形成对新教学文化的坚定信念，即使他会采用某种教学手段，会做出某种教学行为或具有很强的教学能力，他也不能真正去展现新教学文化，因为他的所作所为完全是在迎合某种外在需要或服从着某种外在强制力。这样就不能表现教学文化的本质与灵魂，缺乏文化的生命与灵气。我们要通过提升教师文化意识和素质，增强教学文化自觉，坚守教育思想和理想等方式来培养教师的教学文化信念。

客家区域的传统教学文化，从唐宋以来由于长期受科举制度的影响，形成了以知识—记忆性文化为主的教学文化，关爱赏识、团结合作、敢于领先及"学而优则仕"是教师的核心信念，它既有促进梅州区域教育现代化发展的积极因素，也有制约梅州区域教育现代化发展的不利因素，需要我们辩证地认识与对待。在进入教育现代化的今天，为实施创新驱动发展的战略目标及孕育大众创业、万众创新的时代新文化，如何培养中华民族的创新精神与创新能力，培养具有世界眼光的高端创新人才和幸福公民等核心素养，是时代赋予教育的新使命，是建设新教学文化的本质追求。为

①　罗娟娟，张柯．廖乐年登上央视颁奖台　获评最美乡村教师［N］．梅州日报，2013 – 09 – 11（1）．

②　俞国良，辛自强．教师信念及其对教师培养的意义［J］．教育研究，2000（5）．

③　郭元祥．教师文化（17）——教师的信念［EB/OL］．http://www.360doc.com/content/07/0521/09/．

此，我们认为现代客家区域教学文化重建的内核是：以"学而优则诺"（教学的最高目标是培养具有社会责任心与创新能力等核心素养的高端人才，实现折桂"诺贝尔奖"，为民族争光，谱写客家教学新的辉煌）为核心的教学信念，关爱和谐合作生态的教学精神，以及以自由个性化发展为中心的教学追求与以自主合作探究为中心的学习文化的整合。要以提高教师教学核心素养为基础，探索建立区域教学文化一体化的新途径，实现基础教育均衡发展。以此，为师生营造一个守望相助的教学价值平台和有强烈归宿感的精神家园。

五是创建区域教学文化建设共同体，实现均衡发展是保障。区域教学文化能否进行重建取决于教学系统内部各因素。因此，在进行区域教学文化建设时，建设主体必须有生态系统意识，建立教学文化共同体，加强各系统之间的联系，形成建设的合力。由于客家区域自古崇文重教，社会各界及家庭十分重视教育事业，对发展教育具有深厚的感情与积极性，因此，我们必须大力发挥这一优良传统文化的力量，调动各方面的主动性。各学校、各学科要以自我为核心联系社会各界力量，组成学校—家庭—社区—其他社会力量（如华侨）等教学文化建设共同体，把客家区域教学文化建设当成本社区、本区域的重大事情来完成。

探索区域教学文化一体化，实现基础教育的均衡发展。目前，各县区、各学校的教学发展水平具有极大差别，有的无论是教学条件、师资水平，还是教学管理、教学效果等，在全市甚至在全省都具有优势，如东山中学、大埔县张云栽实验小学等；也有学校教学条件不错，但师资水平、教学管理、教学效果等各方面较差，办学不在同一条水平线上。因此，在进行区域教学文化建设时，必须合理配置优势资源，建立校校联手、强弱合作共同体，让所有儿童都能接受优质教育，使区域教学文化能够均衡发展。

四

基于上述认识和思考，笔者试图对以梅州为核心的客家区域教学文化的内涵、形成机制和生成性教学文化的重建进行必要的探讨，阐发自己一些不成熟的见解，以求为梅州各级教育行政部门领导、学校校长、教师、家长及学生在重建新的教学文化时输送一缕新鲜气息，提供一些参考。全书分为七章：第一章"客家区域教学文化的基本理论"主要以文化和教学文化为核心，探讨了文化、教学文化的含义与特征，教学文化的形态、功能与变迁等，这是认识客家区域教学文化的基础。第二章"客家区域教学

文化形成的因素与运行机制"认为影响因素包括：关于人性的哲学观念、区域经济、文化现状、教育政策、教学理论、教学评价、教师群体素质等，这些内外因素构成了客家区域教学文化的生态系统。客家区域教学文化形成过程是教学文化内核教学精神文化、行为文化、制度文化与物质文化的逐步统一，并内化为师生信念。构建客家区域教学文化的运行机制，这是研究重点，实质上要解决新教学文化如何顺利运行的问题。提出"教学精神内化创新机制—教学制度的主体高效机制—教学行为的技术优化机制—教学物质文化的美化机制"四维统一的建设路径，坚持与传统教学文化相结合和与不同区域教学文化的融合，努力将静态的教学文化资源激活成动态的教学文化资本。第三章"客家区域教学精神文化"主要分析客家区域教学精神文化的教学思想、教学信念、教学价值、教学文化自觉等内容，认为一个区域，只有当区域教学精神文化显现出比物质和资本更强大的力量，才能造就更大层面的文明进步；只有在发展中显现出区域教学精神文化的品格和魅力，才能进入更高层面的发展阶段；客家文化的本质就是具有强大的客家区域教学精神文化。第四章"客家区域教学制度文化"主要分析了客家区域教学制度文化的基本含义，客家区域家族教学奖励制度文化的变迁。第五章"客家区域教学行为文化"主要揭示了客家区域教学的行为及习惯、教学思维、学生自主学习行为的特征及如何培养。第六章"客家区域教学物质文化"主要论述了客家校园教学景观文化和客家教学馆匾文化。第七章"客家区域基础教育教学文化的重建实践"主要介绍了梅州客家区域教学文化生态化重建的意义与对策，蕉岭县"区域性教学整体改革推进教育内涵发展"的实践，兴宁市第一中学卓越教学文化建设综合实践及蕉岭县人民小学生本化教学的实践等，通过教学文化的变革实践，旨在重构生成性教学新文化，即以"学而优则诺"为核心的教学信念，形成关爱和谐合作生态教学新文化。

杜德栎

2017 年 4 月 10 日

目 录
Contents

第一章 客家区域教学文化的基本理论

客家区域教学文化是指在一定时期的客家区域的师生，为了建构新的有意义的生活方式，用表意符号或象征符号所形成的价值理念、思维模式、教学制度、教学行为及其外在的物质表现的整合体。它是区域文化与教学文化的亚文化。明确文化、教学文化的含义和特征，以及教学文化的变迁、形态与功能等问题，是我们研究客家区域教学文化的理论基础。

第一节 文化的含义与特征

一、文化的含义

明确文化的含义是研究教学文化的起点。文化是一个仁者见仁、智者见智的概念。这里我们首先从辞源学意义着手分析文化的含义。

（一）文化的辞源学意义

从词源上追溯文化的含义，便于对事物寻根究底，因为语言是对客观事物的抽象概括。从语言最初的意义上，可以知道人们对文化内涵的认识，然后把"文化"还原为最原始的状态，从而把握它的本质属性。

古汉语中的"文化"一词由"文"与"化"复合而成，最早出现在《易经》中。"文"当是初民以交错的划痕表达"复杂""纷繁"之意，例如交互的纹理、错杂的颜色、交错的笔画，乃至繁杂的事象等。所以，

《易经·系辞下》说"物相杂，故曰文"①，这里的"文"提出的是一种近乎抽象的观念。

"文"与"化"的结合可以在《易经》的"贲"卦中发现端倪。解释此卦的"象传"说："刚柔交错，天文也。文明以止，人文也。观乎天文，以察时变；观乎人文，以化成天下。"这里一方面把"人文"与"天文"相对照，另一方面又将"人文"与"化成天下"相关联。如果我们把"天文"理解为"宇宙"和"自然"，那么，"人文"就意味着人世间的一切，或者说人类的文明。当然，我们不能脱离具体语境来解析这段话。当时商周社会中的"人文"大抵不外乎文治教化、诗书礼乐之类，故唐人孔颖达在《周易正义·疏》中解释"观乎人文，以化成天下"句时说："圣人观察人文，则诗书礼乐之谓，当法此教而化成天下也。"② 由此可知，"贲"卦的"象"中已孕育了将"文"与"化"连用的萌芽。

最早将"文"与"化"连用见于西汉刘向的《说苑》。刘向在该书的"指武"篇中讨论战争和武功，其中讲道："圣人之治天下也，先文德而后武力。凡武之兴，为不服也，文化不改，然后加诛。夫下愚不移，纯德之所不能化，而后武力加焉。"③ 这里的"文化"显然从"贲"卦的"象"中化出，指"文治教化"，意思是圣人治理天下的基本策略总是先礼而后兵，不得已才会动用武力来征服。

从古汉语中"文化"一词的辞源学意义，我们不难看出，中国上古时代是在"文治教化"的意义上使用"文化"一词的，一是指圣人治理天下的活动原则与方式，二是指在本意上精神内涵远大于物质内涵。

英语中的"文化"一词最早起源于拉丁语中的 cultura，其词根是动词 colere，原义是耕作土地、饲养家畜、种植庄稼、居住等。这类活动自然与物质的自然界紧密关联，是人类改造自然以获得适当生存环境的最初活动方式。从拉丁语中发展而成的德语 kultur 和英语 culture 最早也是类似的意思。所以，对于"文化"，当代学者伊格尔顿明确地说："'Culture' at first denoted a thoroughly material process. "（文化最初指的是一个全然的物质过

---

① 王弼、韩康伯注，孔颖达疏. 周易正义（十三经注疏）［M］. 北京：中华书局，1980：90.

② 王弼、韩康伯注，孔颖达疏. 周易正义（十三经注疏）［M］. 北京：中华书局，1980：36.

③ 刘向撰，向宗鲁校证. 说苑校正［M］. 北京：中华书局，1987：263.

程或活动方式）"① 后来引申为"为增进某种东西的质量所做的广泛的努力"，17世纪开始被用来隐喻人类的发展。

从原始的意义上看，西方古代的"文化"也包含了两层含义：一是指劳动者生存的基本原则与活动方式，二是指在本意上一开始就指向形而下的物质层面。这与中国的"文化"一开始就指向形而上的精神层面是截然不同的。

虽然两者在具体含义上存在差异，但其基本内涵是一致的：文化是人类社会所独有的为了实现一定目的而开展的活动方式。那么到底什么是文化呢？它与文明、社会等概念有何区别？这需要我们进一步深入探讨。

（二）学者的不同文化观

从20世纪以来，特别是第二次世界大战以来，文化一直是世界范围内探讨的热门话题。许多学者从自己所属的学科和研究对象出发，对文化的内涵提出了各自的认识，产生了许多不同的观点。"据不完全统计，有关文化的定义至今已不下三百余种。"② 在文化学和文化人类学研究的热潮中，西方先后出现了文化功能学派（也称播化学派）、文化进化学派、历史批判学派和文化的基本人格理论等。③ 下边介绍几种有代表性的观点。

（1）爱德华·伯内特·泰勒的复杂整合体概念。1871年，享有"人类学之父"美誉的英国学者爱德华·泰勒（Edward Burnett Tylor，1832—1917）在《原始文化》中全面而明确地为"文化"下了定义："文化或文明，就其广泛的民族学意义来讲，是一复合整体，包括知识、信仰、艺术、道德、法律、习俗以及作为一个社会成员的人所习得的其他一切能力和习惯。"④ 虽然后来的社会学家、人类学家对这个定义有所修正，但并未超出把文化看成一个复杂整体的基本观念。我国的《辞海》对"文化"的定义也持此观点："广义指人类在社会历史实践过程中所获得的物质、精神的生产能力和创造的物质、精神财富的总和。狭义指精神生产能力和精

003

---

① 菲利普·巴格比. 文化：历史的投影［M］. 夏克，李天纲，陈江岚，译. 上海：上海人民出版社，1987：87.

② 郑金洲. 教育文化学［M］. 北京：人民教育出版社，2000：2.

③ 庄锡昌，等. 文化人类学的理论框架［M］. 杭州：浙江人民出版社，1988：15-24.

④ EDWARD TYLOR. Primitive culture，I ［M］. London：John Murray，1873：p.1；可参阅爱德华·泰勒. 原始文化［M］. 连树声，译. 上海：上海文艺出版社，1992：1.

神产品，包括一切社会意识形式：自然科学、技术科学、社会意识形态。"①

（2）克利福德·格尔茨的符号学文化概念。格尔茨（Clifford Geertz，1926—2006），美国人类学家，符号人类学和解释人类学的提出者。他认为文化是一个象征系统，是由象征有机结合而形成的意义体系（或编织的"意义之网"），是任何社会都具有的特质，它隐藏在各自的"生活方式"中，"实质上是一个符号学的概念"。② 这里"意义"指的是包含认识、情感、道德在内的一般性思考，它是具有知觉、观念、理解、判断的一种包容性的概念。"象征"则被界定为所有事物、行为表现、事件、性质以及关系都是传递某种"意义"的载体（vehicle）。任何一种物质、行为表现、事件、言语活动，只要它传递某种"意义"，它就是"象征"。但是意义又不是象征（物、体、行）本身的内在属性，是人所赋予的。人则是生活在由自己编织的"意义之网"的动物，人的行动是一种传达意义的最直接的行为表现。这个文化概念和后现代的文化观一起，把文化下放到平凡世界和人生活世界的各个角落，文化就是生活本身、生存方式本身。与之相呼应的教育中的文化，如学校文化、教学文化等也就成了生活方式、行为方式、做事方式和处世态度了。

图 1-1　鼎

鼎是我国传统文化中十分珍贵的遗产，具有深厚的文化意义。在奴隶制鼎盛时代，鼎被用作"别上下，明贵贱"，是一种标明身份地位等级的重要礼器。《公羊传·桓公二年》记载："天子九鼎，诸侯七鼎，大夫五鼎，元士三鼎或一鼎"，又载"铸九鼎，象九州"，从而形成了"一言九鼎""问鼎中原""三足鼎立"等具有文化意义的成语。

图 1-2 是梅州市客天下建筑的标志设计。塔基座长 5.0 米，宽 3.5 米，塔身高 32.99 米，表明当年 3 月 29 日奠基动工，99 还隐含长长久久、千秋万代、地久天长之意。中间是钢筋骨架，四周采用连州青与山东白麻石材砌成，象征朴实无华、坚忍卓绝、吃苦耐劳、冒险

---

① 夏征农．辞海：1999 年缩印版［M］．上海：上海辞书出版社，2002：1858.
② 克利福德·格尔茨．文化的解释［M］．韩莉，译．南京：译林出版社，2014：5.

克难、团结奋进的客家精神。两个柱子之间挂有6个直径1.6米的大红灯笼，象征客家人的日子红红火火、六六大顺、年年大发之意。再往上倒挂着一个大写的"福"，象征福到。最顶端是客家英文 Hakka 的缩写，象征四海客家人同根同源、同心同德。整个塔形远远看去像是一条拔地腾飞，直插云霄的巨龙。……就是用人们编织的"意义之网"赋予了一个普通的建筑一种特殊文化的意义，甚至在全世界也是独一无二的。

图1-2　梅州客天下建筑

关于梅州市平远县卧佛开发的文化意义，也是符号学文化运用的典型。

2009年9月21日《南方》刊登了本刊记者林旭娜等写的一篇文章《山区书记"吃螃蟹"》，叙述了该县县委书记肖文浩如何把过去认为不吉利的老人山变为现代具有文化旅游开发价值的天然卧佛的事迹。文中是这样介绍的："有趣的是，南台山天然卧佛，原鲜为外界所知，当地人看其貌似平卧的老人，认为有不祥含义敬而远之。甚至，居民建房子时门都不肯朝天然卧佛方向开。出远门者，为避免见到'老人山'，趁着天未亮就赶忙上路。"但自从肖书记将此山改为中国最大的天然卧佛后，这里成为许多开发商与游人竞相朝拜的圣地。此山会产生天翻地覆变化的原因，"我认为，理念是我对平远最大的贡献"，肖文浩说。

卧佛的现代开发，就是根据格尔茨关于"文化是由人自己编织的'意义之网'"符号学文化概念的经典运用，也是现代经济发展中利用转变理念产生巨大社会效益的现实例证：昔日的"老人山""死人山"，变成了生态经济的吉祥的保护神、财神爷。这既是现代版的"秀才与棺材"，更是解决社会现实问题真正的"白点与黑点"。

（3）文化的基本人格理论。文化与人格理论或称"文化模式论"或"文化形貌论"，形成于20世纪30年代的美国，主要代表人物有卡迪纳（Abram Kandiner）、鲁思·本尼迪克特（Ruth Fulton Benedict）、米德（Margaret Mead）、杜波依斯等。文化与人格学派是从博厄斯的历史学派中分化出来的，他们吸收了精神分析学派、功能学派的某些理论与方法，主要解释各民族的性格及男女两性在性格和气质上为什么存在不同等，其主要观点是：人的心理和人格对文化影响至大，人格的基本心理结构，即

005

"自我""超我""本我"及其相互作用决定人格的基本特征，而人格的基本特征构成了文化的基础，决定了文化的基本形态。卡迪纳指出，一种文化或一个社会的形态是由这个文化或社会的大部分成员共同拥有的人格形态决定的，正是这种基本的人格结构决定了一个社会的秩序、凝聚力和认同感。鲁思·本尼迪克特以其《文化模式》闻名于世。她研究了不同民族的文化，提出了"阿波罗型""狄奥尼索斯型"与"妄想与偏执狂型"三种不同类型的文化模式。显而易见，前两种类型基于尼采的"阿波罗精神"（或曰"日神精神"）和"狄奥尼索斯精神"（或曰"酒神精神"）的观念；而后一种类型则来自弗洛伊德的理论。本尼迪克特所谓的"文化模式"在一定意义上也是总体上的社会模式和民族精神的代称。米德继承了本尼迪克特的学术道路，继续研究不同的人格与社会行为的模式。她的结论是，人格的差异和由此导致的社会行为的差异，不是由于生理性别的原因，而是来自文化的塑造。她关于"前塑文化"（Pre-figurative）、"同塑文化"（Co-figurative）和"后塑文化"（Post-figurative）的观点，对于深入进行文化研究具有特别的启示意义。

（4）文化历史学派。20世纪30年代，苏联心理学家维果斯基（Lev S. Vygotsky，1896—1934）主张把历史研究作为建立人类心理学的基本原则，提出"心理发展的文化历史理论"。该理论认为，人的高级心理机能是社会历史的产物，受社会规律的制约，人类社会文化对人的心理发展以及社会交互作用对认知发展都起着重要作用。维果斯基的思想对教育心理学和发展心理学的影响极大，他主要探讨了思维和语言、儿童的学习、教学与发展的关系问题。维果斯基和A. H. 列昂节夫及A.P. 鲁利亚共同组成了文化历史学派，又称"维列鲁学派"。

其主要观点是：首先，维果斯基认为人和动物有两种心理机能：一种是作为动物进化结果的低级心理机能，即个体以直接的方式和环境进行互动作用时表现出来的特征，如感知觉、记忆等；另一种则是作为历史发展结果的高级心理机能，即以符号系统为中介的心理机能，如记忆的高级精细加工。正是高级心理机能使得人的心理从本质上区别于动物的心理。其次，强调人的心理受劳动活动的制约，认为人的心理活动与劳动活动都是以工具为中介的。人不像动物那样，通过身体以直接的方式适应自然，而是发明了劳动工具，通过劳动工具间接地适应自然并改造自然。劳动工具本身不属于心理，并不能进入心理过程的结构，但是在物质生产基础上产生的人与人之间相互交往的方式和社会文化发展的产物——各种符号系统，从根本上改变了人的心理结构，形成了人类特有的、高级的、被中介的心理机能。在人的工具生产中凝结着人类的间接经验——社会文化知识经验，从而使得人类的发展不再受生物进化规律的制约，而受社会历史发展规律的制约。

（5）张岱年等人的活动方式与活动成果的辩证统一。我国学者张岱年、程宜山在《中国文化与文化争论》一书中对文化做了如下界定："文化是人类在处理人与世界关系中所采取的精神活动与实践活动的方式及其所创造出来的物质和精神成果的总和，是活动方式与活动成果的辩证统一。"① 这个定义强调了人类活动方式（行为、心理过程等动态的）和活动成果（物质、法律、制度等静态的）的统一；活动成果既包含物质成果，又包含精神成果；人类的活动方式又包括了精神活动和实践活动两个方面；人类的活动方式本身也是文化，而不仅仅是他的活动结果。

上述各种文化学派均从各自所处的时代、文化环境及实践阐发了个人对文化的认识。尽管观点各异，但均是他们从不同角度和不同层面对界定文化所进行的有益探讨。上述各种观点揭示了文化具有以下的共同特征：

（1）文化是人类所特有的活动。人是文化的动物，这是大多数人类学家公认的命题。当代著名哲学人类学家兰德曼指出：人是文化的产物，是文化的创造者，但也为文化所创造。② 美国学者墨菲认为："人是聪明的文化动物。"③

（2）文化是人后天习得和创造的。克拉克洪认为，所有文化都是学而知之的，但并不是所有的学习都是文化，必须与别人共享某一经历时，才构成文化。④ 文化并非与生俱来，而是得之于后天，它是人在后天社会环境中经学校教育创造而得来的，并且主要是人类在"一定社会形态下的自由的精神生产"⑤。

（3）文化是一定社会群体所共有的。某一个体后天习得和创造的思想、观念等，只有在为他人也接受后，才能称之为文化。哈里斯认为，文

---

① 张岱年，程宜山. 中国文化与文化争论 ［M］. 北京：中国人民大学出版社，1990：3-4.

② 兰德曼. 哲学人类学 ［M］. 阎嘉，等译校. 贵阳：贵州人民出版社，1988：245.

③ 墨菲. 文化与社会人类学引论 ［M］. 王卓君，等译. 北京：商务印书馆，1991：36.

④ 克拉克洪，等. 文化与个人 ［M］. 高佳，等译. 杭州：浙江人民出版社，1986：5-6.

⑤ 马克思恩格斯全集：第26卷第1分册 ［M］. 中共中央马克思恩格斯列宁斯大林著作编译局，译. 北京：人民出版社，1972：296.

化属于"社会遗传"，它不属于个人而是作为团体特征的一切人造的实物、制度以及生活与思想的形式。① 维果斯基更是从社会历史角度研究人类文化心理发展的基本原则，产生了文化历史学派。

（4）文化是复杂的整合体。自从泰勒最先提出"文化或文明是一复杂的整合体"这一定义后，虽然后来的社会学家、人类学家对此有所修正，但并未超出把文化看成一个复杂整体的基本观念。

笔者认为，"文化"是一种亘古绵久的社会现象，是一个蕴含丰富内涵的综合体。为了研究的科学性，我们应该做到既不误解文化的本质含义，又不任意扩大文化的外延，以力争还原文化的本质为目的。笔者于此对"文化"做出以下定义：文化是具有一定社会意义的人的群体，在一定时期、一定区域所形成的，为这个群体所特有，并被共同接受或认可的道德观念、价值理念、思维模式、行为规范以及承载这些精神产物的物质器物的总和。这是因为，一般来说，对一个概念下定义要注意三个方面的问题：一是确定它的上位概念，即属概念，在逻辑学中叫作"邻近的属概念"。文化是人类社会存在的一种社会事物，这一事物是一定群体所认可，并供这一群体享用的公共资源。它属于人类社会特有的现象，包含物质财富和精神财富两个方面，其中精神文化主要表现为人类所特有的价值追求、制度规范、行为与思维方式。这里，人类追求的价值与取向是精神文化的核心，通过制度机制与行为规范来表现，构建制度机制与指示行为规范的实质是思维方式。这是它区别于其他自然事物的本质属性，在逻辑学中叫"种差"。我们可以用一个公式表达：概念＝种差＋邻近的属。根据这一原理，文化是一种社会事物，这是文化的"邻近的属"，这种社会事物是人们为了建构新（有意义）的生活方式在一定区域供一定群体享用的事物，是文化的"种差"与本质所在。据此，我们可以给文化下这样的一个定义：文化是在一定区域与时期内，为了建构新（有意义）的生活方式形成的供一定群体享用的一种社会事物。这种社会事物是人类在长期的历史发展过程中，为了建构新（有意义）的生活方式所形成的并被一定时期、地域的人们所共同接受和认可的价值观念、思维方式、行为规范及其外在的物质表现的整合体。

由此，我们把文化的基本因素分为四个组成部分：一是物态文化层，由物化的知识力量构成，是人的物质生产活动及其产品的总和，是可感知

---

① WILSON DALLAM WALLIS. Culture and progress ［M］. Whitefish：Literary Licensing, LLC. , 1930：p. 3.

的、具有物质实体的文化事物，如国家基础建设设施（公路、铁路、汽车、火车、飞机、轮船等）、建筑、祠庙，包括人为改造的自然部分等。二是制度文化层，由人类在社会实践中建立的各种社会规范、规程及其组织系统构成，包括社会经济制度、婚姻制度、家族制度、政治法律制度、家族、民族、国家、经济、政治、宗教社团、教育、科技、艺术组织等。三是行为文化层，以民风民俗形态出现，见于日常起居动作之中，具有鲜明的民族、地域特色。四是心态文化层，由人类社会实践和意识活动中经过长期孕育而形成的价值观念、审美情趣、思维方式等构成，是文化的核心部分。按照张岱年所讲文化是以"活动方式与活动成果的总和"来分，物态文化层、制度文化层属于活动成果部分，行为文化层、心态文化层属于活动方式部分。

文化是人类生活的反映、活动的记录、历史的积淀，是人们对生活的需要和要求、理想和愿望的总和，是人们的高级精神生活，是人们认识自然、认识社会、思考自己的成果，是人的精神得以传承的载体。它包含了一定的思想、价值、制度规范、行为习惯及其精神载体的物质等。其中，思想和价值彰显人的主体性，是文化的核心、灵魂。没有思想和价值的文化是不存在的，任何一种文化都包含一种思想和价值、生存的方式和方法。需要是现实的，理想是向往的，愿望是想得到的，要求是必须做到的。文化就是人类活动方式与活动成果的辩证统一，它犹如一叶在茫茫大海中驶向远方的小舟，承载着人类无限的希望。

二、文化的特征

文化作为人类社会的特有现象，具有场域性、资本性、生态性与创造性的特性。

（1）场域性。法国社会学家皮埃尔·布迪厄（Pierre Bourdieu，1930—2002，又译为布丢）认为文化具有场域性。他认为"场域"是由附着于某种权力形式的各种位置间的一系列客观历史关系所构成的系统，是"各种位置之间存在的客观关系的一个网络或一个构型"[①]。文化就是由以文化主体为核心，促进其不断发展、延续等所需要的各种客观因素构成的关系网络。场域是一个相对独立的社会空间，其相对独立性表现为不同的场域具有不同的逻辑和必然性，呈现出区域性或民族性。场域是动态的、

---

① 皮埃尔·布迪厄，华康德. 实践与反思：反思社会学导引［M］. 李康，译. 北京：中央编译出版社，1998：134.

生成的，也可以说是流动的。场域是一个充满竞争的空间，当中存在着积极活动的各种力量，它们之间的不断博弈，使场域充满活力。布迪厄的场域理论，是以关系的视角，将研究对象置于系统网络中加以解读的。场域以关系的存在而存在着，以关系的变更发展而变更发展着，关系的停止作用则意味着场域效果的停止作用。①

（2）资本性。20世纪80年代初，法国著名社会学家布迪厄在《资本的形式》《实践与反思》等文中首先提出"文化资本"一说。他认为资本表现为三种基本形式：经济资本、文化资本和社会资本。不同资本形式之间可以互相转换，文化资本是对一定类型和一定数量的文化资源排他性占有，但并不是所有的时候文化资源都能成为一种资本，资本是在特定的空间（场域）中构成的。在特定的历史条件下，文化构成和文化产品成为一种稀缺资源，占有这类资源可以获得一定物质和象征的利润，不同的社会阶层的人开始争夺这些文化资源，这些文化资源就成为文化资本。

文化资本有三种形态：①被身体化的文化资本，是以精神和身体的持久"性情"形式存在，表现在个体的教育内涵、知识文化和修养，表现为"那些非正式的人际交往技巧、习惯和态度、语言风格、教育素质、品位与生活方式"。韦伯认为教育追求的理想目标是培养"有教养的人"，"有教养"的人格也是文化资本。它表达了统治阶层的绅士风度和知识修养以及中产阶级的教育理想。②被客体化的文化资本，是以文化商品的形式存在，这些客观化的文化资本（如文学作品、绘画作品等）在物质方面可以传递。③被制度化的文化资本是超越具体化状态的个人限制，以学术资格的形式存在，并且获得官方认可、得到合法保障的价值符号，如各种毕业证书、资格证书、荣誉证书等。

布迪厄认为，文化资本是稀缺资源，具有排他性；社会生产关系是不平等的，这样不同社会阶层家庭拥有文化资本的数量和质量是不相同的。上层阶级将自己优势的文化资本通过教育转换为自己子女的文化资本，从而确保其子女的优势地位。学校采用的语言文化资本是一种精致编码的符号系统，"在现代社会，教育是人进入现代社会的通行证，教育的多少、文化符号的拥有量的多少，将人划分为具有不同学识和能力的群体与个体。不同学识和能力的群体与个体是与社会的阶层、地位直接挂钩的，这样就把学术等级转换为社会等级，就完成从文化资本再生产到社会资本再

---

① 王长恩. 文化场域中的教育与教学活动 [J]. 南京师范大学学报，2011 (6).

生产的过程"①。

一般认为文化资本是指能带来价值增量效应的文化资源，或指以财富形式表现出来的文化价值的积累。"它不是文化学的'文化'概念与经济学上'资本'概念的简单拼凑，而是两者的互渗融合。它既有经济学意义，又具文化学意义；既有财富属性，又具价值属性，不应从单一的学科分类上加以理解。文化资本概念确立的基础，是要克服社会生产和经营活动中常常表现出来的经济效益和文化意义之间的背离，建立文化价值与经济价值之间的内在联系，用于指导和规范生产经营活动的可持续性。"② 实现人文价值和经济价值的圆融互通。它具有以下要义：其一，与自然资本一样，社会文化系统也具有资源价值和资本属性，是当代社会经济进步中不可或缺的独立资本形态。其二，文化资本更多的是和文化产业资源相联系的。不是所有的文化资源都具有资本属性，只有经过社会的交易、流通、服务等领域，以转化的形式即文化产品来满足和引导人们的需求，从而产生价值增量效应的那部分文化资源，才可称为文化资本。其三，文化资本还必须从产业经营的文化附加值和传统文化资源的资本属性两个层面加以理解。产业经营的文化附加值，是指企业家在生产经营中投入文化资本，以提升对企业经营的理解力和整合力，促进其他物质资本、人力资本及制度资本的合理组合和高效运作，产生报酬递增的现象，它是经济学家在探讨经济增长的深层原因时提出的新概念。文化资本的另一个层面，就是传统文化资源所具有的资本属性，就是以发现和概括传统文化资源的资本价值为基础，使传统的价值再发现，实现传统文化资源向文化资本的转化。

（3）生态性。德国生物学家恩斯特·海克尔（Ernst Haeckel）认为生态就是有机体彼此之间，以及整体与其所处的环境之间的交互关系，它强调的是"共同体""多样性"和"持续发展"。③ 生态理念由自然生态到人类生态的发展过程表明，"生态"不仅指自然生态，还包括人类的文化在内，即文化生态。文化本身是一个生态系统。首先，文化生态系统是由物态文化、制度文化、行为文化、心态文化等多种生态因子组成的一个文化生态（整体），同时这种文化生态的形成与发展又与它所存在的地理环境、

---

① 张济洲，孙天华．穷人的教育学——略评布迪厄的教育文化观［J］．天津大学学报，2007（2）．

② 施炎平．从文化资源到文化资本——传统文化的价值重建与再创［J］．探索与争鸣，2007（6）．

③ AMOSH HAWLEY. Human ecology：a theoretical essay［M］．Chicago：University of Chicago Press，1950：p. 3.

历史条件、社群的生存模式、生产方式、社会结构、定居模式、法律和社会控制、分工、技术条件等密切相关。人类的发展就是与周围一系列社会和文化环境相互影响的结果。文化生态要素之间的相互联系及其与文化外部环境的共生发展是文化生态系统的基本表征。其次，文化生态"持续发展"依赖于生态平衡规律。生态平衡强调系统中各因子之间通过能量流动、物质循环和信息传递，以达到高度适应、协调和统一的状态。文化生态是由物态文化、制度文化、行为文化、心态文化等多种文化因子组成的，在一定时代，只有组成文化的这些基本因子相互合作、相互关联，文化才能实现可持续发展。各文化要素之间相互关联所呈现的形态，以及由此形成的一种具有特征性的文化结构就是文化生态发展的标志。它在本质上规定并表征着人的生存方式及其相互关联，这种关联性使得文化自身最终成为一个生态系统。文化生态性特征的核心在于强调文化生态系统的客观存在及生态平衡规律的动力作用。

（4）创造性。创造性是文化的灵魂。任何文化都不是自然生成而是由人创造的。文化是人实践创造的产物，是人创造性的外化，因此文化具有创造性特征。马克思认为，人是文化的主体，实践是文化的基础；正是因为有了人，有了人对自然、对社会、对自身的认识和改造，世界上才有了可以称为文化的东西。德国著名文化哲学家恩斯特·卡西尔也指出："人性并不是一种实体性的东西，而是人的自我塑造的过程，真正的人性就是人的无限的创造性活动。"正是在这个意义上，他把文化视为人不断解放自身的历程。"人只有在创造文化的活动中才成为真正意义上的人，也只有在文化活动中，人才能获得真正的'自由'。"① 据此我们可以得出结论：文化的灵魂在于主体的创造性。

随着文化研究范围和内容的扩展，以及对文化概念理解的变化，现在的文化已经不再是当初在既有学科领域无法安身而到处流浪的文化了。虽然文化仍然精灵般四处游弋，但是由于自身的次次蜕变，不仅从固有的原始领地解放出来，变成了可以处处为家的一种生存和生活方式，而且成就了一批与文化相关的学科，如文化人类学、政治文化学、经济文化学、建筑文化学、饮食文化等，从雅到俗，从古到今，无不包揽。大多数的人文社会学科在把"文化"纳入自己的麾下时，也接受了文化的考量和洗礼，成为人类社会学研究中最重要的视觉与方法。正如德国人类学家休普勒斯

---

① 恩斯特·卡西尔. 人论［M］. 甘阳，译. 上海：上海译文出版社，2003：中译本序.

纳所说，"人天生是一种文化生物"①，人是一种文化的存在。教学文化的思考与发展就是在这种背景下，20世纪90年代后逐步受到研究者的热捧。

第二节　教学文化的含义与构成要素

随着教学中人类文化情怀的加深，人们越来越认识到：课程教学本身就是文化，它不仅是文化的载体，还承担着传承、延续和发展创新人类文化的重任。那么到底什么是教学文化，其由哪些要素构成，这是本节讨论的主要内容。

一、教学文化的含义

按照上述对"文化"概念的界定及教学的本质，我们认为教学文化是在一定时期和区域的师生，为了建构新（有意义）的生活方式，用表意符号或象征符号所形成的价值理念、思维模式、教学制度、教学行为及其外在的物质表现的整合体。教学文化内涵实质上蕴含了以下五层意义：

一是教学文化的目的是营造和谐愉快的教学文化氛围，唤醒文化自觉，培养全面发展的人，促进学生的社会化和个性化成长，改善教与学的品质，使教学主体在德、智、体等方面达到真、善、美的境界。教学文化形成的过程也在实践着"教学即文化探究"的命题，因为"教学的主旨即在探究存在于生活中的文化现象，以便彰显与揭露其中的文化范型（cultural patterns），使学生能顺利地完成'文化建构'（cultural construction）的活动"。② 教学作为人类的一种文化存在和生存方式，它自然地孕育和生成教学文化，并触及人的精神世界，关照人的心灵成长，担负着促进社会进步的使命。同时，也激励人们探索知识，追求真理，涵养品德，丰富情感，创造美的生活，实现自我超越及人格的完善。

二是揭示了教学文化建构的主体是由教师和学生组成的教学文化共同体。在一定的教学文化中，教学共同体中的所有成员都有相同或相似的教

---

① O. F. 博尔诺夫. 教育人类学 [M]. 李其龙，等译. 上海：华东师范大学出版社，1999：37.

② 单文经. 教学引论 [M]. 上海：上海科技教育出版社，2003：18.

学愿景、教学信念、价值取向、兴趣、心理模式和行为方式等。按照共同体内部成员的关系结构，可以区分出几种不同的教学文化模型，包括教师之间的教学文化、学生之间的教学文化和师生之间的教学文化。这里应特别强调的是教师之间的教学文化，因为它容易被我们忽视。教师向来不是空着脑袋走进教室的（教师必须与文本互动形成个体的教学文化），也不只是带着个体的教学文化走进教室的，当他在集体备课或与其他教师质疑问难、交流心得的时候，就已经形成了教师之间的教学文化，他会将他人及教师群体的有益的教学文化吸收内化，并在教学实践中加以展现。正如生态取向的教师发展观所说：在现实中发现，教师发展其专业知识与能力并不全然依靠自己，而会向他人（如校外专家或同事）学得许多；教师的教学策略与风格的形成并不是孤立形成的，更大程度上依赖于"教学文化"（cultures of teaching）、"教师文化"（teacher cultures），直接受到教师所处环境的影响。[①]

三是教学文化是以表意符号或象征符号为中介进行建构的。以格尔茨、哈贝马斯为主的文化符号学派认为文化是以符号为中介来表征的，教学文化也是以表意符号或象征符号为中介，通过教学主体的交往行为而创生的教学生活方式，它也是教学主体集体文化生成过程与生成结果的辩证统一。因为教学文化的生成、存在与发展是一个历史的时间性和现实的空间性并存的关系存在，它将人类已有的文明成果与教学生活的过程和谐地建构在一起，将人类历史文化中的价值、规范、传统、行为方式、思维结晶加以对象化，内化为教学主体自身的文化因素，并在现实的教学活动和社会实践中以崭新的面目显现。在这种建构过程中，教学主体间交往互动，对教学生活和人类文化成果形成共识，达成理解，并经过持续的内化，沉淀为教学主体相对稳定的文化心理结构。

四是教学文化是一个多要素整合构成的生态系统。教学文化生态系统是由教学的思想信仰、价值取向、行为方式和习俗制度及其外在的物质表现的整合体。教学的思想信仰是人们所秉持的理性精神和教学的目的、价值、理想与信念，它集中反映了教学的认识倾向，决定了教学的价值观念、文化心理、思维方式和行为模式等。教学思想的正确与否关涉到能否形成开放、民主、反思性的教学文化。教学的价值取向表明教学是价值负载的文化活动，它是教学思想信仰的表现，通过教学行为与心理活动加以

---

① 杜德栎. 地方高校教师专业发展的生态化模式建构 [J]. 嘉应学院学报，2015（3）.

呈现，指引着教学活动的发展方向。教学行为是教学文化的外显形态，它内蕴着教学的思维方式和价值倾向，是教学文化的行为表征，可以说教学中有什么样的教学文化就会出现什么样的教学行为。教学习俗制度是教学历史积淀的产物，具有社会文化的意蕴，反映了教学伦理和教学秩序的传统和现状，顺应时代发展的教学习俗制度能够促进教学文化的持续进步；反之，就会成为教学文化变革的障碍。教学环境、教学手段及技术、师生服饰仪表以及教材、作业文书风格等是教学文化外在的物质表现形式，属于物态文化层，是教学文化重要的组成部分。正是由于以上这些教学文化要素相互依赖、相互制约、相互融合，才在教学实践中形成了整体性、系统性、有机性的教学文化生态。

五是教学文化的本质是师生建构有意义的生活方式。教学活动的价值追求是教学文化的本质所在。教学活动起源于人的现实生活的需要，是人类现实生活的重要内容。教学活动是一个与人的生活意义和生命价值密切相关的社会实践活动领域，它与人的现实生活之间有着内在的密切联系。关怀师生的生命，关注师生的现实生活，不断改善学生的生存状态、生活方式和生命质量，充满对学生的人文关怀，促进学生的身心得到全面、充分而自由的发展，提升师生的生活意义和生命价值，使学生健康、饱满、靓丽和幸福地生存，这是现代教学的基本职责与使命。因此，教学活动的本质是一种特殊的理性生活过程。这种特殊性体现在它是一种教育性的生活，是一种主体性的生活，也是一种理性的生活，一种动态生成性的生活。①

二、教学文化的构成要素

由于教师、学生、教学内容（文本）、教学环境是组成教学的基本要素，因而在分析教学文化时也可以分为教师文化、学生文化、文本文化及教学环境文化等。在这里，我们倾向于用文化的四个层次，即物质要素、制度要素、行为要素和心理要素来分析教学的基本要素，将教学文化分为教学的物质文化、行为文化、制度文化和精神文化四个层面，也是本书的基本逻辑。

---

① 王攀峰．教学活动的本质：一种特殊的生活过程［J］．课程·教材·教法，2009（10）.

```
                                          ┌─ 教学环境文化 ─┐
                                          │
                          ┌─ 教学物质文化 ─┤─ 教学手段及技术文化 ─┤
                          │               │
                          │               ├─ 师生服饰仪表文化 ─┤
                          │               │
                          │               └─ 文本文化 ─┘
                          │
                          │               ┌─ 教师行为文化 ─┐
                          │               │
                          ├─ 教学行为文化 ─┤─ 学生学习行为文化 ─┤
                          │               │
              教学文化 ────┤               └─ 教学思维文化 ─┘
                          │
                          │               ┌─ 教的制度 ─┐
                          ├─ 教学制度文化 ─┤
                          │               └─ 学的制度 ─┘
                          │
                          │               ┌─ 教学思想 ─┐
                          │               │
                          └─ 教学精神文化 ─┤─ 教学价值 ─┤
                                          │
                                          ├─ 教学信念 ─┤
                                          │
                                          └─ 教学自觉 ─┘
```

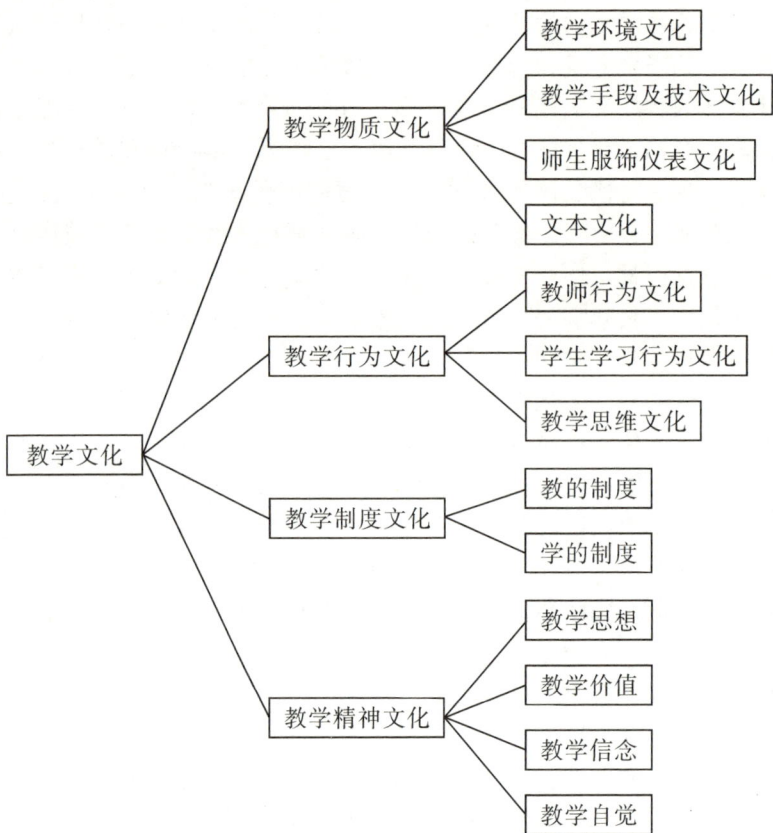

图 1-3　教学文化的构成要素图

（一）教学物质文化

教学文化的物质要素是以实物形态显露于外，能被人们直观感受，并能反映教学活动特点的物质实体及生态条件，包括教学环境文化、教学手段及技术、师生服饰仪表以及教材、作业文书风格及历代教育家雕塑、牌匾、纪念馆等。这些客观的物质实体凝聚着教学工作特点，形象地表达了教学理念的实质与意义，构成了教学的物质生态环境。

教学环境文化就是以学生为主体，以校园为主要空间，以教学精神为核心的物化形态的校园文化内容，包括校园建筑设计、教学景观、教室设计、绿化美化等。校园建筑风格是教学精神的外在物化体现。如台中市台中禅寺小学的建筑就是依据其佛教理论而建设起来的。又如山东省许多中小学将本校的教学思想及价值理念形诸文字，制成裱框挂在校舍四周墙上。教室面积大小及座位排列等不同特点也隐含着不同的教学理念与思想：西方是小班化教学因而其教室建筑面积小，中国多实行大班制因而其教室建筑面积大；教室座位的圆形排列是基于有利于学生开展小组合作，探究学习理念设计等。校园无小事，处处皆渗透着教学的灵魂。这种教学环境文化不仅存在于各级各类学校，甚至延伸到社会，形成区域文化的特色。如安徽六安市毛坦厂镇因毛坦厂中学的教学需要而形成了鲜明的高考教学文化，梅州市多家门前竖立的石楣杆及状元桥等是客家人崇文重教的物化体现，这些都是学校教学环境文化的社会延伸。过去学术界关于这个方面研究不够，需要引起我们的注意。

教学手段及技术是指师生教学互相传递信息的工具、媒体或设备。比如文字、书籍、粉笔、黑板、算盘、图片、模型、标本、教杆，投影、唱片或录音带、电影、电视、录像、语言实验室、计算机等，都是人类在不同时代教学物质文化的创造及积淀。当下教学技术与现代教学的结合越来越紧密，教学技术也逐渐成为教学文化不可或缺的载体。同一种教学思想，可以用不同的教学技术来承载；不同的教学思想，也可以用同样的教学技术来承载。教学技术对教学文化的承载没有绝对的优劣之分，只有承载的程度、方式、特点的不同。因此，在教学过程中要充分利用和发挥各种教学技术的优势，最大限度地将教学文化展现出来。

师生服饰仪表指许多学校为了彰显自己的办学特色，纷纷制作有自己学校特色的校徽、校服。校徽、校服既是一个学校办学理念的物态表现形式，也是一定教学信念与思想的呈现。

教材、作业文本呈现方式也是教学文化的组成部分。教学物质手段不同，教材及作业文本的呈现方式也不同。如数字化教材、网上互动论坛、E－mail等。

教学馆匾文化主要指历史上为了表彰和记载历朝历代著名教育家的生平事迹、教学思想与方法而修建的纪念馆、纪念园等，如孔府孔庙、朱熹纪念馆、陶行知纪念馆等，是教学物质文化的社会化体现。与此相似的还有各地树立的教育家的雕塑。同时，为了激励考生努力学习，成为社会栋梁之材，一方面是当朝皇帝御赐牌匾，如状元府、状元及第等，另一方面是当地政府及乡邻家族以考生学业成绩名次命名的状元桥、石楣杆等实体文化。

（二）教学行为文化

教学行为文化是师生基于共同的教学价值、职业道德、管理理念、群

体精神以及思维模式等意识在行为上的具体表现，包括教师教学行为、教学习惯及教学思维模式等。它是一种动态的现实存在的文化，不仅是教学文化的外显形式，也是教学文化本质精神的折射。

教师教学行为是指教师在促进学生学习、发展的教学过程中，在教学准备、教学实施和教学反思等教学实践活动中所表现出来的一系列行为方式的综合体，包括隐性的教学行为和显性的教学行为。教学准备行为主要是教师如何备课、收集甄别资料、制作微课等行为；教学实施行为主要包括教学组织行为、教学管理行为、教学呈现行为、教学评价行为、教学辅导行为等；教学反思行为包括教学反思方式、与同行交流合作行为等。

教学习惯是经过反复练习而形成的较为稳定的教学行为特征，是特定教学行为方式的直接存在，是特定教学观念文化的显体。不同教师、不同学校、不同区域教学，由于教学观念的差异，其教学习惯一定不同。

教学思维文化是人们基于一定文化场域思维结构的关于教学的一种认识和反映行为。思维是人脑对客观现实的间接和概括的反映。它是借助言语实现的、能揭示事物本质特征及内部规律的理性认识过程。心理学研究结果表明，文化对于人们的思维结构与活动方式有很大的作用。梁漱溟先生认为中国文化是以意欲自为调和、以持中为其根本精神的，注重思维的整体性；西方文化则意欲向前，注重思维的分析性；而印度文化则是反身向后要求。这实际上表现了三种不同的文化思维形态。由此观之，西方教学注重批判、独立、合作思维，中国教学偏于传递—接受性思维，实乃文化差异之使然。

教学思维文化还体现在，学科不同，则思维模式不同。如人文（文学）思维与科学思维的区别。人文思维模糊，科学文化确定；人文思维具体，科学思维抽象；人文思维定性，科学思维定量；人文思维求美，科学思维求实；人文思维在于塑造典型，科学思维在于寻求规律。如"月上柳梢头，人约黄昏后""举头望明月，低头思故乡"，这是人文思维结果。科学思维结果则是：月亮是地球的一颗卫星，在月亮与地球之间的引力作用下，做周期性运动。月球的表面没有水和空气，它不发光，是反射太阳的光。

教学行为内蕴着教学的思维方式和价值倾向，是教学文化的行为表征，可以说教学中有什么样的教学文化就会出现什么样的教学行为。但教学行为并不是被动地适应教学文化，教学行为也在主动地创造新的教学文化，也就是说，教学行为既是教学物质文化、制度文化和精神文化的活化，也是新的教学文化得以创造和延续的源泉。现实的教学行为中有很多不确定性因素，当已有的教学文化不能完全满足教学现实或不符时代需要时，这就要求舍弃教学文化中那些不合理的因素，进行教学文化的变革，引进或创立新的因素，从而使新的教学思想、教学制度等文化得以创生。

（三）教学制度文化

教学制度文化是师生为了规范教学行为，提高教学效率，根据一定的教学规律及目的而制定的规范、标准、法规等。教学制度的组成，有学者将其分为组织机构和规则系统两部分："一是学校的教学机构和它的组织系统；二是学校的教学机构和它的组织系统的运行规则。"① 也有学者将它分为思想准则、规则指令、组织机构、行为模式四个基本要素。②

思想准则指渗透于教学制度之中的教育思想观念及教育信念体系，它同对教学活动的本源把握、价值取向、终极关怀等问题联系在一起，集中表现为对教学关系的根本看法，表现为教学过程中对"人性"的看法。例如，专制性教学制度，完全置儿童于被动客体的地位，否认儿童应有的自由和尊严，它把师生关系严格规定为统治与被统治的关系。"专制制度的唯一原则就是轻视人类，使人不成其为人。"③ 民主性教学制度则正好相反。

规则指令是指将教学思想的一般原则具体化为带有强制性的要求，将教学关系具体化为教学人员各自的角色身份、权力责任，提供一套促使教学活动按既定方向运行的硬性规定和对任性、反常、越轨、失控、无序的防范制裁措施。规则指令具有不同层次，既有各级教育行政部门的统一规定，具有强烈的政策性、法规性，如教学计划、大纲，考试招生制度等；也有学校根据上述规定和自身实际制定的教学常规，如学生编组、分班制度，教师备课、上课、作业批改、个别辅导要求，教学制度、课堂教学规范、班级管理规范和教学评价制度等；还有教师根据班级实际及"个人哲学"宣布的成文或不成文的规则。如现行中小学课堂教学便有一套约定俗成的规则：学生必须坐在指定的座位上，未经老师允许，不得擅自离开；除了同声应答或齐声朗读外，整个课堂只能有一人讲话，其他人必须保持肃静、默不作声；相互间不得交头接耳，不得传阅各自的作业等。又如，洋思中学教学改革所实行的"三清"——堂堂清、日日清、周周清等。

---

① 刘旭东. 论教学制度创新与学校文化重建［J］. 教育理论与实践，2004（9）.

② 柳夕浪. 论教学制度［J］. 上海教育科研，1997（10）.

③ 马克思恩格斯全集：第一卷［M］. 中共中央马克思恩格斯列宁斯大林著作编译局，译. 北京：人民出版社，2001：411.

组织机构是指依据规则指令所组建的教学实体单位。从教师方面看，有年级组与教研组、包班制与科任制的不同；从学生方面看，有班级、小组、年级之别。教学规则的制定、执行、监督，必须通过教学组织来实现。依据规则指令，把教学人员编制成左右衔接、上下沟通的组织层级，使个体结成群体，相互配合，充分发挥整体功能。不同教学组织之间的差异，主要表现在内部权力与责任关系的不同、信息沟通渠道方式的不同。

行为模式是指规范化的教学行为方式，它具有以下特征：普遍性，即为一定教学组织的教学人员共同接受并遵守；固定性，即一定的行为模式形成之后，保持相对稳定性；重复性，即某种行为达到目标之后，并不立即消失，在类似的情况下还会重复出现。日常教学活动中，我们经常看到，教师每周三便集体备课，学生每逢星期日都要做家庭作业；教师批阅试卷就要组成阅题小组，进行流水批改并在试卷上签名，这正是制度化的教学行为。行为模式有时"物化"为课表、作息时间表、"秧田型"的课桌椅等，这些构成了教学制度的表层。

综上所述，教学制度介于教学思想与教学行为之间，它把教学思想观念的一般准则化为具体的强制性的指令，传达给教学组织机构，对组织机构的活动方向和方式进行调节和制约，促使组织成员行为的模式化。教学制度以一定的教学思想为基础，是教学精神文化的具体体现和载体。教学思想只有进入教学制度层面才能成为一种强制力量并对教学实践产生作用。因此，教学制度是促成和保持教学文化的一种核心要素，是教学文化得以实现的保障。

（四）教学精神文化

教学文化的精神要素是师生在教学、管理、学习等活动中形成的独具教学特征的意识和价值观念，包括教学思想、教学价值、教学信念和教学文化自觉等意识形态。这种意识形态反映了师生群体对教学的共同认识和追求，决定了教学文化的本质，体现为与教学有关的观念与心理特质。

教学文化本质上是一种精神文化，其核心是教学思想、教学价值观和教学信念。教学思想是人们以概念、判断、推理等形式形成的对教学本质及规律的认识、观点和看法，如李吉林的情境教学思想、苏霍姆林斯基的和谐教学思想等。教学价值观是人们对教学价值的认识和看法，它对教学思想具有"过滤器"的作用，即只有符合某种教学价值观的教学思想，才能成为在现实中实现的教学精神文化。教学信念是教师对某种教学思想的认可、期望和设想，它具有普遍性和独特性两个层面。只有教师独特性的教学信念与普遍性的教学信念合二为一，或普遍性的教学信念成为核心教学信念，才能对教学改革起到巨大的推动作用。如在教学中，坚持应试教学的教师，其教学信念就是分数是决定师生命运的根本；反之，坚持素质教学的教师，其教学信念就是促进学生全面发展是教学的最终使命，这是两种不同教学信念支持的教学活动。教学思想、教学价值观和教学信念又是一个逐层递进的整体。教学思想文化必须经过教学价值观的选择"过滤"，才能成为主流的教学价值观文化。主流的教学价值观必须转化为教师的教学信念，才有可能在教学活动行为中真正发挥作用，成为实践状态的教学文化。因此，教学思想变革是前提，没有教学思想的变革，教学精神文化变革就成为无源之水、无本之木；教学价值观是枢纽，上通教学思想，下达教学信念；教学信念的形成是关键，教学思想只有成为教学信念才有可能实现。

由此笔者认为，教学文化犹如四个同心圆，外层圆是教学物质文化，是人们直接感知的，因而是教学文化的基础；中层圆是教学制度文化、教学行为文化，教学制度以一定的教学思想为基础，是教学精神文化的具体体现，是教学精神和教学思想的载体及教学行为表现的依据；行为文化是教学文化本质外张的具体表现，也是人们评判的重点，因而是关键；深层圆是教学精神文化，是教学文化的本质，不仅体现教学思想与价值，而且主导教学文化的实质与方向。无论是教学物质文化还是教学行为文化、教学制度文化，都是以教学精神文化为基础而发散出来的外在表现，因而教学精神文化处于核心和灵魂地位，也是教学文化建设的重点和最高境界。教学文化就是由上述四个因素相互制约、相互联系组成了师生日常的教学生活，见图1-4。

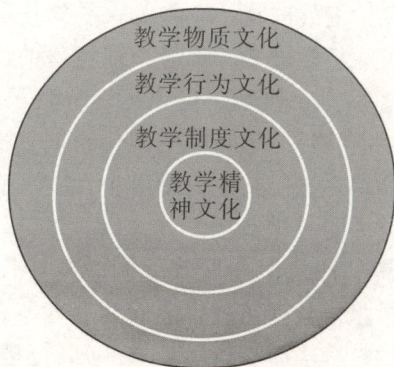

图1-4　教学文化基本要素及结构图

第三节　教学文化的形态与功能

一、教学文化的形态

形态是指事物在某空间尺度所发生的变化，也称状态、样态等。教学文化的形态是指用不同标准划分的教学文化存在的状态。从不同的视野出发，可以将教学文化划分为不同的形态。从构成要素来划分，教学文化是包括教学精神文化、教学制度文化、教学行为文化和教学物质文化在内的整体性文化；从教学文化主体之间的关系来划分，可分为竞争性教学文化和合作性教学文化；从教学文化的显隐程度来划分，可分为显性教学文化和隐性教学文化；从教学文化存在机制来划分，可分为展示性教学文化、传递性（控制性）教学文化和探究性（生成性）教学文化。

（一）竞争性教学文化和合作性教学文化

合作与竞争是人类相互作用与联系的基本形式，是人类社会赖以生存和发展的动力。教学生活世界离不开合作与竞争，当教学主体选择以竞争为主导生活方式时，就形成竞争性教学文化；当选择合作为主导生活方式时，就形成合作性教学文化。

以纯粹工具理性为价值导向将学生视为接受知识的容器，主张效率第一，倡导有效教学，关注教学技术，倡导个体竞争的教学文化成为竞争性教学文化。其基本表现是：在教学目标上推崇分数至上，导致价值目标、情感目标、人格目标、道德目标等目标的弱化；把教学内容窄化为与考试有关的知识与技能的获得，排斥其他与学生生命发展有关但与竞争性测验无关的内容，应试教育的印痕深；教学方法以机械记忆和灌输为主，缺乏对话、沟通与理解；教学评价以还原和复制教师传授的知识的多寡为标准；师生关系僵化、紧张，教师与教师之间相互竞争，不愿与同事和其他班级的学生共享自己的教学经验和教学成果，"同行是冤家"；学生与学生之间也"同桌气息相闻，老死不相往来"，自我封闭，独占学习资源与经验，相互之间缺乏友好合作的意识与行动，甚至还为了学业竞争使用一些小计谋压制同学超越自己；教师除了与学业优秀的学生保持较好的合作关系外，与绝大部分学生的关系一般化，许多学业中等的学生在竞争性的教学氛围中，要么因努力不掉队而进入学业优等生的行列，要么因消沉而沦为学业失败者。总之，处于激烈竞争性教学文化班级中的学生，学业的优劣之别非常明显，学生之间很难平等友好相处。

与竞争性教学文化相反，以师生之间相互合作、相互关心、资源共享为价值导向的教学文化称为合作性教学文化。合作性教学文化实质上是一种人文关怀，是一种心灵与心灵的对话，是一种相互协商与理解，是一种更加贴近和反映教学文化本质的文化形态，它也是系统利用教学动态因素之间的合作互动以促进学生学习的教学文化体系。它有利于充分发挥教学系统的整体功能，"有利于减轻乃至消除竞争带来的负面影响，为创新人才的成长、涌现提供民主、和谐、宽松的环境"[1]，使教学步入一种"美美与共"的和谐生态之境。

合作性教学文化具有以下特征：在教学目标上追求情意、认知、技能和人际关系等的共生和谐发展；教学内容注重使用跨学科的、与学生生活经验密切关联的主题资源库；教学方法强调师生合作、对话理解、多维互动，倡导建立学习共同体；教学评价追求多样性和动态性，承认学生之间的个体差异，关注教学过程与教学结果的辩证统一；师生关系提倡民主平等，相互尊重；教学形式强调集体授课的基础性、小组合作学习的主体性。[2] 在合作性教学文化氛围中，教师与教师之间的教学资源、教学智慧可以共享，他们能够精诚团结，友好合作，他们共同分担教学责任和任务，共同解决教学难题，也共享成功的快乐和幸福。

（二）显性教学文化和隐性教学文化

文化是人类社会长期实践经验的总和，是人类精神思想的结晶，其表现形态丰富多彩、极其复杂，有的可观可感，有的需要心领神会；有的属于显性知识，有的属于缄默知识。教学文化也具有内外主次之别，从其显隐程度，可分为显性教学文化和隐性教学文化。

外在直观的主导性教学文化称为显性教学文化，它包括知识经验、语言符号和教学物质环境等。教学过程中师生的多边交流需要凭借课程资源、教学文本、教学空间；需要安排教学步骤、选择教学方法、考虑教学

---

① 孙晓光. 试论合作教学中的"师师合作"[J]. 山东教育科研, 2001（1）.
② 陈培瑞. 合作教学理论研究及其实践的新探索 [J]. 当代教育科学, 2007（24）.

组织形式；需要巩固训练、提问反馈、评价答疑；需要激励学生发奋学习的教学奖励制度和功名馆匾等。这些教学存在都是直观地、动态地呈现在教学情境之中的，具有鲜明的显性特征。也正是因为教学文化的显性存在，教学才能直接传授知识，启迪学生的智慧，指导学生的学习行为；教学也才能通过这种显性教学文化直抵学生的内心深处，规范学生的学习行为，为教学活动"导航"。

以潜在的方式存在于教学互动之中的文化称为隐性教学文化。它常常"桃李不言"、潜滋暗长、熏陶浸染，却能使教学主体精神勃发，优化教学效果。这种教学文化主要包括教学理念、教学价值观、教学信仰、师生的思维方式和教学文化传统等，它潜藏在学校的校风、学风、教风等方面。教学活动中师生的情感发展、内在的精神要求、人格和个性的自我提升、内心的体验和感受、思维的过程、审美的倾向、伦理的认同和道德的升华等绝大部分是看不见摸不着的，要经过长期的观察才能发现其变化，它们都是以隐性教学文化的形式存在着。隐性教学文化往往又是最本质的，因为"显性教学表现出来的结果，不一定能够真正反映隐性的文化品质"[①]；而隐性教学文化往往起着决定性作用，优秀的隐性教学文化可以克服显性教学文化的不足和缺陷，对整个教学过程和教学质量的提高起着最本质的作用。

隐性教学文化和显性教学文化的关系也是复杂的、多元的、非线性的。一方面，隐性教学文化通过显性教学文化表现，如教师的教学思想、教学价值倾向和情感态度等最终要落实到外显的教学行为上；另一方面，显性教学文化受到隐性教学文化的规约，师生教学每一个教学行为的背后都受到一定教学理念的影响。但有时显性教学文化并不能反映隐性教学文化的本质，例如在课改中，有些教师也采用自主、合作和探究的教学方式，但是因为没有掌握自主、合作、探究教学的精神实质，没有考察具体的教学情境，也没有结合自身的教学风格和学生的认知水平，只是刻意地模仿、机械地套用，结果教学流于形式，表面上"学生动起来，课堂活起来"，但教学效果却没有"好起来"，掩盖不住教学质量下滑的事实。因此，应该清醒地认识到教学文化是师生共同建构、持久形成的显性教学文化和隐性教学文化的有机系统，对这两种教学文化形态之间的关系要放在具体情境中详细地加以考察，才能真正实现和谐高效教学的境界。

---

① 李志厚. 论教学文化的性质 [J]. 课程·教材·教法，2008（3）.

（三）展示性教学文化、传递性（控制性）教学文化和探究性（生成性）教学文化

展示性教学文化是指在人类教学初期，老一辈通过一种仪式的演示或展示让儿童在日常的群体性生活中获得群体的身份认同与生存的基本技能的文化传递活动。这种教学文化的基本特征是既没有正规的文字作为载体，也没有专职的教师进行指导。教学方法以现实生活与生产的过程体现及实物展示为主。

传递性教学文化也称为控制性教学文化，"是把教学设定为传递客观知识、成人社会价值观和成人社会规范；通过教学实现对既有社会秩序规范的维持和复制；使教学成为围绕教材设定的知识和预设好标准的程序性操作，成为来自学生与教师主体外在强制的教学文化"①。传递性教学文化以"工具性实现"消解人的"自我实现"，它控制人的思想，压制人的主观能动性，用效率代替价值，使教育成为一种事先筹谋好的、科学或艺术地控制人们心智的技术，成为一种人们必须服从的传递机制。其基本特征是：教学目标是尽可能多地让学生获得知识、掌握技能，人文目标遭遇搁置，这种状况使得知识成为消费品，获得知识的过程就成了被动控制的过程；教学的内容无疑就是所谓的普遍性、客观性、中立性的知识，这些知识的体现形式就是教材、教学参考书等载体，它们承载的观点、内容是不容置疑的"真理"；教学方法以机械训练和照本宣科式的讲授为主；教学评价以复制还原教师传授的知识的多寡为评判标准；师生关系变成二元对立的"我与他"的控制与被控制的关系。传递性教学文化是人类处于农业文明与工业文明时期的主流教学文化。

探究性教学文化也称为生成性教学文化，它从文化的整体性和动态性入手，关注人的全面发展和人的主体性发挥，倡导对师生生命关怀和人格培育；它秉持生成性思维方式，将教学的生成与预设统一起来，辩证地加以审视；它强调教学是师生生活的建构过程、课程探究的过程、师生自我价值实现的过程。探究性教学文化也是教学过程、教学结果和教学评价有机结合的过程的文化。这种文化的基本特征是：教学目标是要帮助师生生成知识、获得能力，更要实现教学相长，使师生德行完满、人格健康、生活幸福、精神愉悦；教学内容上不再囿于现成的教材和教参，而是主动利用课堂内外、学校内外、文本内外丰富的教学资源，既重视直接经验，又重视间接经验；教学方法倡导启发诱导、体验感悟、自我建构，主张自

---

① 程良宏，杨淑芹.控制性教学文化及其转向［J］.全球教育展望，2009（2）.

025

主、合作、探究式的学习，要求把有意义的接受式学习和有意义的探究式学习结合起来；教学评价上提倡发展性评价、表现性评价、过程性评价和终结性评价相结合；师生关系上消解了二元对立的线性思维，主张非线性的关系思维，师生之间是"我与你"的交互主体关系。探究性教学文化是人类社会进入后现代社会时期的主流教学文化形态。

至于上述三种教学文化形态的生成机制详看下节"教学文化的过程与变迁"。

总之，教学文化形态是教学文化的外在表征，它的多样性折射出教学文化内涵的深邃与丰富，标志着教学文化发展冲破了一元化的藩篱，走向了非同质化的自由发展。

二、教学文化的功能

由于文化是一种宝贵的潜在的社会资源，通过文化主客体之间的对话、交流与认知体验，文化资源可以转换成文化资本，成为推动社会发展的动力，产生巨大的社会效益。因而，当教育者采取一定手段和方式，将静态的教学文化资源变成动态的教学文化资本时，教学文化就能发挥其本身的功能，产生巨大的教学效益。以教学文化对教学发展、师生发展与学校发展等方面的作用为参照，我们认为教学文化具有价值导向、环境美化、制度规约、情感激发、道德陶冶等功能。

（一）价值导向功能

教学文化首先具有价值导向功能。正如有学者所言："从文化的角度看，教学是一种特殊的文化形态。在这一形态中，人的情感、思维、行动等均受某种文化基质的统整。而构成该文化基质的核心成分就是教学价值观念。"[①] 教学文化一经形成就成为一种比较稳定的持久的教学生活方式与教学环境，特别是它所孕育的教学价值观念会以潜在的、经验的、非自觉的方式渗透到教学的各个环节，统合着师生乃至全社会成员的认知、情感、意志和价值倾向，使教学活动及辐射社区生活按照教学文化的价值规范采取行动，产生文化资本的效应。一方面，优质的教学文化引导师生生命精神的成长，成为师生在教学实践中的"灯塔"，使他们的心灵敞亮、智慧明达、情感和美，并做到相互悦纳与合作。由于教学文化的价值导向，教学活动得以持续生成与意义创新，呈现丰富多彩、生气蓬勃、个性

---

① 李长吉．教学价值观念论［M］．兰州：甘肃教育出版社，2004：71．

充盈和精神鲜活的阳光局面；师生形成坚定守望的教学信念，为他们的人生营造了一个有强烈归属感的精神家园。另一方面，教学文化的形成还常常对整个社会或区域文化产生深刻的引领作用，尤其是教学价值与信念会渗透到一个民族或国家的意志之中。如著名的犹太民族，就把对教学价值与信念的深刻认识与体会融入民族文化的精髓中，从而成为世界上最具有创造性的民族；同样，今天客家区域能够培养出 30 名中国两院院士、340名大学校长，这是与客家人深信"状元榜眼探花第，翰林学士近帝王。此是读书为第一，犹如平步上天堂"的教学价值追求有关的[①]，崇文重教的传统成了客家文化的特质。

（二）环境美化功能

教学文化对教学环境文化具有塑造美化功能。教学环境文化是教学文化的组成部分，无论是物质形态的教学环境，还是精神形态的教学氛围，它们的内部都潜藏着教学文化，都受到教学文化的规约。物质形态的教学环境建设的优劣除了受经济的制约之外，最主要是受教学文化的影响。即使是经济贫困的学校，只要师生充分发挥自身的主体性和创造精神，同样能够克服物质资源短缺的困难，利用身边的教学资源和物质力量打造"绿色课堂"，例如利用学生的学习日记、教师的教育随笔布置新颖、活泼、生动的教学园地，举办学生手工制作的作品展览，从自然界寻觅一些花草装点教室等，使学生走入课堂就有一种温馨家园之感；反之，尽管学校经济条件很优越，各种教学设备齐全，但如果教学文化是病态的，师生关系紧张，学生对学校的管理不满，他们甚至以毁坏教学物质环境的方式进行抵抗。如在毕业之际，有些学校遭遇学生大肆毁坏教室门窗；另有些学校新启用的教学楼在经过一轮考试后，崭新的桌椅和四周洁白的墙壁被学生刀刻笔画，写满密密麻麻的文字和公式。同时，传统的教学物质文化还是后代进行教学的文化资源，如科举时代，梅州客家人为考中举人、进士的学子在门前树立石楣杆，对于今天客家后人崇文重教、努力学习就有极大的激励作用。

教学文化对精神形态的教学环境的塑造美化，作用更加巨大，它常常在不知不觉的潜隐状态下发生。"亲切的、和谐的、能够获得学生认同的教学文化，不仅能拉近师生之间的心理距离，而且能激起师生之间的情感共鸣，产生美的教学体验，使师生都能体验到生命的价值和人生的意义，

---

① 黄纷霞．闽西客家宗祠中的传统教育印记［J］．海峡教育研究，2015（4）．

获得自我价值实现的幸福感，增长自我觉醒和自我超越的勇气。"① 这样一种潜移默化的良性教学文化会充分张扬它的教化育人的功能，从而营造春雨润物、杨柳拂面般轻松快乐的教学氛围，并以一种无形的渗透力陶冶师生的情怀，鞭策和激励师生执着地追求真理和理想。

（三）制度规约功能

教学文化是师生经过民主合作、相互支持和集体赋义而形成的生活方式，是集体文化生成过程与结果相统一的有机系统。因此，教学文化中必然存在主导的教学价值观念和共同体的规则与制度，对教学活动中教师和学生的教与学的行为进行规范与限制，以防止教学行为失范及其可能带来的不良后果。因为教学文化在形成过程中就已经经历了传统习俗、伦理规范、意识形态等严格的程序性筛选，确立了社会和教育自身认同的价值标准和制度规范，它本身就阻止了一些不良文化的侵入。任何一种教学文化都有制度和规范的边界，逾越之后，教学作为有机系统的稳定性就会被破坏，教学就不再是真正意义的教学。教学文化制度规约的功能表现在两个方面：一是管理课堂教学秩序和约束课堂教学行为，这是一种控制取向的规约；二是秉持教学信念、坚守教学道德，注重课堂人际关系。如郭思乐主张以"生本教育"来创设"一切为了学生，充分尊重学生，全面依靠学生"和谐平等的教学人际关系，并建构生本的教学环境，竭力做到"教学生本化是形成良好教学生态和建立德育真正基础的关键"。② 这样教师不仅能够帮助学生发现和建构生命的意义，教师生命的意义也在与学生的相互关怀中获得了有益的建构。

（四）情感激发功能

教学文化总是在一定场域中通过语言、物质实体、教学行为等多种符号信息刺激师生神经系统进行认知，催生主体产生对教学活动的好恶体现，我们把这种功能称为教学文化的情感激发功能。常言道"感人心者莫先乎情"，师生只有积极主动地建立融洽友好和谐的师生关系，学生才能"亲其师而信其道"，教师也才能做到以情感人、以情育人，达到情理相通、情境交融的教学审美境界。教学文化正是师生情感激发的动力源与资

---

① 龚孟伟，李如密. 试论当代教学文化的形态与功能 [J]. 课程·教材·教法，2011（4）.

② 郭思乐. 德育的真正基础：学生的美好学习生活——论教学生态在德育中的地位 [J]. 教育研究，2005（10）.

本。在师生长期交往对话的过程中，师生间建立了牢固的情感联系：教师关爱学生，与学生休戚与共，悉心地保护学生的情感，激发师生、学生间的心理共鸣；学生也以敏感的心灵、丰富的情感理解、关心、支持教师。在良性教学文化营造的心理气氛和教学境遇中，师生相互激发情感，及时把握教育时机，充分利用教育智慧，接受情感的感染，达到振奋愉悦的高峰体验。这种教学文化情感激发功能始终伴随着师生交往互动的教学过程，创造出积极健康、文明向上的情怀，也促进了师生之间相互关爱，共同保持积极的情感和良好的心境，全身心地做好教学工作。

如果缺乏良性教学文化的情感激发，师生间、学生间就可能情感淡漠，互不关心，终极关怀的价值观念就会丧失，容易造成师生情感和人格的分裂，成为不完整的人，也会影响有效教学的顺利实施。因此，应时刻清醒地认识到教学文化是情感激发的关键，只有它才能保障教学过程中情感的迁移和共鸣。

（五）道德陶冶功能

教学文化具有道德陶冶功能。当师生置身于一定的教学文化场域之中，由于其本身所具有的价值导向及情感激发等多种功能，可以让师生意识到生命的意义和价值，从而激励教师敬业爱岗，热爱学生，形成良好的职业道德，促进专业发展；激励学生更加遵纪守法，爱国爱家，勤奋学习，做一个优秀的学生。

教学文化是一种潜在的文化资源，要实现上述功能，就必须把这种资源进行运作才能变成文化资本。因而，在教学活动中，师生必须置身于特定的教学文化场域中，采取多种方式方法对其进行必要的创意，对个体进行必要的生态位调节，变成一个"文化人"，积极主动地认知体验教学文化的内涵，发挥其文化的资本力量，对自我发展产生强大的教育功能。

第四节 教学文化的过程与变迁

变迁与创新是文化的本质，是推动社会发展的强大动力。教学文化创新与变迁是教学文化过程与发展的基本动力与法则，人类教学活动的不断发展在一定意义上讲就是教学文化过程的变迁。什么是教学文化过程与教学文化过程阶段，教学文化的变迁及其动力等问题是教学文化研究的基本理论问题，明确这些问题对于我们进一步理解教学文化的本质与特征，推动教学文化建构，提高教学质量具有重要意义。

一、教学文化过程的基本含义

（一）教学文化过程的概念

文化过程有三层含义：一是人类文化发展的过程，这是从考古历史学角度审视人类文化发展进程，如原始文化、古代文化及现代文化等，属于宏观层次的文化过程；二是指文化形成的时间程序，如前节所述在文化的组成中，物质文化、行为文化、制度文化及精神文化等各组成部分在文化形成中的相互关系及呈现方式，这是中观层次的文化过程；三是指以文化为手段作用或影响个体，促进其发展或个体价值的增值的过程，即"以文化人"，如数学文化过程、教学的文化过程等就是这个意思，这是微观层次上的意义。本书重在从中观层次来探讨文化过程，探讨一个地区或国家教学文化的形成程序。

我们认为，教学文化过程是由教学主体为了建构新（有意义）的生活方式，不断消解各种文化冲突，实施有效教学自觉开展活动的时间进程。它具有复杂的内涵，其中"教学主体""有效教学""教学文化自觉""文化冲突"等是主要成分。在教学文化过程中，建构新（有意义）的生活方式，实施有效教学是教学文化的本质追求，是文化本质的直接体现；教学文化自觉及传统教学文化与现代教学文化之间的冲突是教学文化过程演进的动力；教学中主体是用什么方式和途径有效传承知识、价值、技术等文化因素，教学文化过程主体（教师、学生及参与教学文化的其他人员等）

之间的关系，是教学文化过程是否有效的必要保障。

（二）教学文化过程的动力

教学文化冲突是指教学文化主体在为了创造有意义的生活方式、成为社会文化人的过程中，各种文化类型之间的相互对立和矛盾。事物内部运动的矛盾与冲突是该事物发展的根本原因。教学文化冲突不是教学的偶发事件，而是教学的存在方式，是教学的本真状态，是教学发展的动力。取消教学文化冲突就是取消教学本身。教学过程就是一个又一个永无止境的"冲突—和谐—新的冲突"的过程。教学的冲突与和谐之间是一种动态的辩证关系，冲突造就和谐，和谐中包含冲突，从而推动教学不断发展。

事实上，文化冲突是发生在两种文化相遇以后，表现为不同性质、类型的文化间相互对立和抵牾。文化依其共享的范围可以区分为宏观文化和微观文化。宏观文化是一个国家或地区共享的文化，微观文化是由亚社会群体所共享的文化要素和文化形式。每一个人既是宏观文化的一员，也是微观文化的一员。结合宏观文化冲突和微观文化冲突两种视角，我们认为，教学文化冲突主要呈现为教学文化与社会文化之间的冲突、不同区域教学文化之间的冲突、教学文化内部的冲突三种方式。

教学文化与社会文化之间的冲突是由教学文化自身的独特性造成的。"教育人、培养人"即教学的教育性是教学文化最大的特殊性。这一特性决定了教学文化是一种独立的文化、专业的文化、系统的文化，有其自身的发展模式和发展规律。这种特殊性与社会文化发展的一般规律及普遍要求常常出现不一致，甚至产生矛盾，这是教学文化和其他社会文化冲突的源泉。

不同区域教学文化之间的冲突，即不同类型和模式的区域教学文化之间的冲突，是由区域教学文化的相对稳定性和新的发展要求之间的矛盾引发的。不同时期、不同区域、不同文化背景下的教学往往依其自身特点形成自己独特的教学文化。教学文化和任何一种社会文化一样，形成之后就具有一定的文化保守性和文化惰性，倾向于以一种稳定的方式自在地运行。这种保守性和惰性，是文化固有的自我保存的要求和属性的表现，是文化发展的普遍法则，属于"正常的事情"。破坏这个正常的属性，无异于否定教学本身。但是，教学是人为的，也是为人的，只有不断发展和超越才能符合社会和人的发展需要，才能自我保存。由此，就产生了教学文化的自我保存和自我更新、稳定和革新之间的矛盾，原有教学文化遭遇新的教学文化时，会本能地采取一种抵制、排斥的态度和行为，引发教学文

化之间的冲突。区域教学文化之间的冲突常常与区域教学文化的危机相伴相生。因为只有当一种教学文化陷入危机的时候，才会面临与新的教学文化的冲突。区域教学文化危机分为内源性危机和外源性危机两种。

教学文化内部的冲突是指教学各组成部分在运行过程中及文化主体——教师、学生各"文化人"之间的文化差异而产生的文化矛盾与对立。教学文化是一个运动变化的整体，在它的内部，教师、学生与教材文本分别代表着三种不同的"文化人"。世界上没有两个完全同质的"文化人"，个体与他者时时处处都有可能产生和迸发文化冲突。因为任何一个个体的文化结构都是完整的、无法切割的，个体总是作为一个文化的复合体而不是某一特定文化模式的抽象代表或符号出场的，尽管他在特定场合总是着力表现某一侧面。在教学场域中，教师与教师之间、教师与学生之间、学生与学生之间随时都可能出现文化冲突。其中，教师与学生之间的文化冲突是教学生活的核心。教学文化内部的冲突，还表现在组成教学文化的教学物质文化、教学行为文化、教学制度文化和教学精神文化之间的有机统一与协调。一是各要素之间教学理念的冲突，如在教学精神上倡导以学生为本的自主创生型教学文化，却在制度上、行为上依然坚持以教师为本的记忆性控制型教学文化，各要素之间不能做到"一以贯之"，相互矛盾；二是在一定时期由于受外界因素作用，某一教学文化要素获得超前性发展，但其他要素依然囿于原有教学文化范畴，出现"穿新鞋走老路"的矛盾。

在上述三种冲突中，教学文化内部的冲突是教学系统中最频繁、最主要、最复杂的冲突，构成了教学活动的日常图景，是教学的基本存在方式与样态。其发展过程对其他冲突具有主导作用，居于教学文化冲突中的核心地位，是教学文化过程的主要矛盾。教学文化就是在教学文化各种冲突中不断发展与壮大的。

（三）教学文化过程的基本环节

教学文化过程既然是某一教学中的文化进程，也必然会有萌生、成熟、发展和变革这样的几个阶段。每个阶段发展的内容的侧重点不同，各有其特征。我们把教学文化划分为如下几个阶段：

（1）萌芽阶段。指伴随着社会经济及区域教育发展，在一定时期内逐步出现零碎的教学文化现象。这个时期的教学文化的特点尚不明确稳定，缺乏独立，文化水准还不高，旧教学文化与新生教学文化冲突处于明显对抗阶段，常常伴随其他社会现象，教学文化迫切需要发展。这一时期，在教学主体的共同努力下，教学理念初步确立，开始以一些重点学校为基础孕育区域教育中心及教育腹地，如当代京津教学文化产生的萌芽，就是在改革开放后以北京海淀区及天津南开区域内的历史名校教学文化积淀为基础，由于提高教学质量、加强教学改革和实施素质教育的社会需要迫切，解决大面积提高教学质量的矛盾成为当时的主要冲突。

（2）成熟阶段。在前期教学文化发展的基础上，教学理念已经确立，区域教育中心、教育孕育腹地及教育网络也初步形成，教学文化冲突处于相对和谐状态，具有明显的教学特色，形成了稳定的教学精神理念和教学流派，教学方法自成体系，教学质量高，产生了巨大的社会效应，形成了先进的教学经验。它常常以一批名教师、校长及名校出现或重大的教学事件为标志。如我国进行基础教育课程改革的生成性教学文化的成熟，就是以 2014 年教育部颁发《教育部关于全面深化课程改革　落实立德树人根本任务的意见》为标志作为重大事件，全国涌现出了如北京十一学校、杜郎口中学等一大批教学改革的先进学校。课程教学改革进入新阶段，各学校纷纷以教育部意见精神为指导，检查与反思改革的得失，完善本次改革所倡导的自主合作探究的生成性教学文化。至此，标志着新课程改革，以学生为本的生成性教学文化进入成熟阶段。

（3）发展与传播阶段。这一阶段教学文化特色更加鲜明，教学精神理念不断完善，教学流派更加壮大，教学质量更高，由于先进教学理念与经验不断传播，其社会影响力更大。这个时期，先进教学经验在传播过程中不断发展、提升，教学文化冲突处于和谐状态，是教学文化发展的重要时期。如湖南汨罗区域教学文化的发展就是这样，以教委主任黄泽南为核心的教学改革者，针对全国当时应试教育的弊端，在汨罗市中小学大胆尝试改革，在进行了 12 年艰辛的教育改革之后初见成效。1996 年春，《人民教育》发表了长达 5 万字的报道《大面积推行素质教育的探索——湖南汨罗市中小学教育改革 12 年写真》，向全国推广，希望读者从汨罗的经验中得到启发，借以推动应试教育向素质教育的转轨，加快素质教育的区域性推进。之后，向汨罗教育学习成为 20 世纪末中国基础教育发展最前沿的范本，这样汨罗教育经验在向外传播的过程中，不断反思自我教学文化所存在的问题与不足，并不断完善，促使汨罗经验在原理基础上进一步发展。①

（4）变革阶段。随着社会发展、技术更新，原有教学文化中出现不适应现代社会发展的成分或因素，于是以新型社会发展需要为核心的新型教

033

---

① 唐仲扬，胡宏文，等. 加快素质教育的区域性推进 ［J］. 人民教育，1996（2）.

学观念、教学行为逐步与原有教学文化产生对抗，甚至发生冲突，要求对原有教学文化进行改革，这个阶段称为变革阶段。教学文化通过变革阶段之后，新的教学文化便出现了。由于原有教学文化的根深蒂固，特别是教学信念的确立，需要教学文化主体经过许多反复实践与检验才能最后确立下来。这样，一旦教师教学信念确立起来，就很难在短时间内改变。因而，变革时期不仅需要强有力的来自教学主体的外部推动力，而且还需要教学主体有坚韧的毅力。

教学文化就是在教学文化冲突中，经过萌芽阶段、成熟阶段、发展与传播阶段和变革阶段等教学文化过程的循环往复，才不断发展繁荣，创造着人类教学文化史的新篇章。

二、教学文化的变迁

文化变迁是指文化结构或者说文化模式的变更，其核心是文化中价值体系的变革。文化变迁具有整体性、结构性的特点。教学文化作为社会文化的一个亚文化，既具有社会文化变迁的整体性特征，又具有自身的特点，两者是互动的关系，然而究其根源，在于人的自由解放的需要。教学借助文化来体现人之发展需要，教学作为人之存在的文化符号，其本质就是为人的自由解放服务。所以，教学文化变迁是指教学文化过程随着人的自由解放发展的需要及教学技术手段提供的可能性，教学在结构与功能、形式与内容等方面所表现出的整体性变革。从这个角度而言，我们大体可以把教学文化变迁的历史形态归结为三类：展示性教学文化、传递性教学文化和探究性教学文化（当时主流的教学文化）。①

（1）展示性教学文化。在原始蒙昧时期，生产力极其低下，物质十分贫乏，由于人类对自然的认识有限，对一些自然现象无法理解，形成了原始的宗教和神话，这是人类先祖早期受自然束缚的产物。此时，人类唯有通过群体的方式才能求得生存，社会组织以血缘关系为纽带，许多我们称为教学的事物与事件就是通过展示来实现的。他们并没有像今天的人们这样进行实践和操练，只是通过游戏或玩耍来直接模仿成人的活动——打猎、交换物品、照顾婴儿和搭建房屋等。最后，这个文化群体中的每一个成员都知道了其所应该知道的事情。我们把这种既没有正规的文字作为负载，也没有专职的教师进行指导，老一辈通过一种仪式的演示性或是展示，让儿童在日常的群体性生活中，获得群体的身份认同与生存的基本技

---

① 张俊列. 教学文化及其变迁探析［J］. 当代教育科学，2009（19）.

能的文化传递活动，称为展示性教学文化。

（2）传递性教学文化。在农业文明与工业文明时期，由于生产力的发展和人类认识能力的提高，人由对自然的依赖逐渐转向对自然的征服与控制。特别是在后期，知识增长逐渐打破了宗教和神学的控制，理性获得了独尊。然而人类在用理性把人从自然的束缚中解放出来时，人又走向了理性的桎梏与异化。此时对儿童的教学发生了两个方面的变化，存在于某个社会文化中的知识与技能远远超出该社会中的每一个体所能了解的范围。所以，逐渐形成了一种教导年轻人的比较经济、使用、快捷的教学方式，即采用脱离情境的"讲授"而不是在情境中"展示"。……这种"讲授文化"所导致的最糟糕的结果就是：形式化的、机械的无意义活动造就了感到极端失望的一代。常与鲜活的社会生活相脱节，只是间接地反映了工业社会的生活要求。[①] 夸美纽斯、赫尔巴特、桑代克、斯金纳、泰勒、布鲁姆等人的教学理论皆以科技理性为其范式，旨在寻求一种脱离情境的、具有普世意义的操作控制的机械加工模式。特别是斯金纳，将教学过程完全看作没有任何情感参与的单向化操作过程，这也是教学论科学化发展的表现，教学被作为价值中立的客观性、工具性存在。我们把由古代到现代社会的这种主流性的"讲授"文化称为传递性教学文化，它是一种线性的机械的控制过程，以知识的传递为主要内容。这种教学适应了工业社会机械生产的需要，以系统、精确的传递、控制为主要方式，也是一种控制文化。

（3）探究性教学文化。由于现代理性对人性自由的桎梏，后工业文明时期，如后现代主义对现代理性进行了诸多的批判和诘难，试图把人从理性和知识的权威中解放出来，追求个人意义的建构与全面发展。教学被认为是学习者主体在情境中探究生成的过程，知识不再具有普遍的规约性，而是谋求个人意义的建构和生成。正如雅斯贝尔斯所说："教育活动关注的是，人的潜力如何最大限度地调动起来并加以实现，以及人的内部灵性与可能性如何充分生成，质言之，教育是人的灵魂教育，而非理智知识与认识的堆集。通过教育使具有天资的人，自己选择决定成为什么样的人以及自己把握安身立命之根。"[②] 探究性教学文化，也称为生成性教学文化，它从文化的整体性和动态性入手，关注人的全面发展和人的主体性发挥，

---

① 布鲁纳. 教学论［M］. 姚梅林，郭安，译. 北京：中国轻工业出版社，2008：133.

② 雅斯贝尔斯. 什么是教育［M］. 邹进，译. 北京：生活·读书·新知三联书店，1991：4.

倡导对师生生命关怀和人格培育，它秉持生成性思维方式，将教学的生成与预设统一起来，辩证地加以审视，它强调教学是师生生活的建构过程、课程探究的过程、师生自我价值实现的过程，也是教学过程、教学结果和教学评价有机结合的过程。探究教学文化打破了年长一辈对年青一辈知识上的权威性，使教学由教师的单独传递转向教师与学生、学生与学生间在合作及对话基础上所进行的探究变成了现实。

教学文化的变迁过程并不是教学由低级向高级转换的过程，如并不能说探究性教学文化优于传递性教学文化。同时，同一个时代教学文化的形态还呈现出多元化的局面，如处在古代农业社会以传递性教学文化为主的教育家孔子，在实施传递教学的同时，他又倡导人本教学，因材施教，已经具有丰富的探究性教学思想与实践，出现了传递性教学文化与探究性教学文化并存互补的教学场景。每个时代人的自由解放的需求不同，凡是符合人的个性自由解放需求的文化便是优越的文化。当前主流文化仍然是传递性教学文化，然而，人的自由解放的需求要求教学从传递性教学文化向探究性教学文化变革，实施个性化教育，这是教学文化变革的总体方向。当前，我国的新课程改革是符合这一变革趋势的，这应是新课改的根本基础。但是，文化变迁的过程是十分复杂的，需要一个渐进的过程。在这个过程中势必存在着传统与现代、本土与外来等多元文化的交织，谋求一种文化形态是不合现实的。新课程改革由思想到文化才是应有之意，对教学文化变迁的认识要把握好三个原则：一是把握好教学文化变迁的总体方向；二是排除对教学文化变迁的外在干扰；三是摒弃一切教学文化变迁的虚荣。

三、教学文化变迁的根本动因

教学文化过程经历了演示性文化向传递性文化再到探究性文化的主流形态变迁过程。尽管探究性教学文化尚处于转折的过程之中，但是这种文化形态已经促使了世界各国的教学改革，已经在发挥着文化导向作用。我们需要反思的是：引起教学文化变迁的根本动因是什么？为什么我们当前的教学文化变革是如此的困难重重，探究性教学文化不能够深入基层学校师生的原因何在？其实，影响教学文化变迁的因素十分复杂，一种文化一旦形成，它本身就形成了一套严密的系统，当这种系统发生危机时，系统依然要努力维护原有的组织程序，这就是文化的惰性。特别是当原有的文化模式还可以找到其生存的依据时，暂时地维护旧貌是完全有可能的，就如当前的传递性教学文化一样，尽管后现代主义者对其进行了激烈的批判，然而在实际教学生活中，它依然具有很强的生命力，人们总是具有一种难以割舍的情怀及以教学客观存在的现实为理由加以保护。探究性教学文化作为一种新生的文化形态还处于被传递性教学文化所遏制的境遇之中，在各国的课程改革中以一种精英文化的身份表现出来，但正是这种精英身份使其面临着遭遇大众文化排斥的境遇。一种新生文化的形成是因为旧有文化已经发生了危机，文化变革的力量无法为一时的遭遇而改变，探究性教学文化作为一种符合人性解放、社会发展、知识转型需求的文化形态，总会走向教学的日常生活，总会成为主流的教学文化形态。所以，考察教学文化变迁的根本动因，还需要从教学的核心"人"的视角出发。

总体说来，演示性教学文化是为了求得人的生存与种族的延续以及人从自然中求得解放而存在；传递性教学文化是为了满足人对自然的征服与控制，求得物质需求的解放而存在；探究性教学文化与人求得个性的解放与获得个体存在的意义相适应。然而人又是渺小的，只有通过社会组织及技术条件实现群体的解放才能达到个体的解放，这就需要从社会发展的视角来认识教学文化变迁。教学文化变迁与社会文化变迁在总体上具有一致性，而知识是人类认识自然与社会的积累性成果，技术是人类改造自然和社会的必要手段和创新成果，人性的需求与社会的发展总是以知识与技术的形式表现出来，教学只有通过知识和技术才能实现对人的改变，而知识和技术自身的发展亦是一个不断冲突和变迁的过程，关于知识和技术的认识就是哲学研究的一个核心问题——知识论与技术论。故在社会发展中人性、知识的变迁和技术创新是教学文化变迁的根本动因。

（一）人性的解放

具体说来，文化是一定区域的历史凝结成的稳定的生存方式，其核心是自觉不自觉地建构起来的人之形象。[①] 每一次文化的变革总是人对自身存在危机的调适。20 世纪文化哲学所包含的主流话题如文化危机、文化批判、文化转型、文化重建等，其理论宗旨都是要解决当下人的存在困境，从而实现人自身的完整性与总体性。文化作为人的一种存在方式，它必然是人的生命的全面体现。从根本上说，文化研究实质上就是对人的研究，它直接关注的是人的行为、人的生活、人的价值，而人的完善是文化的最高原则。[②] 故教学作为一种文化活动指向不断发展着的主体的个性生命生

---

① 衣俊卿．文化哲学的主题及中国文化哲学的定位［J］．求是学刊，1999（1）．
② 车玉玲．文化哲学与人的存在境遇［J］．求是学刊，2000（4）．

成，教育面向人的自由境遇，随着人性的发展而变迁。人的两个根本问题：一是人的生存。"生存的教学"是作为"工具的人"的教学，它要解决的是人生存的意识、能力、方法、手段。二是人的存在。"存在的教学"是作为"目的的人"的教学，它要解决的是人生存的理由、意义、根据和理性的头脑，而指引教学发展的动因是教育面向目的的人。

人并非简单的存在，而是理性与生存的综合体，既要把握当下直观，又要超越现实。"人的存在是这样一种存在，它总是超出它的此在。"① "人既筑居于'它'之世界……也栖身于'你之世界。"② 马克思说：个人是怎么样的，取决于"表现他们生活的一定形式，他们的一定的生活方式"。"个人怎样表现自己的生活，他们自己也就怎样。因而个人是什么样的，这取决于他们进行生产的物质条件。"③ 从这句话中，我们可以分析出马克思认为个体的人总是生活于一定的历史境遇中的，人的特性是在具体的历史境遇中生成的，而不是被抽象规定着的。马克思所表达的其实是有关人的辩证思想，即人是一种具体性的存在。然而马克思又强调人的历史境遇性，特别是强调具体历史中进行生产的物质条件，这说明马克思是赞同具体历史中人是具有普遍共性存在的，如在价值需求、认识发展、思维方式等方面。所以，马克思关于人的认识表现为具体的普遍的统一。任何一种观念的产生都与特定的时空有关系，也即马克思所谓的一定的生活方式或生产条件。对于教学中的根本动因——人性的认识亦是如此，人性的发展过程具有一个总体的历史过程。在此，我们把教学中人的主要存在图像划分为五种：生存人、宗教人、理性人、生产人、生活人。不同时期的教学价值总与当时相关的人性认识相对应，"全部人类历史的第一个前提无疑是生命的个人的存在"④。"古今中外教育学发展史上的重要流派纷争和时代性的转换，都以对人的认识的重大区别和变化为标志。"⑤ 因此，任何教学改革的深化以及教学知识的创新都是可以从历史上或现实中教学知识所

---

① 萨特. 存在与虚无 [M]. 杜小真，译. 北京：生活·读书·新知三联书店，1987：703.

② 马丁·布伯. 我与你：序言 [M]. 陈维刚，译. 北京：生活·读书·新知三联书店，2002：5-6.

③ 马克思恩格斯选集：第1卷 [M]. 中共中央马克思恩格斯列宁斯大林著作编译局，译. 北京：人民出版社，1995：67-68.

④ 马克思恩格斯选集：第1卷 [M]. 中共中央马克思恩格斯列宁斯大林著作编译局，译. 北京：人民出版社，1995：678.

⑤ 叶澜. 中国教育创新呼唤"具体个人"意识 [J]. 素质教育大参考，2003（4）.

蕴含的"人的形象"的反思与重塑开始，人性认识的变革为教学文化变革提供了人学基础。

（二）知识的转型

自苏格拉底提出"什么是知识"以来，西方哲学家就一直在追问并试图回答这一问题。然而对这一问题从来就没有一个亘古不变的答案，关于知识的认识总是与特定时期人们的现实需要相关，而知识发展的过程也是一个不断变迁的过程。说到底，知识是人所建构的符号，人的生存现状决定了知识的现状。但是，由于人的生命及其遗传特质的有限性，人需要借助其他手段来实现文化的延承。为此，人以知识为负载，以教学为手段，将人所发展的能力传递给下一代。教学与知识是两个紧密相连的命题。知识的发展需要教学来传递和创新，教学需要以知识为载体来实施。从历史来看，教学对于知识的作用基本上是一种传递性功能，对知识的创造绝大多数是在教学机构之外实现的。知识是教学得以开展的核心要素，对教学具有一定的制约作用，不同时期的知识观决定了教学如何选择、组织、传递知识，同时也影响着教师、学生等教学观念。试比较赫尔巴特与杜威的教学思想，其根本区别在于所持知识论之不同：赫尔巴特以理性主义为基础，自然形成教师中心、课堂中心、教材中心的教学观；而杜威以实用主义为基础，就形成了学生中心、活动中心、经验中心的教学观。从赫尔巴特到杜威是一次由理性主义向实用主义知识观的转型，而这是传递性教学文化向探究性教学文化转型的前奏曲。是故，知识的转型是教学文化变迁的动因之一。

知识是一个十分复杂的命题，这里对其不做过多的讨论。总结起来，关于知识的概念无外乎涉及四个方面：一是知识与认识者的关系；二是知识与认识对象的关系；三是知识作为一种陈述本身的逻辑问题；四是知识与社会的关系。历史上有关知识命题的争论基本上涵盖了这四个方面。"知识型"就是对与知识概念有关的四组问题具有逻辑一致性的回答所构成和产生的、具有结构特征的知识形态。因此，也可以将其看作"知识的模型"或"知识的范式"。作为知识的模型或范式，知识型是一个时期所有知识生产、辩护、传播与应用的标准。如果一种人类的认识经验符合那一时代知识型的要求，那么它就能够获得"知识"的殊荣和权力，并被允许以"知识"的名义进行传播和应用；反之，则会被排斥在知识王国之

外。① 由此可知，知识的转型就是指在原有知识型发生危机的基础上，知识的范式所发生的根本性改变，从而形成一种新的符合时代需要的知识形态。知识型与知识观具有相似处，可以说两者都是从"范式"的视角来区别知识形态的，即对有一定的共同的关于知识的价值、标准、范畴、功能诸方面的认同。钟启泉教授将知识观区分为九种类型来考察知识对课程开发的影响。② 狭义地来讲，教学中的知识即为课程。所以，知识的变迁是通过课程对教学发生影响的，知识假设与知识兴趣的嬗变必然对教学文化的变迁发生作用。这些研究为我们认识知识的变迁或是知识的转型提供了可资借鉴的基础，然而这些成果多局限于对现代以来知识变迁的研究，对知识变迁的整体过程则缺乏关照或是系统研究。石中英教授对知识的转型进行了系统的历史考察，他把知识型划分为四种：神话知识型、形而上学知识型、科学知识型、文化知识型，认为人类知识经过了三次转型。③ 相较于我们对教学文化形态及其变迁历史的划分，我们在此采用石中英教授的划分形态来阐述知识的变迁过程。知识的形态并不是以单纯的形式出现，而是以主导、共同主导方式或其他组合表现出来。所以，从历史的视角来划分知识型是就主流的知识型与教学文化型而论的。

（三） 技术的创新

法国科学家狄德罗主编的《百科全书》认为："技术是为某一目的共同协作组成的各种工具和规则体系。"这个定义，基本上指出了现代技术的主要特点，即目的性、社会性、多元性。它可以指物质，如机器、技术硬件或器皿，也可以包含更广的架构，如系统、组织方法和技巧。技术是知识进化的主体，由社会形塑或形塑社会；如电脑等新技术的产生使人们相信技术是社会进化的决定性力量；换句话说，技术是驱动改变的自发性动力。对于人性解放来讲，技术是人性获得解放的必要手段与物质条件，

① 石中英．知识转型与教育改革 [M]．北京：教育科学出版社，2001：19–20.

② 即理性主义知识观、经验主义知识观、实用主义知识观、结构主义知识观、知识社会学知识观、认知人类学知识观、教育人类学知识观、后现代主义知识观、马克思主义知识观。其实这几种区别在笔者看来还是比较混乱的，因为认知人类学、教育人类学是对知识类别的区分，是从研究方法上进行的区别，其他几种则以哲学基础为划分依据。所以，这九种划分具有标准的不一致性。在后来的研究中，钟教授从知识模型的视角把教育中的知识划分为消化说、实验说、对话说、人格说、舞蹈说，相比之前的划分更为明些。参见：钟启泉．知识论研究与课程开发明 [J]．外国教育资料，1996 (2)；知识隐喻与教学转型 [J]．教育研究，2006 (5).

③ 石中英．知识转型与教育改革 [M]．北京：教育科学出版社，2001：40–85.

为人的发展与自由提供可能性。人类教育史上，无论哪次教学文化变革都依赖于科学技术手段的变革。从原始社会记忆性教学文化到古代社会的控制性教学文化再到今天的生成性教学文化，最根本的原因是教学中传递信息的工具及成本的变化。这些变化体现在教学文化组成的各个方面，如由于技术手段不同，教学课程形态不同，从语言产生出现的口耳相传、结绳记事阶段，到发明文字、纸张进入经典课程阶段，到以纸张为主的教科书阶段，再到今天"互联网＋"时代，电子教科书由于信息技术的发展逐步普及，揭开了云课程文化时代的序幕。这种变化的直接因素就是课程技术载体的影响。① 有学者认为："如果是信息社会，看看教育的变革，我们可以得到更加简单的结论：从某种角度上来讲，3 000 年来的所有变革，没有任何新鲜内容。而信息载体的成本和主流需求，是影响教育思想变革的关键因素。"② 未来区域教学文化发展趋势是什么？乔布斯去世前，曾对此做过这样的预言：电子科技将掌控未来的教室，教学改革将有重大突破——屏幕成为学习的主要介质，学习过程就是数据产生过程，学生将成知识来源，数字化学习产生全新学习模式，互联网思维注入课程教学，学习者赢利将成为可能，低结构成为信息化设计主导思维。③

041

　　因此，未来信息技术对于创新教学方式，转变教育教学观念，催生教学文化变革将产生重要作用。如表 1 - 1 所示。

---

① 牛瑞雪. 从口耳相传到云课程：课程形态视域下的课程演变史［J］. 课程·教材·教法，2013（12）.

② 魏忠. 当改革无法触动教育，技术可以触动它［EB/OL］. http：//blog. sina. com. cn/s/blog_537ef1730102va2j. html.

③ 樊丽萍，钱钰. 八大预言描绘教育信息化未来［N］. 文汇报，2014 - 05 - 29（3）.

表 1-1　技术在教学文化变迁中的作用

教学文化形态	教学内容	学习方式	承载体	技术
展示性教学文化	祭祀、史实、风俗	对话、示范	无形承载体	语言，口耳相传阶段
传递性教学文化	《圣经》、史诗、儒家经典	专题对话、贵族学校、私塾、班级授课	羊皮、竹简、丝帛、纸张	文字诞生、雕刻、手刻、古代造纸术、雕版、活字印刷术、电子排版
探究性教学文化	学科知识、个性化学习内容	正式学习与非正式学习结合，集中学习与个性化学习结合	纸张、光盘、数字存储、云存储	现代造纸术、铅字印刷、多媒体（影音）电子产品、信息技术

　　总之，文化是"人"之符号存在，教学是人关于自身存在和发展的一种有意义的特殊活动。所以，必须把"人"的命题置于教学文化思考的核心地位。人的本质在于追求自由和解放，整个人类社会的发展过程就是人的不断解放的过程。"在价值等级图式中，使人成为人的价值处于至高无上的地位。要使人成为人，就必须把他从自然和社会的压抑中解放出来，给他愈来愈多的思考和行为的自由。"① 社会文化和教学文化变迁的根本动因是人的自由解放的需求、实现的条件与可能因素，以此为逻辑思考点，可以更好地理解教学文化变迁的整体过程（见表 1-2）。

表 1-2　人的解放、社会文化发展、教学文化的变迁过程

社会发展过程	人的解放需求	社会文化发展	教学文化形态
原始蒙昧时期	人依赖于自然，追求对自然的解放（生存人）	原始的宗教与神话，以血缘为纽带	展示性教学文化：以行为方法为主要的教学方式，没有正式的学校教育

---

① 杨善民．文化哲学［M］．济南：山东大学出版社，2002：170.

（续上表）

社会发展过程	人的解放需求	社会文化发展	教学文化形态
农业文明与工业文明时期	由对自然的依赖逐渐转向对自然的征服与控制，追求理性的解放（生产人）	知识的增长逐渐打破了宗教和神学的控制，理性获得独尊，机械主义为其主要特征	传递性教学文化：以系统、精确的传递、控制为主要教学方式
后工业文明时期	追求人自身主体的建构，实现个人生活的意义（生活人）	对理性的、权威的、普遍的、本质的解构，多元性、个性化为其特点	探究性教学文化：以个人的自由探究为主要方式，个人意义的建构和生成

第五节　区域教学文化的本质、特征及其价值

一、区域教学文化的本质

（一）区域与区域教育

区域教学文化研究属于区域教育学研究的范畴，明确区域、区域教育等概念及范围是我们很好完成研究任务的基础。区域原本是一个地理学概念，早在区域经济学产生之前，地理学就已经有了一些划分区域的标准，如差异性与内聚性等。但由于区域这一概念没有严格的范围与界限，所以国内外至今没有一个公认的将一国划分为区域的绝对标准。在《简明不列颠百科全书》中，"区域"被解释为"通过选择与特定问题相关的特征，并排除不相关的特征而划定的……区域的界限却是由地球表面的这个部分

的同质性和内聚性决定的。区域也可以由单个或多个特征来划定"①。这一提法对我国研究者影响很大。在我国，一般认为，区域的划分主要取决于所研究问题的性质和范围，"区域是一个变动的构架，它必须符合研究任务提出的要求来加以定义"。人们可以根据历史传统划分区域，可以根据经济发展水平划分区域或根据自然地理特征划分区域，也可以根据历史传统、经济、文化、人口和自然地理条件等综合因素划分区域。但是，无论人们怎样划分区域，其最终目的是要解决一定的问题。由此得知，划分区域只是一种方法与手段，更好地解决问题才是划分区域的真正目的。

我国是一个以中央政府为核心，以省、市、县等行政区划为基础，开展各种政治、经济、文化、教育等社会活动的集权制国家。行政区划成为开展一切社会活动最有力的、最基本的组织。因此，划分区域教育必须以行政区划为标准，才具有实际社会效益。所以，"区域教育是指在一定行政区划内或多个衔接在一起、共性比较突出的行政区划联合成的广义区域的教育"②。总之，从空间视域来看，区域教育属于中观层次的教育活动，它和以全国或更广阔的国际教育为对象的宏观教育活动及现象以及以某学校教学改革、某学生或教师为对象的微观教育活动及现象是不同的。

我国很早就有学者关注区域教育现象并进行研究。二十世纪二三十年代，著名教育家晏阳初在定县开展的"平民教育实验"就属于区域教育。他为什么要选择定县开展教育实验呢？是因为他认为定县"是一个典型的华北地区的县"，而"中国是一个大国，是由1 900个左右的县组成的。当采取了以县为单位的实验方式时，我们则把问题限于可以控制的一小部分。还因为中国人民具有统一的文化、生活方式和组织，而且同是炎黄子孙，在此一地区认为可行的积极的建设计划，对于全国来说，一般也是可以适用的"。③他认为，中国农村的问题是农民的"愚、穷、弱、私"四大病症，应当用"文化、生计、卫生、公民"这四大教育救治。晏阳初的目的是用一种社会理想改变整个中国农村。他的方法是实验法，他的实验对象是整个中国农村，只是后来觉得太大了，就视定县为中国的模型，把在定县区域开展实验得到的结论——"可行的积极的建设计划"，推广用于

① 中国大百科全书出版社《简明不列颠百科全书》编辑部. 简明不列颠百科全书：第六卷[M]. 北京：中国大百科全书出版社，1986：703.
② 《区域教育可持续发展研究》课题组. 可持续发展区域教育研究[J]. 中国人口·资源与环境，2000（1）.
③ 晏阳初. 晏阳初文集[M]. 詹一之，编. 成都：四川教育出版社，1990：143.

全国农村。显然，晏阳初此时主要关注的是中国社会组织的统一性，这和如今的区域教育研究承认我国各地的差异性、发展不平衡性是有很大不同的。1996 年《人民教育》推出的"汨罗教育现象"是当代区域推动素质教育发展的典型。①

区域教育主要关注在整体地把握区域社会和区域教育实际的基础上，以区域教育为研究对象，以促进区域教育协调快速发展，从而更有力地促进区域经济和社会发展为自身的目的。如上海市闸北区的"区域教育可持续发展研究"、国家教育发展研究中心谈松华等的"区域教育现代化研究"、杭州市下城区"以教育生态理论推进区域教育现代化研究"，以及一些区域教育投资研究、区域教育评价研究等就是当代区域教育的范例。区域教育研究是促进区域教育教学发展和深化课程改革的必然，有助于我们更具体、更切实、更全面深刻地认识我国教育的规律，有利于丰富和发展我国的教育基本理论研究，也有助于为决策部门提供更有针对性和说服力的教育改革方案和建议，具有重要的理论意义和现实意义。

（二）区域教学文化的本质

根据上述对区域及教学文化的界定，我们认为，区域教学文化是在一定时期和区域的师生，为了建构新（有意义）的生活方式用表意符号或象征符号所形成的价值理念、思维模式、教学制度、教学行为及其外在的物质表现的整合体。这里"区域"的标准主要是行政区划及在一定时空文化的共同性，如客家文化区域、民族文化等。它主要包括区域物质教学文化、区域制度教学文化、区域教学行为文化及区域教学精神文化四个方面。它是教学文化的亚文化，是制约教学改革和教师发展的深层次根源。由于研究的需要，本书的"客家区域教学文化"主要是以梅州客家区域的基础教育教学发展为研究对象。

从不同学科视角出发，对区域教学文化本质具有不同的见地。从生态学视域看，区域教学文化是一个生态系统，这个系统是由区域物质教学文化、区域制度教学文化、区域行为教学文化及区域精神教学文化等多种内部要素与区域教育外部组成的一个有机系统。一般来讲，这个系统具有整体性、平衡性与开放性。

从教育经济学视域看，区域教学文化是一种教学资源与教学资本转化

---

① 唐仲扬，胡宏文，等. 大面积推行素质教育的探索——湖南汨罗市中小学教育改革 12 年写真 [J]. 人民教育，1996 (2).

的过程。这种资源有多种表现方式，如表现为一种课程资源，区域地理、区域艺术、区域人文、区域教学管理等都是课程资源。教学文化是一种潜在的文化资源，具有资本性，师生只有置身在特定的教学文化场域中，采取多种方式方法对其进行必要的创意，将个体变成"文化人"，才能实现把资源变成文化资本，对自我发展产生强大的教育功能。

二、区域教学文化的特征

区域教学文化与教学文化相比，其显著特征体现在区域性、整体性、稳定性、创生性等。

（一）区域性

指区域教学文化作为一种独特的教育现象与研究对象，具有鲜明的"区域"特征。任何区域教学文化都是以反映与探讨"区域教学"问题与规律为主要对象，力图解决符合"区域"实际的教学文化问题，并用来促进"区域"教学发展为根本目的，如客家区域教学文化所反映的就是属于客家地方基础教学长期发展形成的特殊文化，目的在于推动客家教学文化的发展，深化课程改革；而不会把客家"区域"之外的其他教学文化问题与发展作为对象，研究一般的或适用于其他区域发展的理论体系或发展模式。这一特性也可以称作"特殊性""独特性"。这一点与区域教育具有相同之处：目前，我国教育综合改革实验区发展的基本思路与实施重点，就是探索实践因地制宜的区域教育发展模式。比如，从中部教育崛起的视角关注中部地区赣州教育，探索形成"以教育均衡推进中部地区实现教育现代化"的赣州模式，从"高位均衡"与"轻负高质"的教育生态视角解读东部发达地区教育，探索形成"以教育生态理论推进区域教育现代化"的杭州下城模式；从"教育国际化"区域特征探索深圳南山"以国际化引领教育现代化"特区教育发展路径。[①] 以上无不是立足自身的区域教育实际，建构具有科学价值的教育综合改革区域推进模式。

就其研究的范围与内容来讲，主要包括区域教学文化的物质文化、制度文化、行为文化及精神文化等各个领域。特别要强调的是，由于各地教育行政部门的主要工作与任务是解决本行政区内需要解决的教学问题，并选择本行政区内需要解决教学的问题作为研究课题，所以区域教学文化研究与行政部门的职责十分密切。它要求区域教学文化研究必须以整体把握

---

① 王振权. 区域教育改进：理论与发展模型［J］. 清华大学教育研究，2012（4）.

区域教育与社会实际为前提，主动与各地行政部门合作进行政策研究，为地方教育决策提供咨询服务。虽然"区域研究不一定非要回避广义上的政策研究和课题解决式的研究"，但"如果区域研究的成果对制定政策和解决课题有价值的话，努力使这种成果得到正确的反映也是研究者的责任"。①

（二）整体性

区域教学文化是一个生态系统。这个系统的"整体性"具有如下意蕴：首先意味着"部分组成整体"，区域教学文化是由区域物质教学文化、区域制度教学文化、区域行为教学文化及区域精神教学文化等多种内部要素与区域教育外部组成的一个系统，区域教学文化功能的实现依靠系统功能的整体优化，要促进区域教学文化的变革就必须进行全面的整体改革；其次意味着"结构决定功能"，区域教学文化结构改变意味着功能的转变；最后意味着"系统之间的自组织运作"，新区域教学文化系统的形成是系统中各部分之间不停的自组织运作过程。

这几点在我国的许多区域教育综合改革和创建区域教学文化中都已经得到了体现。以上海市闸北区于 1995 年开始的"区域教育可持续发展研究"为例，该课题人员在研究过程中一直认为，在一个区域内可以有各级各类教育，如小学教育、中学教育、职业技术教育、成人教育，甚至高等教育等。区域教育若想提高办学效益，提高教育水平，就必须冲破区域内部门的条块界限，综合考虑各级各类教育的发展规模、发展速度，合理调整内部结构，合理配置教育资源，建立区域教育的网络系统及教育教学文化，打破条块分割，加强综合管理，发挥整体功能。该课题在组织上采用了"虚拟研究所"的形式，即围绕课题研究的目标和内容，突破"单位"的界限，把分布在各个学校的研究人员以课题组的形式组织为一个合作联盟，共同对课题研究任务进行攻关。在研究内容上，该课题以整体把握区域教育、促进可持续发展为目的，选择了六个研究方面，分别为：学校整体水平推进研究；教育评价研究；课程教学改革研究；师资队伍建设研究；教育手段现代化研究；教育资源优化配置研究。他们还认为，对区域教育可持续发展的研究不能仅仅局限于教育内部，还应充分考虑教育的外

---

① 马越彻."区域研究"与比较教育学——以明确"区域"的教育特质为目的的比较研究 [J]．饶从满，摘译．外国教育研究，2002（4）．

部因素，并为此增加了"区域教育发展的保障机制研究"子课题。[①]

（三）稳定性

首先，区域教学文化具有制度规范稳定性特征。不仅表现在以区域教学物质文化、行为文化、制度文化及精神文化等各要素组成的结构的稳定性，以一种平衡状态呈现在现实的教学活动中，不会轻易被外来因素打破；同时还体现为教学文化一经形成就会成为一种稳定性、持续性的教学制度规范，自发地或自觉地引导规定着教师教的行为和学生学的行为，潜移默化地影响着师生的生活方式。例如，素质教育提倡的合作型教学文化主张师生平等对话、生生交往、师师合作，组成教与学的共同体，合作探究教学难题，彼此分享教学智慧和成果，共享成功的喜悦。这种合作型教学文化规范着师生在价值理性的引导下共同追求自我实现的目标，追求教学主体的精神与实践的解放。又如，从2013年开始，广东省雁洋公益基金会主持颁发的叶剑英基金优秀教师奖，规定每一年对在梅州市从事教育工作的优秀教师进行奖励，一经实施就会逐步形成一种教学制度文化延续下来。可见，教学文化能够持续地规范着师生的教学行为，但由于区域教学文化具有相对稳定性，而教学文化的形成需要长期的过程，它的稳定性决定了教学思想、教学价值观、教学信念、教学行为、教学制度和教学物质文化的变革不可能一蹴而就。

（四）创生性

区域教学文化具有发展创生性特征。区域教学文化是个有机的生态系统，处于开放状态中，系统总是在不断地与外部交换信息、能量和资源，不断地调整、适应与创生系统内部各要素之间的关系，以此来维持区域教学文化系统的生态平衡。可见，区域教学文化既是一个内外部相互作用的、运动的、发展的、开放的系统，又是一个内部"自我组织、自我适应的有生命的系统"[②]。区域教学文化系统会随着区域社会环境的变迁、文化的沿革、教学技术的更新、教学实践的深化不断地发展创造，不断地抛弃那些与教学现实不适宜的成分，也不断地吸收与借鉴先进的理论与经验。它会在教学主体的文化自觉意识的精神统领下消弭自身与教学实践的差

① 《区域教育可持续发展研究》课题组. 可持续发展区域教育研究［J］. 中国人口·资源与环境，2000（1）.

② 郑葳. 学习共同体——文化生态学习环境的理想架构［M］. 北京：教育科学出版社，2007：49.

距，更现实地贴近师生的教学生活，更真切地为教学打造一个充满真、善、美的文化境界。区域教学文化系统内部的平衡也将随着教学实践的发展和师生知识与意义的建构而不断地被打破，它持续地吐故纳新，生成新型的教学文化，这是区域教学文化得以生存的灵魂。

三、区域教学文化研究的价值和意义

作为理论存在，区域教学文化是课程与教学论及区域教育研究领域的重要课题；作为实践存在，区域教学文化是一种客观存在的现实。由此，区域教学文化的价值体现在理论和实践两方面。

（一）有助于认识区域教学文化的特殊规律，丰富和完善教学文化与区域教育理论

区域教学文化研究是一个多学科研究的边缘领域，其上位学科既属于教学文化学的范畴，又属于区域教育学的范畴。因此，对区域教学文化进行研究，形成区域教学文化的相关理论，既是教学自身的本然需要，也是区域教育发展的需要。同其他事物的运动一样，区域教学文化发展也有其特殊规律，比如区域教学文化的本质、特点与价值，影响区域教学文化形成的因素与过程，不同区域教学文化的差异，构建区域教学文化的运行机制，区域教学文化制度创新等。这些规律不同于教学文化发展的一般规律，也不同于区域教育发展的一般规律。区域教学文化发展在任何状态下都要受这些规律制约，建设区域教学文化必须认识与遵循这些规律。而开展这方面的研究，无论是对丰富和完善教学理论与区域教育理论，还是对指导区域教学文化的发展，都是有着重要意义的。应该说，在国外相关的研究已经有了一定积淀。然而"从国内相关文献检索来看，没有发现教学文化方面的专著，可见的只是一些研究者的论著和相关的译著中对教学文化的偶尔提及，缺乏系统而深入的考察"①，尤其是对区域教学文化研究的成果目前还没有人论及，是一个亟待深入探索的新领域与课题。

（二）区域教学文化研究凸显教学论研究的价值，有助于产生原创性研究成果

从区域文化的角度来分析教学，对现代教学理论进行全面的研究与反思，构建具有本土文化特色的现代教学论，有益于我们应对全球化的挑战，理解教学的深层次结构，探求不同教学理论流派产生的根源，理性地

---

① 徐继存．教学文化研究引论［J］．天津市教科院学报，2007（4）．

比较和借鉴西方教学理论，指导当前的教学改革，是教学论建设与发展的客观需要和新生点。正如日本马越彻教授所认为的："没有能称得上是区域研究的研究，也就不会出现能够称得上是理论的理论。"①

（三）有助于解决不同区域教学文化问题，深化课程改革，提高教学质量

我国幅员辽阔，地区差异很大，各地经济、文化发展极不平衡。在"互联网＋"时代，区域的发展越来越依靠区域人才资源与自主创新，越来越依靠区域教育与教学。事实上，我国城乡地区之间的教育差异，其实质就是区域教学文化的差异。怎样从不同区域的文化实际出发，深入研究区域教学文化中的问题，寻求本土教学理论，是我国教学研究的大趋势。从大的区域来讲，目前我国已初步形成了京津教育带、沪宁杭教育带两个比较明显的教育高地，其他区域如以武汉为中心的华中教育带、以西安为中心的西部教育带、以重庆为中心的教育带以及以广东为中心的南方高地均没有形成优势，但正在崛起。同时，各地由于自身的历史传统、经济发展水平、文化信仰、民族差异、自然地理条件等各种因素的作用，产生了许多的区域教学问题，如区域教学资源配置、社会主流教学价值与区域教学价值的冲突、区域教学文化创新等，客观上形成了许多具有不同特色的区域教学文化，需要我们去思考、去解决。研究区域教学文化发展的规律能为我们实事求是地解决区域教学发展问题提供理论指导与实践依据。

"深化课堂教学改革是十多年来新课改一直强调的，但现在改革进入全面深化阶段以后，课堂教学改革的重点和核心在哪里？答案是教与学关系的根本性调整。从总体上来说，目前课堂教学还没有普遍地实现根本性的转变，我们所期待的那种新型的课堂还没有普遍地建立起来，根本问题就在于——还没有有效地调整好教与学的关系，还没有从根本上实现由以教为主向以学为主的转变。很多的改革还没有真正涉及课堂深层结构和深层教学关系的调整，有些改革还停留于表面。"② 究其原因，最为核心的还是课程改革的理念无法真正落实到教学实践中，新课程所倡导的教学文化与原有区域教学文化之间的冲突以及原有教学文化对新文化的抵制，教师还没有从根本上破除传统捆绑式的教学习惯和文化。由此，要全面深化课

① 马越彻．"区域研究"与比较教育学——以明确"区域"的教育特质为目的的比较研究［J］．饶从满，摘译．外国教育研究，2002（4）．
② 田慧生．落实立德树人根本任务，全面深化课程教学改革［J］．课程·教材·教法，2015（1）．

程改革，提高教学质量，一是把由面向全国、整体的统一要求逐步转向区域化、具体的实践理念规范和行为模式，必然要与当时当地（区域）的特殊文化环境结合起来，把新课程倡导的教学思想转化为每个教师的教学信念。唯有如此，才能破除传统教学习惯和文化的束缚，落实立德树人的根本任务。二是在区域教学文化内涵的各个层面之间，找出从静态教学文化到动态教学文化的转换机制，把文化资源转化为文化资本。

（四）有助于区域教学文化资源的开发与利用，指导学校教学文化建设

一方面是有利于教学文化资本的形成和积累，因为教学文化具有文化生产力及资本性的特征；另一方面是指导区域教育行政部门及各学校如何利用教学文化资源，加强教学文化建设，让其为今天的教学改革发展服务，提高教学质量与品位。

文化资本的积累是文化主体不断策划、经营、发展的过程。研究区域教学文化，认识区域教学文化的资本特性，有利于各教学文化主体本着经济低碳生态化的理念，开发区域教学文化资源，扩大区域教学文化的效益。从各区域教育行政部门来讲，有利于整合配置优质教学文化资源，解决教学发展的均衡问题，实现教育公平，提高教学效率。从各个学校来讲，有利于优化办学的文化场域，加强学校教学文化建设，放大教育力与辐射作用，彰显办学特色，克服近年来我国学校文化建设中区域教学文化建设缺位的现象，将研究指向教育的根本之处和生命发展的源头。正如成尚荣所言，目前在学校文化建设中"最大的疏漏和缺陷，就是没有把课程教学放到学校文化建设的重要位置上去"。他认为，"课程教学不是学校文化建设的一般载体，而是学校文化建设的主体，是学校文化建设的核心领域，具有战略意义"。[1]

（五）有利于推进区域教师专业化的发展，提高师资队伍水平

教师专业化是"教育改革的重大主题之一，也是教师教育研究的核心课题"[2]。教师专业化改革的成功，必须从长、宽、高三个层面加以考虑，即在长度上要保持改革的连贯性和持续性，在宽度上要做到知识、原理、技能的综合组织和运用，在高度上要深入文化层面的变革。然而，目前的实际情形却是过分从宽度上强调教学技术化的教师专业化发展，教师专业

051

---

① 成尚荣. 学校文化呼唤"深度建构"［J］. 人民教育，2011（20）.
② 钟启泉. 教师"专业化"：理念、制度、课题［J］. 教育研究，2001（12）.

化成了各种技能和知识的堆积。如过分强调教师的课堂教学技巧，应该如何让学生动起来，让课堂活起来，但为什么要这样做，其内在精神与思维模式依据是什么，则过问得太少；只把课程教学当作文化传承的载体，却忽视了要引导课程教学，促进师生创新文化和发展文化。教师是区域教学文化的主体，如何促进区域教师专业发展是区域教学文化的应有之义。据此，区域教师专业化改革必须纳入教学文化层面进行考虑，方有可能摆脱目前的困境。加强区域教学文化研究，揭示区域教学文化与教师专业发展的关系，营造教师发展的良好生态环境，唤醒每一个教师的教学文化自觉，建构区域教学文化形成新机制，有利于教师认识自我的"文化工作者身份"，增强教师自主发展的积极性，促进教师发展。

第二章　客家区域教学文化形成的
因素与运行机制

　　客家区域教学文化是指客家区域师生在一定时期，为了实现一定的教学价值而建构的新的有意义的生活方式，由客家区域教学精神、教学制度、教学行为及其外在的物质表现组成的整合体。由于研究的需要，本书的"客家区域教学文化"主要是以梅州客家区域的基础教育教学发展为对象。客家区域教学文化与一切教学活动一样，都是在客家教育实践过程中，随着教学文化实践的不断深入与丰富才逐步产生和不断发展完善，经历了一个相当长的形成过程。客家区域教学文化是如何形成的？影响客家区域教学文化形成的因素有哪些？什么是客家区域教学文化过程？客家区域教学文化形成的机制是什么？这些问题是客家区域教学文化研究要解决的基本理论问题。

第一节　影响客家区域教学文化形成的因素

　　客家区域教学文化发展与客家区域社会众多事物有着千丝万缕的联系。明确客家区域教学文化发展的因素，是研究客家区域教学文化的基本理论问题之一。客家区域教学活动是客家区域人们一种特殊的生活方式和社会实践活动，是一种动态的区域教学主体成长的历史过程，也是区域教学文化萌动、成熟、发展、传播和革新的建设历程。客家区域教学文化无法超越社会实践活动中的政治、经济、文化等因素的制约，而且教学文化主体也不是超越社会实践活动的主体，而是在具体的教学实践活动中的活生生的、有思想、有感情的主体。因此，客家区域教学文化也无法逃避教育政策、教育理论发展成果的影响与教育基本规律的制约。同时它也受到

客家区域社会因素、师生主体因素及其教育政策、教育理论发展因素的规约，并积极主动地进行反哺，持续地促进这些因素进一步丰富和扩展。

一、社会因素对客家区域教学文化发展的制约

这主要表现在以下几个方面：

（一）国家制度、意识形态、统治手段等政治因素制约客家区域教学文化的精神内核

客家区域教学文化的精神内核是教学主体的区域教学价值、思想及信念等意识形态的总和。从宏观上讲，教育教学的主体是以国家身份出现的统治阶级，所谓"建国君民，教学为先"，强调的就是统治阶级利用国家的名誉教化人民，把教育教学作为统治民众、建国立业的根本，体现统治阶级的教育价值与信念。任何国家兴办教育都必须经过师生的教学活动才得以实现和发展；而教学活动也必须体现国家意志，符合统治阶级的意识形态。从一定意义上说，教学也是一种统治手段与途径，与教学实践一起化育生成的教学文化根本无法逾越政治的掌控。无论是课程标准、课程实施还是教学目的的确定、教学内容的选择、教学过程的展开、教学观念的变革、教学评价的执行以及师生的思想意识等，都受到政治因素的制约。因此，吉鲁（Henry A. Giroux）、阿普尔（Michael W. Apple）等人主张追问：这是谁的课程与教学？这些课程与教学对谁有利？为谁服务？企图召唤师生清醒地认识到课程和教学背后的意识形态渗透，明白"教育被深深地卷入文化政治之中"[①]的事实，深刻地体悟教学"不是一项中性的事业，而是一种政治行动"[②]。当然，在教学过程中也有许多与统治阶级和学校主流文化无关的"中性知识"进入教学，成为教学文化的一部分，但其对人的力量十分微弱，根本无法与主流的国家制度和意识形态相抗衡。总之，任何一个区域生成的教学文化都深深地受到政治因素的制约，必须在政治的规约下发展，否则将会招致惩罚和破坏，客家区域教学文化的形成也不例外。其所持的"修身、齐家、治国、平天下"、光宗耀祖、立国立民的教育价值观就是中国几千年代表国家意志的儒家精神的体现。

正如在"教学文化变迁的根本动因"中所述，从本质上追究，社会变

---

① 迈克尔·W. 阿普尔. 意识形态与课程［M］. 黄忠敬，译. 上海：华东师范大学出版社，2001：2.

② MICHAEL W APPLE. Ideology and curriculum：second edition［M］. London and New York：Routledge，2004：p. 118.

革通过综合国家制度、意识形态、统治手段等多种因素，自觉不自觉地建构一定"人的形象"来制约教学文化的发展，关于人性认识的变革与人性解放的追求是区域教学文化的精神内核。

（二）客家文化对区域教学行为习惯、教学思维模式的制约

区域社会文化主要制约着区域教学行为习惯、教学思维模式等内容。脱离社会文化实践的、抽象的区域教学文化是根本无法生存的，因为区域教学文化只有受到区域社会文化的滋养才能生机盎然地蓬勃发展。文学、艺术、哲学思潮、科技创新等文化前沿的精神与物质成果都会进入区域教学文化的视域并成为其发展创新的生长点，进而影响其未来的发展趋势。可见，社会文化的进步或落后与区域教学文化的生存与建设是密切相关的，在专制的社会文化氛围中，教学文化很难做到真正的民主和公平。因为人们长期处于专制文化霸权之中，已经习惯于控制和被控制，已经在内心深处将控制合法化，所以容易在教学活动中形成控制与被控制的教学行为模式。虽然教学主体也会意识到这样做不好，但觉得这是没有办法的事，其根源在于整个社会文化充满钳制与顺从，个人的力量无法对抗主流的文化霸权，无力变革和创新社会文化，只好被动地适应社会。即使是有理想、有个性的师生在比较开明的学校领导的支持下进行教学改革，营造民主、自由、包容的教学文化环境，小范围的教学文化民主也不足以改变区域教育领域中整体教学文化不民主的格局。所以，在控制性的社会文化习惯中，积极教学文化的创生十分困难，师生的教学生活世界沉闷乏味，教学交往的频次减少，对话品质降低，双方的创造性都会受到压制，很难培养出具有创新精神和创新能力的人才。在民主制社会文化状态下，公平、民主、正义已经成为深入人心的信念。当具有这种信念的教学主体进入教学实践的过程时，师生交往互动建构起来的教学文化必然崇尚自由、民主、公平，也必然能够充分张扬主体的个性和创造性，发挥主体的主观能动性，教师也会给予每个学生自我实现和取得成功的机会。因为民主的社会文化本身已经为区域教学文化的良性生成和发展提供了适宜的土壤，所以区域教学文化在某种意义上是区域社会文化在区域教学世界的投影，它受到区域社会文化的制约是情理之中的事。

不仅客家区域教学行为习惯受区域文化制约，教学思维模式也深受区域文化的制约，区域文化不同，区域教学思维模式也不同。思维是人脑对客观现实的间接的和概括的反映，它是借助言语实现的、能揭示事物本质特征及内部规律的理性认识过程。心理学研究结果表明，文化对于人们的

思维结构与思维活动有很大的作用。教学思维文化是人们基于一定文化场域思维结构的关于教学的一种认识和反映行为。以中国为核心区域的东方思维文化与西方思维文化的差异就是由中国文化是以意欲自为调和、持中为其根本精神的，注重思维的整体性；西方文化则意欲向前，注重思维的分析性造成的。这种不同的文化思维形态，形成了西方教学注重批判、独立、合作思维，中国教学偏于传递—接受性思维。在这种大的文化背景下，客家思维文化同样是偏于传递—接受性思维。

其具体内容详见"客家文化对客家区域教学文化的影响"一节。

（三）客家区域社会经济因素制约客家区域教学文化的生成与发展

区域经济条件是区域教学文化发展的物质与技术基础，区域社会经济因素不同，区域教学文化的形态及发展模式也不同。根据不同区域经济增长的速度、阶段、特征与动力等多种因素，我们把不同区域经济发展划为不同的发展模式。有学者根据区域经济发展水平不同必然导致区域教育类型、层次、投入路径，乃至发展使命不同等"区域特征"，建构了基于发展视野、路径演进与区域经验的我国区域改进发展方式的一般假设模型（见表2-1）。

表2-1 区域教育改进的发展方式模型[①]

区位	发展水平	现代化程度	发展阶段	社会结构特征	发展特征	发展动力	发展要素	适用发展理论	政策聚焦	教育发展期	发展与教育	区域教育目标
中西部	欠发达	工业化	起飞	二元结构	后发外生、追赶跨越	要素驱动	观念、制度、资本	追赶理论、增长极理论、梯度发展理论、非均衡协调发展理论	物质资本、政策资源	转型变革期	从滞后到超越	基本实现教育现代化

---

① 王振权.区域教育改进：理论与发展模型［J］.清华大学教育研究，2012（4）.

（续上表）

区位	发展水平	现代化程度	发展阶段	社会结构特征	发展特征	发展动力	发展要素	适用发展理论	政策聚焦	教育发展期	发展与教育	区域教育目标
东部	发达	后工业化	成熟	城市化	先发内生、自主创新	创新驱动	文化创新、人才	新发展观、均衡发展理论、可持续发展理论	人力资本	成熟发展期	互动共进	率先实现教育现代化

　　表2-1说明，区域教育改进必须服从于经济社会的发展阶段规定。在不同经济基础的起点上起步，决定了区域教育发展的问题、解决问题的方式以及教育发展的价值选择、战略选择、发展方式也不可能一样。同理，区域教育改进的发展方式模型不同必然导致区域教学文化的不同。区域教学文化发展与改进要基于区域之间发展不平衡这一基本国情。当前，我国东部发达地区随着产业结构升级，已经完成工业化，正向后工业社会变迁，逐步向信息化社会发展；而西部欠发达地区仍处在工业化初期阶段。发达地区的教育制度体系经过持续发展逐步形成，教学文化发展与经济社会发展阶段相匹配，教学文化发展应对的是工业化完成后向知识经济时代转型的再发展问题；而处在工业化发展初期阶段的地区，在特定历史条件下，往往由于区域内发展不平衡而呈现多元发展阶段。当前，首先要解决现有的经济社会结构与教育体制向具有现代性的新结构的过渡、转型与跨越，要求教育及教学文化优先发展。客家区域虽属于东部发达地区，但地处粤东北山区，属于工业化发展阶段的欠发达地区，因而在教学文化的发展上处于转型变革期。

　　另外，社会经济的现代化水平和科学技术能力将成为制约客家区域教学文化发展的重要因素。一个区域经济繁荣、科学创新能力水平强，会为区域教学文化发展改革带来知识与技术支撑。人类教育史上，每次教学文化变革都依赖于知识与科学技术手段的变革。从原始社会的记忆性教学文化到古代社会的控制性教学文化，再到今天的生成性教学文化，最根本的原因是教学中知识的更新和传递信息的工具及成本的变化。因此，充分运用知识的新变化和信息技术创新教学方式，提高教师教育技术应用的能

力，多方面提高教与学的质量和效果，转变教育教学的方式，将成为未来客家区域教学文化变革的核心课题。

知识更新与技术创新对教学文化的影响，在第一章第四节"教学文化的过程与变迁"中已有涉及，这里不再赘述。

二、师生主体因素对客家区域教学文化的制约

客家区域教学文化的主体是教师和学生。因此，教师和学生的教学观念、文化素质、个性心理、道德情操等对客家区域教学文化的发展与变革具有直接的制约作用。

（一）师生的教学观念对教学文化的制约

师生的教学观念（也称为"教学精神文化"，由教学思想、教学价值观及教学信念等组成）是教学活动的灵魂和统帅，是区域教学文化的本质所在。教学观念的先进或落后将直接影响教学文化的发展与变革，只有强大的教学精神文化才能产生强大的教学行为，培养出高素质的人才。

如果师生把教学看作忠实执行和传递课程的过程，那么，教学将以知识的传递和积累为主要任务，学生的个性培养、道德和情感的养育将会被悬置，教学的教育性将部分地丧失其意义和价值，而这必将割裂课程与教学之间的有机联系，导致"课程不断地走向孤立、走向封闭、走向萎缩，走向难、繁、偏、旧，而教学也不断变得死板、机械、沉闷"[①]，教学文化将不可避免地面临混乱、冲突和对立。当师生认为教学是教师教和学生学的单向信息传输的过程时，以教代学的现象将在课堂上普遍存在，师生之间的交往就不可能发生，控制性教学文化和服从性学习文化将弥漫在教学生活的各个角落，学生的自主性、独立性、创造性将受到压制。当师生重视教学结果，轻视教学过程，倾心于狭隘的认知，师生的质疑、反思、批判和体验的权利就会遭到削弱，师生生命存在的价值和意义就会遭到遗弃。反之，如果师生在教学观念上认为教学是课程与生命的创生和开发的过程，他们就将自觉地参与其中并成为课程与教学的有机组成部分。在这种民主而开放的教学文化氛围中，师生对给定的教学内容进行体验和自主建构，内化为自身的一部分，使教学成为课程与生命持续创生和转化的过程，使教学文化成为动态生成的生态系统，使教学文化在师生正确的教学

---

① 余文森，吴刚平，刘良华. 解读教与学的意义 [M]. 上海：华东师范大学出版社，2005：14.

观念指导下不断地走向解放。当师生的教学观念把教学看作师生多边交流互动的过程时，师生彼此间的交往对话、智慧共享、情感共振将会成为一种常态，合作性、生成性的教学文化将取代控制性、服从性的教学文化，形成教与学的共同体。这样，教学文化的生成过程将成为师生生命成长、自我实现和人格尊严提升的解放历程和人生价值实践的过程，就会出现师生不再计较工作的时间长短、任务是否繁重，而全身心地投入教学工作，创造教学的奇迹与师生生命的奇迹。如孔子周游列国的教学过程、美国雷夫·艾斯奎斯创造的"第56号教室的奇迹"等无不是如此。

（二）师生文化素质的高低对教学文化质量的制约

区域师生文化素质是指师生在文化方面所具有的较为稳定的、内在的基本品质，表明师生在这些知识及与之相适应的能力行为、情感等综合发展的质量、水平和个性特点。它包括师生的文化修养、知识储备、认知水平、道德情操以及文化理解、文化反思、文化审美等能力。如果区域师生的文化素质高，在教学文化的生成过程中，师生就比较容易相互协作、相互交流、相互学习，并能够实现沟通理解，达成情感共鸣；也能够很好地通过交往对话，进行合作性的意义建构，营建师生互利双赢、共享共识、共同发展的新型教学文化。反之，师生双方或者任何一方文化素质低下，在教学实践中都将形成沟通困难、关系疏离、保守封闭、冲突不断的教学文化。这样，不仅师生的主体性难以发挥，而且师生双方都体验不到教学的乐趣，教书育人的宗旨也难以实现，互动、互惠的教学文化将难以形成。清末民初时期客家区域教学文化受世人瞩目，其关键因素就是客家区域当时私塾教师的素质高。如当时何如璋、黄遵宪、罗香林等许多名师都是学贯中西的大家，但改革开放后，由于市场经济冲击，客家区域的许多教师外流到珠江三角洲一带，造成了现代梅州客家教学水平下降、教学文化落后的局面。近年，广东省推出的《广东省人民政府关于全面实施"强师工程"建设高素质专业化教师队伍的意见》，其目的就是要改变过去区域教师文化素质不高的现状。

（三）师生的个性心理差异对教学文化的制约

师生个性心理主要由个性心理倾向与个性特征组成。由于区域文化影响，不同区域师生的个性心理特征是不同的，如自古就有北方出将才，南方出文才；北方人性格淳朴，南方人性格细腻等差异。这些差异直接影响着教师教的行为与习惯、学生学的行为与习惯。这样区域师生个性心理水

平的差异制约着区域教学行为文化的发展；同时，师生之间以及学生之间也存在着较大的个性心理差异，包括认知的差异和个性的差异等，这些因素直接影响着教学文化的选择、组织、表现和建设。在教学中，要求必须根据师生之间、学生之间认知和个性的共同点或平衡点来确定教学文化中文本文化的选择、教学文化环境的营造、教师文化和学生文化的共同建构，使区域教学文化的形成真正符合区域个性心理的特点，并最终促进区域教学更加合理有效地改进。客家区域师生属于南方人性格，即自强不息又细腻宽容，有利于多种教学文化的交流与融合。

（四）师生的道德情操对区域教学文化的制约

师生的道德情操是师生道德情感和操守的结合，是构成道德品质的重要因素。它对客家区域教学价值、教学信念及教学自觉等教学精神文化要素具有直接作用。客家区域教学文化的形成过程实质上是实现立德树人教学目标的过程，也是区域师生道德情操的展现过程。师生有什么样的道德情操，就会形成什么样的教学精神文化。当教师以高尚的道德、纯洁的职业操守、精益求精的教学自觉熏陶和感染学生时，学生就能如坐春风、如沐春雨，他们的思想境界和品格就会获得提升，师生共同营建的区域教学文化的品质就能良性地循环发展。反之，当师生道德情操水平低下，教师缺乏奉献精神和严谨的治学态度，不能关爱学生，也没有职业信念和社会责任感，职业倦怠不断滋生；学生既不能做到尊师、乐学、创新，也没有新时代的紧迫感和对生命意义的探寻，这时就不能建构起良性的教学文化。可见，师生的道德情操制约着区域教学文化的形成与变革。"热爱教育，敬业奉献，为人师表"是客家区域教师一贯的优良传统，在这一优良传统的熏陶下，诞生了许多优秀教师，如罗伟群①、"最美乡村教师"廖乐年等。

---

① 罗伟群老师1987年7月毕业于嘉应学院物理系，现任兴宁市龙田中学物理科高级教师。他长期扎根基层，潜心教学，并在普及科学知识、培养学生创新能力和自制教具等方面做出了突出贡献。2013年，罗伟群老师荣获教育部颁发的科教制作创新专项奖和参赛作品全国一等奖；同年，他的作品荣获首届全国中小学实验教学优秀案例展演一等奖。近5年来，他辅导的学生参加各类科技创新比赛获省一等奖2次、二等奖6次，市一等奖12次。2013年4月，他荣获广东省十佳优秀科技教师奖；2013年5月，荣获广东省五一劳动奖章；2014年4月，荣获全国五一劳动奖章；2015年3月下旬，被评为2014年度广东省优秀科技辅导员；2015年4月，被中共中央和国务院授予"全国先进工作者"称号的最高荣誉。

三、教育政策是制约客家区域教学文化发展的直接因素

教育政策是国家或政党为实现一定历史时期的教育目标和教育任务而制定的用来调整人们的社会关系和教育关系，并以此来约束指导人们实施有效教育行为的行动纲领和行为准则。教育政策包括教学政策，其对客家区域教学文化的形成具有直接的作用。

（一）教育政策规约着客家区域教学文化发展的方向

教育政策是教育实现国家化以后，政府对教育领域管理和控制的一种公共职能。这种职能主要表现为：宣传一定的政治观点、理论、路线、方针，制造教育舆论；规定教育的性质，指明教育的任务；制订相关措施和办法，确保受教育者能够接受良好教育；根据一定时代社会经济发展的要求与趋势制订教育发展规划。教育政策一旦颁布，各级各类教育行政部门、学校等必须贯彻落实，体现出对区域教学文化发展方向性的规定与规约，如是实施素质教育还是进行应试教育以及如何进行教学评价等。还有《国家中长期教育改革与发展规划纲要（2010—2020）》中所规定的"深化课程与教学改革，推行小班化教学。配齐音乐、体育、美术等学科教师，开足开好规定课程。大力推广普通话教学，使用规范汉字""提高教师业务素质，改进教学方法，增强课堂教学效果，减少作业量和考试次数""注重学思结合。倡导启发式、探究式、讨论式、参与式教学，帮助学生学会学习"等要求，无不直接规约着客家区域教学文化发展的方向。

（二）教育政策制约着客家区域教学制度文化与物质教学文化的发展

一方面，许多教育政策本身就是客家区域教学制度的部分内容。如课程设置、学制、教学评价、教学时间、教学师生比等许多教学制度的形成就是由国家教育政策统一规定的。另一方面，教育政策是客家区域教学制度的制定依据。如各地教学评价制度、教学奖励制度、高考制度等的制定与改革，必须有教育政策依据，否则就会受到制约与惩罚。同时，教育政策也是物质教学文化发展的依据，如学校班级人数与教学组织形式的改革、办学规模与教学经费及标准化等国家都有严格的政策要求。

（三）教育政策主体也是区域教学文化改革发展的实践主体

教育政策是由政策主体进行政策制定、实施与评价的动态实践过程，目的在于"约束指导人们实施有效教育教学行为"。在我国，国家或政党

是教育政策主体。教育政策不只是一种静态的文本，要求下级对文件忠实执行。事实上，它是由政策主体参与的动态实践过程。一方面，政策是一个动态过程，从政策问题的确立到政策制定、实施、评价与监控，以及政策结果和效果，不同阶段都有其特定的作用，既不可能是政策文本静态的复制，也不可能是一种线性延伸，而是一个动态的周期过程。另一方面，教育政策又是一个连续的、不断演进的"政策圆圈"，即一个政策周期的完成，往往孕育着对这一政策的评价、反馈和修订，进而进入新政策过程。这就意味着，教育政策主体不是单一的政府机构与官员，而是"三位一体"的，包括教育政策的决策主体、咨询主体和参与主体。①

因此，教育政策对于客家区域教学文化的形成和发展具有推动作用。为了达到教育政策制定的教学行为纲领与行为准则，教育政策主体往往会采取多种保障措施，提供必要的教育援助。如为了促使客家区域形成新课程改革所倡导的生成性教学文化，国家采取由教育部自上而下、各级教育主管部门参与的新课程全员"通识培训"及其以后的各种专题培训，帮助区域及每位教师落实形成新课程提出的"以学为本"的生成性教学文化。

当然，由于教育政策文本是人为制定的主观产物，具有"非科学性"，因而教育政策在实际中能否真正产生预期的教育效应，促进客家区域教学文化发展，我们要以教学实践来检验。

四、教育理论发展因素对客家区域教学文化的制约

客家区域教学文化本身的理论构建属于教育理论发展的基本范畴，教育理论的发展与区域教学文化实践的关系是理论与实践之间的动态关系。教育理论的发展可以持续解决区域教学文化实践中的方法论和价值论问题，为客家区域教学文化可持续发展提供理论动力。

（一）教育理论发展可以为客家区域教学文化理论和实践提供必要的依据和指导

每当教育理论适应时代和社会需要出现新的变革和发展时，它必然要在教育实践中深深扎根，并反哺于教育实践，在教育领域的各个方面激发改良或变革。区域教学文化在理论上会汲取每次教育理论创新的思潮，借鉴、吸收、内化其合理的成分，根据区域教学文化实践的现实需要，进行区域教学文化理论的建构，并进一步指导区域教学文化实践，引起区域教

---

① 祁型雨．论教育政策的主体［J］．教育理论与实践，2007（7）．

学文化改革，促进区域教学文化品质的提升与超越，进一步深化和提高教育教学质量。在这里，需要教学文化主体对教育教学理论影响教学文化的功能有一个清醒而正确的认识，既不可迷信和盲从教育教学理论，也不可抛弃和悬置，而是根据区域教学发展的客观现实进行合理选择与运用。正如有学者所言，"教学是一种充满挑战的复杂工作，教师要成功地驾驭课堂，除了熟练地掌握教学技巧外，还需要有成熟的教学见解，能洞悉教学的基本规律和价值追求。教学见解的形成，需要丰富的教育经验，也需要系统的教学理论学习。迷信或拒绝教学理论，都不能形成正确的教学见解。只有亲近教学理论，做教学理论的主人，才能真正让它成为滋润和哺育我们的思想资源，让被称为'灰色'的理论滋养我们常青的实践之树"①。因此，要使客家区域教学文化理论与实践建构能获得长足的发展，必须以正确认识教育理论发展对教学文化的规范和哺育功能为前提。

（二）教育理论发展制约着客家区域教学文化内涵的丰富和扩大

众所周知，教育理论的发展是动态的而非静止的，它的发展不断丰富和扩大着区域教学文化的内涵，使区域教学文化彰显其丰富性和多元性，并制约区域教学文化的发展方向。例如，在教育理论中，保守的教学观认为，教学主要是指教师教的活动，他们认为，"教学是传授知识技能"（邓金，1989），"教学就是经验的传递"（杨红昌，1981），"教学是教师根据社会需要，按照确定的教育目的，通过向学生传授知识，完成教学任务的双边活动"（北京教育行政学院教育学教研室，1983）。这些观点实质是把教学局限于教师向学生传授知识经验，而与之相应的教学文化主要指的是教师文化。随着教育理论研究的深入，人们认识到这种观点的局限性，认为教学是"学生在教师的指导下在掌握知识过程中发展能力的活动；在此基础上增强体质并形成一定的思想品德"（陈桂生，1997），"教学，是一种以教材为中介，学生在教师的指导下掌握知识的认识活动"（吴立岗，1998）。其实质是强调了学生的学习是教学的主要方面，与之相应的教学文化主要是指在教师引导的教学活动中的学生的学习文化。到目前，人们比较普遍地认为，"教学是专门组织的，以特定文化价值体系为中介，以人与文化的双重建构为核心，以完成预定任务为目的的师生交往活动"（张广君，1997）。②"这种观点确认了教学是师生之间交互主体的特殊的交

---

① 王本陆. 让"灰色"的理论滋养常青树 ［J］. 人民教育，2006（9）.

② 李定仁，徐继存. 教学论研究二十年 ［M］. 北京：人民教育出版社，2001：51-58.

往活动，相应的教学文化就是师生集体主体交往互动形成的教学生活方式，是师生集体文化生成过程与生成结果的辩证统一，是集体协商赋义的结果，并内化、凝聚、沉淀为教学主体相对稳定的文化心理结构，形成持久的思想信仰、价值观念、行为方式和习俗制度的整体性有机系统。"① 可见，随着教育理论的发展，人们对教学的认识不断深化，区域教学文化的内涵和外延也随之不断地丰富和扩大，并呈现出多元并存的趋势。教育理论的发展改变了人们过去将区域教学文化等同于教师文化或教学气氛而忽视学生文化、制度文化的观点，改变了以区域教学文化的外显形式取代区域教学文化的内隐形式、以教学文化的结果隐蔽区域教学文化的生成过程的做法，并为区域教学文化的发展指明了正确的方向。

（三） 教育理论发展制约着客家区域教学文化发展的价值取向

"没有革命的理论，就不会有革命的运动。"② 没有科学的理论，就没有伟大的实践。人类教育的发展史实际上就是一部生动的教育理论发展史，教育理论的发展制约着教学文化的价值取向，从而决定了教学文化的本质。只要审视教育史上教育理论发展与教学文化价值之间的密切关系，我们就能体悟辨明其中的道理。譬如，顺应自然的教育思想产生了自然主义教学文化的价值追求，它形成了以儿童为中心的教学文化。德国著名教学论专家拉特克认为，教育是人与生俱来的天赋的权利，教学应围绕儿童的经验，以学生的能力和兴趣为依据，不应强迫和体罚。夸美纽斯提出教学以自然为鉴的原理，提倡要考虑学生的现实需要，"自然等待有利的时机"。自然主义教育家卢梭更是主张教育应以尊重与顺应儿童天性为最高原则，遵循儿童自然发展的程序，培养"自然人"。之后，裴斯泰洛齐、福禄贝尔、蒙台梭利等人继承了这种教育思想，形成了以儿童为中心的教学文化，要求教学应尊重儿童的主体地位，彰显儿童的生命价值，考虑儿童的个性差异和兴趣爱好，呵护儿童自然淳朴的天性。直至 19 世纪末 20 世纪初，欧洲的新教育运动和美国的进步主义教育理论再一次将儿童中心的教育思想推到新的高峰，正如爱伦·凯所预言："20 世纪是儿童的世纪，

① 龚孟伟，南海. 试论当代教学文化发展的制约因素［J］. 教育理论与实践，2011（2）.

② 列宁全集：第 1 卷［M］. 中共中央马克思恩格斯列宁斯大林著作编译局，译. 北京：人民出版社，1985：241.

儿童是独立自主的个体，是需要自由发展的真善美的原型。"① 杜威则应时代之需，成为这一时期儿童中心教育思想和实用主义教学文化的集大成者，并在"芝加哥实验学校"用教育改革来实现这一教育思想。

与"以儿童为中心"教学文化相对应的是"以教师为中心"教学文化。以理性主义的合理性为基石的教育理论思潮，顺应科技迅猛发展的社会需要，逐步确立理性主义教学文化价值，主张以教师为中心，便捷地传递学科知识，以培养熟练的技术工人。赫尔巴特极力主张"以教师为中心"，认为教学是教师以教材为中介在课堂教学环境中向学生系统传授学科知识体系的活动，它所隐含的教学文化追求的是"以教师为中心"的价值取向。20世纪30至50年代，以巴格莱为代表的要素主义和以赫钦斯为代表的永恒主义，在批判杜威"以儿童为中心"教育思想基础上，主张"教育过程中的主动性在于教师而不在于学生，教师应该处于教育过程的中心地位"②，强调"永恒学科"的重要作用和教材的逻辑组织，成为"以教师为中心"教学文化的典型。

改造主义教育思想则认为，学校教育是改造社会的工具，教师应引导学生更多地参与到社会中去，教育教学应以广泛的社会问题为中心，这样就相应地形成了"以社会为中心"的教学文化。至于人文主义教育思潮则兴起于文艺复兴，经过启蒙运动和19世纪的空想社会主义，直到20世纪70年代人本主义和当前后现代主义的教育思想，一直以来，前仆后继、薪火相传，渗透到教学领域，形成人文主义教学文化，它关注教学中人性的解放，提倡人的身心和谐发展，重视人文精神的培育和思想感情的陶冶，以便把人培养成具有独立人格、社会责任感和创新精神的现代新人。可见，教育理论的发展制约着区域教学文化的价值取向，区域教学文化的价值又是区域教学文化的核心。因此，教育理论的发展也间接决定着对区域教学文化本质的认识，并为繁荣区域教学文化献计献策。

由此可见，客家区域教学文化是一个由内外因素组成的生态系统：就其自身而言，它由教学精神文化、教学制度文化、教学行为文化和教学物质文化组成内部系统；而在外部，它又与社会文化、师生主体文化、教育政策文化、教学理论文化等密切相连，形成了一个内外交织的文化系统。客家区域教学文化就是由这些内外元素相互作用产生的结果。

065

---

① 杨启亮. 困惑与抉择——20世纪的新教学论 [M]. 济南：山东教育出版社，1995：57.

② 陆有铨. 躁动的百年——20世纪的教育历程 [M]. 济南：山东教育出版社，1997：61.

第二节　客家文化对客家区域教学文化的影响

客家文化就是客家区域社会文化，是客家人上千年来形成的相对稳定的文化。客家区域教学文化的产生与发展首先受到客家文化的制约。为此，这里将客家文化及其对客家区域教学文化的影响作为重点问题给予讨论。

一、客家文化的内涵与本质

（一）客家文化的内涵

客家，是中华民族大家庭中重要的一员，是一个具有显著特性的汉族民系，是汉民族中的一个地缘性群体，也是汉族在世界上分布范围广阔、影响深远的民系之一。客家文化是这个民系在其产生与不断壮大的过程中，为习惯和改造生存条件而创造出来的物质与精神文化的总和，包括客家话、戏剧音乐、舞蹈、工艺、民俗、建筑、人文、饮食等方面。客家文化源自中原汉人南迁时自身所保留的唐宋时期的河洛文化和中原文化，并吸收了苗、瑶、畲各族文化，融合了原生在广东地区的南粤文化（即岭南文化或称广东文化）；而位于江西省南部的客家人，则融入了吴文化和楚文化，再加上长期居住在丘陵地带的环境影响，形成了别具特色的客家文化。不同支系的客家人，在文化特征上也有所不同。客家人大都依山而居，被称为"丘陵上的民族"，客家文化是一种多元复合的山区农耕文化，具有保守、稳重、节俭的文化特色。

客家文化"其基本特征可概括为：山林性、边缘性、向心性。客家文化的这些特征辩证统一，其表现在不同的时期有不同的侧重，不同的片区也有不同的特点，并且动态发展、与时俱进"①。客家文化作为岭南文化的重要支流，和广府文化、潮汕文化一样，都是古代南粤土著文化与中原汉族文化在上千年的相互融合中产生的相对稳定的文化。

---

①　谢重光. 客家文化性质与类型新说——客家文化属于移民文化说质疑［J］. 福州大学学报（哲学社会科学版），2009（2）.

（二）客家文化的本质

客家文化的本质就是继承了中原传统儒家文化。正是因为客家文化是以中原汉族文化为主的文化，所以它具有中原文化的深厚底蕴。比如客家方言、客家山歌，它们在客家文化中都是具有代表性的，它们不但拥有远古的语音，保留着中州音韵，而且保存着许多古词语以及某些中原方言。客家话是客家人的母语，也是客家行为文化最显著的标志之一，而且客家文化继承了传统文化中的"天人合一"思维。所谓"天人合一"，就是通过对人类的内心世界与外部的世界进行类比性联想，运用人的感性生命来解释外部世界并赋予它们人的情感、生命、价值、意义，然后再从外部世界的变化中反观人事变化的规律。① 再者，客家文化是以传统文化为基础的，而中国传统文化以儒家文化为核心，中国传统教育更是以儒家文化为主体，从教育价值观到教育内容和方法，无不渗透着儒家的精神。所以可以这么说，客家传统教育就是传承儒家文化的教育。

客家先民在长期的迁徙过程中与途经地、目的地的人们进行了沟通与交流，不断地磨合，吸收了他们的文化精华，创造出了独特的客家文化。在思维文化方面，继承了传统文化中的"天人合一"思维和儒家文化思想，以接受性学习为主的思维方式，创造了以读书求学为荣，以刻苦耐劳和开拓奋斗著称的客家精神；在行为文化方面，形成了以客家方言为特征的方言文化，以记忆教学方式为主的教学行为文化，以聚族而居为根本的血缘家族制度以及团结互助、谦和礼让的文化；在价值文化方面，坚持把教育作为立国立民之本和以伦理道德为核心的教育价值观，这些特征构成了完整的客家文化体系，是整个中华文化体系的重要组成部分。客家文化比起其他文化的最大特点就是它吸收了许多不同文化的精华，它对其他文化的包容也使得客家文化有了更多的发展。客家文化在思维、行为、价值文化上的各种表现可以归纳为"勤劳节俭的生活精神、重视品行的处世精神、崇文重教的向学精神、团结协作的群体精神、开拓创业的进取精神"②。

（三）客家文化的优缺点

存在的就是合理的。客家文化作为一种现实存在，具有许多优秀内容

---

① 百度百科．天人合一［EB/OL］．http：//baike．baidu．com/view/4259．htm，2013 - 05 - 04．

② 肖文，郭起华．客家精神文化探析［J］．文学界（理论版），2012（4）．

与精神，需要我们不断发扬光大。如客家文化所形成的"勤劳节俭的生活精神、重视品行的处世精神、崇文重教的向学精神、团结协作的群体精神、开拓创业的进取精神"；客家文化继承"重教兴学"的儒家思想，坚持"修身、齐家、治国、平天下"，尤其突出"光宗耀祖、立国立民的教育价值观"；重视伦理道德，崇尚奉献社会等。

但客家文化作为以客家方言群为范围的文化也存在一些不足，具有区域的局限性与继承传统文化中的负面影响。如客家文化继承了中国的传统文化中的"天人合一"思维，导致其文化带有求同思维，这种思维文化不利于教学创新思维的激发；客家区域活动范围主要以山区为核心，农耕社会使客家人的群体意识中具有浓厚的小农经济思想等。

二、客家文化对客家区域教学文化的影响

客家文化对梅州区域教学文化具有深刻的影响，可以从教学文化的四个要素进行分析。

（一）客家文化对区域教学思维文化的影响

客家文化继承了传统文化中的"天人合一"思维。我们知道，中国传统文化非常注重人和天（自然）之间的和谐统一，注重事物之间的有机结合、综合整体，进而把人与宇宙、自然界、人类社会的发展变化看成是相互联系、和谐、有序的。中国传统文化正是在此基础上概括和抽象形成了"天人合一"的思维模式。以"天人合一"为基本思维背景，"取象比类"是中国传统的基本思维方法。① "取象比类"包括"观物取象"与"据象归类"两个层面。所谓"观物取象"是指对事物的认识注重事物的可见之象、事物的功能属性，即事物的外部表现与特征以及事物的作用，重在解释"是什么"；而对事物的内在之质、对事物的本质属性相对忽视，即不注重对事物进一步的思考探究并提出"为什么"，如《周易》中摄取出这八种物象：天、地、雷、风、水、火、山、泽，就是基于对自然万物细致、全面的观察而提出的关于自然界八种基本物质的具体象征。而"据象归类"则是指对事物的分类是根据事物的外在表象而不是事物的内在本质进行的。②

---

① 雷晓云. 走出对立思维　实现思维创新——关于基础教育课程改革的文化反思[EB/OL]. http：//www. xxsx. cn/item. aspx？sid＝11&iid＝1850，2013－05－10.

② 百度百科. 取象比类［EB/OL］. http：//baike. baidu. com/view/1392812. htm，2013－05－04.

　　梅州区域教学文化受到"天人合一"的思维文化的影响，导致梅州的教学不注重探索，只注重解释"是什么"问题。教师只是讲述了知识的外部表现与特征，对知识的内在本质相对忽视，不注重对知识做进一步的思考探究，这就导致了学生的求同思维、接受性思维多于求异思维、批判性思维和创新思维，不利于学生探索精神的形成。客家文化继承了儒家文化思想，而奉行中庸之道是儒家文化很重要的处事方式。中庸者，待人接物采取不偏不倚、调和折中的态度来达到目的。中庸的处事方式最终会导致求同和拒绝变革，安于现状，只求乐天安命，不愿改变思维，也不敢变革思维。①儒家求同拒变的心理是保守的、反对革命的，仅仅要求遵守目前的社会秩序就够了，这种拒绝革新和创造的思维模式，使得文化上和思维上丧失了创新的动力。梅州地区的学生明显质疑批判精神与探究创新思维是不足的，教师认为课堂教学的实际功能在于传授文化知识。在群体本位思维的影响下，学生更多地在意别人对自己的看法，通过调整自身言行的方式，甚至牺牲自己的个性和创新，来达到维护群体本位的目的。教师也忽视了学生个性发展与创新能力的培养，采用分数之上一把尺子来评价学生，不喜欢标新立异、与众不同的答案，强调把记忆水平的低阶能力的教学作为主要方式，轻视探究性理解水平的高阶能力的教学。

（二）客家文化对区域教学价值文化的影响

　　客家文化继承了儒家文化的"重教兴学"思想，形成了重视教育，把教育作为"修身、齐家、治国、平天下"的途径，尤其突出光宗耀祖、立国立民的教育价值观。如客家杰出代表田家炳博士一生倡导的"中国的希望在教育"的理念就是这一价值的忠实践行者和典范。一个客家人入世并不是为了功名利禄，而是为了光宗耀祖、立国立民，"拱璧连城价，辰辉万户春"。而对于个人来讲，则必须坚守"知识就是财富，教育改变命运"的价值观。"状元榜眼探花第，翰林学士近帝王。此是读书为第一，犹如平步上天堂"，正是这种价值观指引着教师更加注重分数、升学率，达到首先改变自己命运的目的。这种思想影响着梅州区域的每一个客家人及家族，每个家族和所有普通百姓，都希望通过学习来改变自己的命运，为和谐社会出一份力，为人民富裕、国家富强贡献自己的力量。梅州地区属于欠发达地区，经济比较落后，在客家人看来，要想改变现状，只能发奋读

---

　　①　民俗研究：客家文化的人文价值走向［EB/OL］．http：//www.cnwhtv.cn/2012/0227/5702.html，2013－02－20.

书。也正因为客家人非常重视教育，所以在梅州，教师是十分受人尊重的职业，而作为一名教师所背负的责任也是非常重大的。教师做的每一件事情都是为了学生学好知识，学生也在"重教兴学"儒家思想的耳濡目染下养成了勤奋学习的好习惯。梅州客家区域自古学校普及，人文荟萃，与这个区域一直弘扬儒家的重教精神，坚守"修身、齐家、治国、平天下"，尤其突出光宗耀祖、立国立民的教育价值观是分不开的。

客家文化还完好地保留了儒家文化的传统——讲伦理、重道义、守礼节，崇尚智力，勤俭节约，形成了以伦理道德为核心的教育价值观。也正是这种价值观的影响，梅州地区的学校校风良好，学生也比较懂礼貌，具有良好的生活习惯。以"三纲五常"为核心的伦理道德价值观，一方面强调道德自律和人格自我完善，在一定程度上有助于学生形成良好的人际关系，也稳定了社会秩序，梅州是全国有名的"社会治安平安城市"。但是另一方面，中国传统文化的伦理道德观历来主张尊卑有别、长幼有序。儒家伦理对中国人的社会行为有着相当深远的影响，并构成人们判断是非的标准。在梅州进行学生评价也会有"尊敬师长"这项标准，不符合标准的学生不能当选"三好生"，还可能被视为"品德不好"。这一标准潜在导致了学生与教师是一种不平等的关系，教师成为课堂的权威者，表现为对学生行为的控制，应试教育模式的印痕很深，导致学生在学习中不敢质疑，严重束缚了学生的自由和创新思想。

（三）客家文化对区域教学行为文化的影响

客家文化受中国专制社会文化的影响，已经在内心深处将控制合法化，所以容易在教学活动中形成控制与被控制的教学行为模式。受客家文化影响，客家区域教学出现只注重结果不注重过程的服从性及记忆性教学行为文化。在梅州，教师通常都只灌输知识的结果，而不解释知识的过程，许多学生也只是只知其然，而不知其所以然。客家人深信只有读书才能谋出路，为了"修身、齐家、治国、平天下"，尤其突出光宗耀祖、立国立民，他们选择读书。但是，在传统科举制与应试教育的指挥棒下，教师上课不得不为了应付考试，为了学生取得高分数，一味地强调知识而忽略了道德及人文等其他方面的教育，这样就限制了教师的教学创新能力与意识。课堂以教师为主体，也会导致学生忽略了对学习方法和策略的掌握，信奉"题海战术"，使学生课业负担过重，极大地限制了学生的主动性、积极性和创造性，影响了学生全面素质的提高。受中庸之道的影响，在梅州的课堂里，标新立异是不被肯定的，特立独行的学生往往被众人所排斥。就连小学生坐、立、举手的姿势都跟流水线上下来的产品似的符合标准、整齐划一。在客家文化求同拒变思维的影响下，教师教学墨守成规，教学主要是备教案、讲教案，学生就是记笔记、背笔记、考笔记。在教学行为上以记忆教学方式为主，轻视探究性理解水平的高阶能力的教学，苏霍姆林斯基指出："用记忆来代替思考，用背诵来代替鲜明的感知和对现象本质的观察，这是使儿童变得愚笨，以至最终丧失了学习愿望的一大弊病。"① 教师教学以教材为中心，忽视将知识与学生的现实生活有机结合起来，致使课堂学习氛围死气沉沉，完全失去了学习探究的生机勃勃的课堂教学生态。在客家文化群体思维的影响下，教师不注重个体差异性，习惯用整体的观点来看待学生，这样就会造成对个别学生的独特性认识不够，不能因材施教。这种重分数轻教育、重智育轻德育、重知识传授轻能力培养、重知识死记硬背轻理解运用、重整体观念轻个体发展的"死读书"的教育方法严重阻碍了梅州教育发展的道路。

客家方言对学生学习语言的教学行为也有重要影响。客家方言是梅州人的母语，它带有浓厚的中原文化特色，被认为是保留古音最好的方言之一，是中国古汉语的活化石。在梅州地区，客家话是客家人日常生活通用的语言，基本上家家户户都是讲客家方言的。有些时候，教师在课堂上也会忍不住用客家方言来解释一些难理解的知识点，以求通俗易懂；在课后，若谈心对象是本地区学生，也会用客家方言来交流，以拉近与学生的距离，让学生卸下心防。所以在梅州地区，学生要想自然而然地学习标准的普通话是有一定难度的。梅州地区学习普通话最大的特点就是学生接触到的普通话普遍带有明显的客家方言色彩，他们会在不知不觉中用客家方言代替普通话，一些低年级学生甚至分辨不出哪些词汇是方言词汇。如有一次笔者在听一年级语文识字教学，教师让学生用"刀"字组词，一位学生脱口而出组了一个"刀麻"，类似这种事情在课堂上会经常发生。另外，由于学生从小就与父母、朋友用方言交流，对客家方言的掌握是无意识习得的，这对于到了学校真正开始学普通话发音就会造成很大影响，如客家方言中是不区分声母"f"和"h"及"w"和"h"的，很多学生会把"花朵"念成"发朵"、把"王"读成"黄"，这样要纠正就会比较难。

（四）客家文化对区域教学制度文化的影响

如前所述，教学制度介于教学思想与教学行为之间，它把教学思想观

---

① 苏霍姆林斯基. 给教师的一百条建议［M］. 杜殿坤，译. 北京：教育科学出版社，1984：172，187.

念的一般准则化为具体的强制性的指令，传达给教学组织机构，对组织机构的活动方向和方式进行调节和规约，促使组织成员行为的模式化。教学制度以一定的教学思想为基础，是教学精神文化的具体体现和载体。教学思想只有进入教学制度层面才能成为一种强制力量并对教学实践产生作用。因此，教学制度是促成和保持教学文化的一种核心要素，是教学文化得以实现的保障。

由于客家地区地处山区，交通不便，信息闭塞，经济落后，导致教育条件差。但为了实现"修身、齐家、治国、平天下"，光宗耀祖、立国立民的教育价值观，客家区域形成了独特的区域教学文化制度。

一是兴办私塾。19世纪中后期以来，客家人因教育普及与发达受到世人的强烈关注。[①] 但其教育的真正发展是在明代中期以后，主要原因是明末清初以来客家地区社会结构的转变。"自明代中期以后，生活在赣闽粤毗邻山区的北方移民及其后裔，经过与当地原住居民长期的、历史的互动，终于形成一个独立的汉语方言群。他们一改过去'客人'或'客民'的身份，转而反客为主。随着客家人反客为主的身份性转变，赣闽粤毗邻地区传统的移民社会也开始发生结构性变迁，血缘家族开始成为最基本的社会组织形式。基层社会组织的家族化，是明清时期客家地区学校教育发展有普及的最主要动因之一。"[②] 每个家族都会把兴办学校、培养族众作为一项永久性的事业。以家族实力来兴办族学，始于明朝中期，到了清代数量急剧增加。据光绪《嘉应州志》卷十六《学校》记载，在清代嘉应州境内，有不同家族兴建的各种学校：

西洋堡社学二处，皆在松坪乡，一康熙间邑庠生李祥建，光绪七年举人李天香与族众重修，一康熙间李居傍及其子举人李壮华建。

雁洋堡义学在雁洋村启平围岗侧，光绪四年雁洋首约李氏合族创建。

畲坑堡义学二处，一名绎古斋，乾隆元年澄洞刘宗元建；一名诵芬堂，横径堂刘氏创建。

类似的"社学"和"义学"，在清代的赣南、闽西和粤东北各客家地

---

① 王东. 社会结构与客家人的教育［M］. 武汉：湖北教育出版社，2003：111.
② 王东. 社会结构与客家人的教育［M］. 武汉：湖北教育出版社，2003：127.

区，都是普遍存在的。至于规模不等的家族私塾，更是比比皆是。①

二是以家族宗祠学田为核心的教学经费制度。为了确保族中私塾老师的薪水和族众家境贫寒子弟能够读书，客家人利用"族产"建立了学田教学经费支出制度，作为教学发展的物质保障。"学田"是指客家族田内专门用来支付家族教育费用的所谓"儒资田"或"书灯田"。学田的数额在各地不等，在闽西条件好的地区，学田甚至占族田的一半以上。学田的来源主要有：家族祖产，家族中的官绅捐赠，族众捐助，各房族的摊派等。②

三是以石楣杆等为核心的教学奖励制度等。明清时期，客家凡考取功名者均可在祖屋和祠堂前竖立石楣杆，以光耀门楣、激励来者。石楣杆是客家地区崇文重教特有的象征，既是客家区域教学制度文化的组成部分，也是教学物质文化的特殊符号。

在客家教学制度文化中还有宗祠奖学兴教制度。客家宗祠办学是客家人的优良传统，许多家族把奖学兴教、培养后代读书人作为宗祠活动的重要使命与内容。具体内容详见第四章第二节内容。

三、利用客家文化促进客家区域教学文化发展的对策

研究客家文化对梅州区域教学文化的影响，就是为了发挥文化软实力的威力，发扬有利的影响，克服不利的影响，最终目的是更好地发展梅州客家区域教育，促进梅州区域教学文化建设。那么，我们到底应该如何利用客家文化对梅州区域教学文化的影响呢？我们认为可以坚持以下几点：

第一，坚守把教育作为"修身、齐家、治国、平天下"的教育价值观。"修身、齐家、治国、平天下"，尤其突出光宗耀祖、立国立民，这是客家的教育价值观。客家文化中的这一教育价值观是值得我们每位教师学习的。教师应该注重自己教学能力的培养，努力增强学习意识，密切关注本专业知识的发展方向和信息的更新；加强横向联系，通过学术交流不断将新的知识融入个人的专业知识中；创新发展实践能力和活动发展思维方式，增强综合能力。教师应该把眼光放在学生的能力提高上，而不只是关注学生的分数；应该探索如何能有效让客家文化在学生身上产生作用和影响，让良好的客家思维文化从方方面面影响学生的行为；让学生学习客家文化知识，使他们深入了解客家传统文化，以此来认识自己的根，认识文化的意义，这样自然而然地增加了他们对客家人优秀品质的崇敬，自然而

①　王东. 社会结构与客家人的教育［M］. 武汉：湖北教育出版社，2003：130.
②　王东. 社会结构与客家人的教育［M］. 武汉：湖北教育出版社，2003：135 － 137.

然地使本已疏离了的民族荣辱意识得到了重建，他们就会自觉地关心客家传统文化。让学生接受中华传统文化的熏陶，坚守客家教学价值，不仅可以为他们今后的发展积累较好的文化底蕴，更能让他们为弘扬中国优良的民族文化传统做出自己的努力。①

第二，坚持"天人合一"思想的积极性，用生态化的思维把人—人类—自然看成一个有机的整体，培养全面发展的人。

第三，传承家族学田的教学经费制度及石楣杆等核心的教学奖励制度，鼓励家族等社会各方面的力量关注教学发展，激励学生努力学习，提高教学质量。

第四，以传承客家话为核心，开展有关客家文化的实践活动。客家话是客家文化的主要纽带，为了保持客家文化的优良传统，必须将客家话这一方言传承下来。可以通过设立校本课程，将客家方言学习纳入中小学的教学内容中。除此之外，还应该通过开展"第二课堂"来宣扬客家文化，比如利用校园里的宣传栏、广播站、走廊张贴客家名人肖像，介绍客家文化，宣扬客家精神。梅州市有众多的为纪念客家历史的地方，可以利用客家地源的优势，平日组织学生到这些地方进行教育实践，触动和引发学生对先祖父辈的浓厚兴趣和崇敬之情。这些实物的说服力比教师的说教要强一百倍。如通过观看客家人先辈使用的农具、生活用具、戏具等实物，可以让学生知道他们现在的生活是来之不易的，是靠祖先勤勤恳恳地工作而换来的。通过直观感受这些质朴实用的农具，可以促进学生对传统文化的认同，让他们感受到历代相传的勤奋节约、团结合作的客家精神，倡导朴素节俭的生活风气，指导其传承客家人勤俭持家、勤劳朴素的优良作风，杜绝浪费奢华的不良生活习气。学校也可以邀请专家学者开展客家文化讲座，邀请各行各业有突出表现的客家文化名人、企业家、传统工艺的传承人举办讲座、座谈，让学生从这些成功事迹中受到感染而奋发图强；定期举办一些客家传统技能比赛，如唱山歌比赛、开展客家文化知识竞赛等，增强学生对传统技艺的了解，也能锻炼学生们的胆量。

总之，梅州客家区域文化是多种文化因素组合而成的一种多元文化，其本质是继承了传统的中原文化。以客家方言为特征的行为文化、"天人合一"思维、儒家思想中的"重教兴学"思想、重视中庸之道、强调群体意识、以伦理道德为核心等思想对梅州客家区域教学文化发展产生了深刻影响。在探索梅州客家区域教学文化建设时，重点要充分利用客家文化资

---

① 何国新．客家文化与学校特色教育［J］．广东教育，2009（6）．

源优势，分析客家文化对区域教学文化的影响，发挥其对凝聚民族精神和激发爱国爱家乡情感的作用，促使学生树立勤奋刻苦、顽强奋斗的人生态度，提高育人质量，使客家文化得以继承和延续。

第三节　客家区域教学文化的形成机制

由于众多原因，客家区域教学文化的形态很多。但就其本质来看，主要包括"以教为主"的客家传统区域教学文化和"以学为主"的客家现代区域教学文化。客家传统区域教学文化主要指传统应试教育背景下师生"满堂灌""填鸭式"的价值体系和记忆教学行为，成为"传递性区域教学文化"或"控制性区域教学文化"。客家现代区域教学文化主要指新课程所倡导的"一切为了学生"，能充分调动学生学习的积极性和主动性，让学生自主探究、自我发展的价值体系和问题思维教学行为，即"探究性区域教学文化"或"生成性区域教学文化"。这两种在教学观念、教学行为及教学制度上均有本质区别的教学文化形态，对区域教学文化发展产生了持久的影响，是客家区域教学文化的基本形式。本节将重点分析这两种客家区域教学文化是如何形成的。

一、客家区域教学文化机制的含义

客家区域教学文化机制是指客家区域教学文化系统的组织或部分之间相互作用的过程和方式。客家区域教学文化机制建构的核心是客家区域教学文化的体制和制度建立。所谓体制，主要指的是客家区域教学文化系统组织职能和岗位责权的调整与配置；所谓制度，广义上讲包括国家，尤其是区域的教学法律、法规以及任何组织内部的规章制度。也可以说，通过建构（或者变革）与之相应的体制和制度，区域教学文化的机制在实践中才能得到实现。客家区域教学文化机制具有激励机制、制约机制、保障机制三个基本功能：激励机制是调动管理区域教学文化主体积极性的一种机制；制约机制是保证区域教学文化管理活动有序化、规范化的一种机制；保障机制是为区域教学文化活动提供物质和精神条件的一种机制。客家区域教学文化就是在这三种机制的相互依赖及相互作用下不断发展、不断创新的。

根据我们对区域教学文化组成要素的分析，客家区域教学文化主要由客家区域教学物质文化、客家区域教学制度文化、客家区域教学行为文化及客家区域教学精神文化四个要素组成。其中以客家区域教学精神文化为核心，通过教学主体教学思想、教学价值与教学信念的建构，从而激发教学主体实施教学文化活动的积极性、主动性和创造性，构成了客家区域教学文化发展的动力激励机制；以教学制度文化为核心，构成了区域教学文化的制约机制；以教学行为文化及教学物质文化为核心，通过教学主体实施教学活动，是教学文化的主要存在方式，构成了客家区域教学文化的保障机制。当然，有些要素，如客家区域教学物质文化具有多重性，有些属性属于区域教学文化的保障机制，如校舍空间生态设施、教学手段、教材等；有些属性又属于客家区域教学文化的激励机制，如教学馆牌文化、宗祠奖学兴教文化等，在剖析与实际运用时要灵活处理。

二、客家传统区域教学文化的形成机制

（一）客家（中国）传统文化的负面影响是客家传统区域教学文化形成的精神内核

客家传统文化精神是客家传统区域教学文化形成的精神内核。由于客家文化是中国传统文化的产物，因此这里所说的客家传统文化本质上与中国传统文化相同。客家传统文化精神既有积极的一面，又有消极的一面。"中国古代社会的基础一是小农经济，一是专制主义的宗法制度。正是这种社会基础，中华民族传统文化中的优秀品质长期被压抑，而落后的东西被保存下来。因此，认识中国传统文化中的缺点，有利于我们摈除落后的东西，发扬优秀的基本精神。"[1] 客家传统区域教学文化之所以能够形成，并具有强大的生命力，就是深受客家传统文化的负面影响。

第一，传统的家族群体思想阻碍了个人主体性的发展。家族群体思想使得个体的任何行为与发展都要从家族群体的规范、心理和习惯中去考虑，不敢越雷池半步。它忽视了个人的存在，压抑了人的创造性，牺牲了人的自主精神和个体意识。第二，因循守旧压制了人的创新需求。一是在封建社会，自然经济占统治地位。这种封闭式的经济活动，只要求人们恪守传统，守家立业，而不要求开拓进取。"父母在，不远游"的古训，规劝子女要守在父母的身边，这种观念影响了教育的价值观和人才的培养。几千年来封建社会统治阶级需要培养的是听话的奴仆，不需要有自己的独

---

① 顾明远. 中国教育的文化基础［M］. 太原：山西教育出版社，2004：84.

立见解；劳动人民在这种社会背景下，对子女的要求就是守家立业，不要开辟新的事业。二是"中庸"与"中道"思想的束缚。"中庸"思想容易导致为求和谐而回避斗争、不求革新，不敢为天下先，凡事听命于传统，循规蹈矩，必然将淡化创新意识，扼杀人们的创造性和开拓创新精神。"中道"倡导"回避矛盾""安分守己""收敛宁静"等保守退避思想，使人在勤奋中安于天命，追求奋斗、求异创新的进取之心锐减。第三，传统的功利思想阻滞了个体发展的远大理想。中国几千年来注重文化教育，尊师重教，其最直接的动力来源是"学而优则仕"的"官本位"思想。自科举时代以来主导的读书入仕、官本位传统在潜移默化地影响着学生的思想，致使读书成为"入仕"的手段。从客家族群的发展历史来看，客家人将"望子成龙"、光宗耀祖的观念寄希望于参加科举，获取功名。因此，客家宗祠十分重视族人的教育，出现了特有的宗祠办学热潮。第四，等级文化造成了人的尊卑区分。"官本位"的等级文化，不仅强调等级秩序，而且产生了调节人际关系的"五伦"，致使人们没有平等心和平等感。第五，乡土文化制约了"群体智力"与教学共同体的运作。局限于特殊的经济和政治模式以及依山居住的特点，客家乡土文化多呈封闭状态。它容易导致个体封闭自守、画地为牢，往往是彼此了解熟悉的人才能够互助、合作、相互依赖。而一旦脱离自己的生活圈，人便产生陌生和孤独感，不愿与他人过多地来往。

客家传统文化的这些特征，影响并制约着教学文化主体的价值观念和行为方式，促进了"以教为主"的传统区域教学文化的形成。

第一，教师权威统领课堂教学。几千年"学而优则仕"的功利思想传统决定了学生接受教育的迫切性，而等级文化又决定了教师在教学中的绝对领导地位。在规范文化的指导与授权下，教师的学术性文化和主动文化一统课堂，把教师推崇到绝对权威的地位。学生如有挑战教师地位的言行，一些教师往往还是不自觉地将学生的"荒唐"观点、看法压制下去或敷衍过去，因为他内心自封的"权威"形象无法使自己面对这样尴尬的局面。[①] 在这种情况下，教师难以站在学生的立场，用"他者的眼光"来审视学生的合理要求，学生的日常性文化在课堂上难有立足之地。

第二，课堂教学缺乏活力。群体思想和因循守旧，抹杀了师生的创造性和好奇心，使师生的价值观念和思维方式局限在领导者的意志和条例的

① 李秀萍. 课堂教学文化：教学转型的内在机理［J］. 天津师范大学学报（基础教育版），2004（5）.

规约中。反映在教育上，教师不愿意对教学规章制度发表看法，不愿意表白对教学的独到理解，只是按照学校的制度和集体的规定行事。在课堂教学上，教师希望学生俯首帖耳、忠实地记录教学内容，不要有太多的质疑。受此影响，学生也不愿在课堂上多说一句话。这种情况造成了课堂教学死气沉沉，教学效率极低。

第三，"群体智力""教学共同体"的丧失使得教师缺乏合作意识与专业生活。客家乡土文化的封闭状态，制约了教师"群体智力"的运作。教师在平时的教学中各自为政，不愿与其他教师多交流教育教学的经验和感受，不愿让其他教师来自己课堂听课。他们平时交流的内容，多局限于生活琐碎。这种情况长期地制约着教师们的合作，阻滞着教师专业化的进一步发展，使他们处于封闭、分化、对立的状态之中。这种做法，不仅不利于教师的成长，而且直接影响教学质量的提高和学生的全面发展。

（二）客家（中国）传统教育教学制度是客家传统区域教学文化形成的制约机制

1. 以科举制度为核心的传统教育制度是客家区域教学文化形成的有力保障

为了彰显"学而优则仕"的教学价值观，客家（中国）古代社会建立了完整的教育体制与制度。相对于中原地区，梅州在北宋时才出现了义学、书院等专门开展教学活动的学校，后来历朝统治者与各宗祠都十分重视教育，明清时期产生了私塾、社学、义学等各类学校制度，为传统区域教学文化的形成提供了体制保障。尤其是隋朝以来科举制度的产生，是客家传统区域教学文化发展的重要制度依据。科举制度是历代封建王朝通过考试选拔官吏的一种制度，是一种社会智商、能力的培养、挑选、使用的社会性管理程序。科举制从隋朝大业三年（607）开始实行，到清朝光绪三十一年（1905）举行最后一科进士考试为止，经历了1 298年。科举制度对社会成员"逐级培养筛选、一一对比淘汰"的程序性步骤，得到全世界多文化的认可接受，成为现代公务员制度、中高考制度、技能职称评定制度、体育竞赛以及科研程序中的实验组、对照组的核心程序。科举制度的形成与推广成为强化死记硬背、分数至上的应试教育的有效工具。

2. 工具性课堂教学评价体制巩固了客家传统区域教学文化的形成

受传统科举制度及封建社会大一统的国情影响，客家区域教学评价的价值取向主要由国家政府决定和控制。这样，社会工具价值取向就成为中国及各地教学评价的主导价值取向。教学评价价值取向的"一元化"，不仅破坏了学校主体对教学评价价值做出独立选择的权利，并且还把个人价值取向排斥在评价取向之外。应试教育背景下，客家区域的课堂教学评价体系，主要是在凯洛夫教学理论的影响下建立起来的一整套对课堂教学进行的评价。这种课堂教学评价的本质是以教师、书本、课堂为中心的教学理念为指导，以确立一堂好课的标准为核心，以教师向学生有效传授书本知识为重点，实施"以教为主"的教学。

课堂教学评价标准的指标体系基本上依据课堂教学的各个要素进行分析，一般把课堂教学分为教学目标、教学内容、教学过程、教学方法、教学结果等几个要素，这几个要素的具体内容则是教学理论中一堂好课的基本要求在课堂教学评价指标体系的具体体现。① 这种指标体系由于操作性强，极易量化而被广泛接受。这种评价方法，对规范我国及客家区域师生课堂教学行为、提高课堂教学质量确实起到了不小的作用。就最终的评价形式——考试而言，它没有突破泰勒曾经批评过的"回忆式纸笔测验"的模式。这种模式使学生通过记忆书本知识而取得良好的测验成绩并受到鼓励，但因此使学生丧失了更重要的东西，如更高层次的问题分析能力、创新能力、情感态度以及价值观等，导致学生人格的不完善、生命意义的缺失。总体来看，这种工具性社会本位取向的教学评价，表现出诸多的问题和不足：以工具性追求代替价值性追求的倾向，具体表现为课堂教学的理性主义传统——对人的非理性发展的漠视及知识观的狭隘化；求系统、求全面的形式化倾向，企图寻求尽善尽美的结论，而无视偶然的客观存在性，无视群体中存在的个性差异；追求终极真理，采用单纯的因果解释框架，将教学看作一个封闭系统，未能体现动态发展和变革的保守倾向；只看短暂效果的技术化和实用功利主义倾向，评价成为实现某种目的的手段或工具，教学评价失去了自身的发展性价值。② 正是这种评价方式成了学生、家长乃至整个社会的紧张源，它不仅不符合当今时代的教育精神，也违背了个体乃至社会发展的初衷。

（三）"以师为本"的行为文化是客家区域教学文化形成的保障机制

1. 教师文化遮蔽学生文化凸显了教师在客家传统区域教学文化中的主体地位

"以师为本"的行为文化的主要表现是教师文化遮蔽学生文化。课堂

---

① 丁朝蓬，梁国立，TOM L SHARPE. 我国课堂教学评价研究概况、问题与设想［J］. 教育科学研究，2006（12）.

② 裴娣娜. 论我国课堂教学质量评价观的重要转换［J］. 教育研究，2008（1）.

教学中的文化存在，与师生的生活体验、自身素质、对教育教学的理解以及外界环境的影响密切相关。教师在教学中的主导作用以及在师生关系中居于矛盾主要方面的特点，决定了教师在课堂教学的文化形成中起主要作用。学生作为教育的出发点和归宿，其对教育教学的理解和行为表现也是客家区域教学文化形成中必须考虑的因素。根据课堂区域教学文化的内在特性，从文化与社会价值取向要求的吻合程度，我们可以把课堂区域教学文化分为规范文化和非规范文化；从文化的相对"社会地位"来看，课堂区域教学文化包含了主动文化和受抑文化；从课堂区域教学文化的知识特征来看，可以分为学术性文化和日常性文化。① 根据人类文化冲突的两种形式即历时态和共时态划分，教学中的文化冲突可以分为代际文化冲突和目标文化冲突，即师生主体之间和课堂教学不同目标之间的冲突。这两种冲突按冲突的层次，可以分为摩擦、失衡、对抗三级，我们以外化的情绪、言语行为作为指标来衡量②，客家区域教学文化的类型和冲突实际上是综合以上几个方面提出来的。这些客家区域教学文化的类型和冲突，都是由教学活动承当的主体——教师和学生来承载和实现的。所以，客家区域教学文化冲突可以归结为教师文化和学生文化所蕴含的差异和对抗。在客家传统区域教学文化中，教师为了传递书本知识而掌控课堂，学生的很多合理要求和建议在很大程度上不能得到满足，师生矛盾逐步升级，师生关系处于紧张态势之中。基于此，我们认为，"以教为主"的客家传统区域教学文化实际上就是集中体现教师意志的规范文化、主动文化和学术性文化的统一体，在课堂教学中力量发挥到极致时就阻碍了代表学生利益的非规范文化、受抑文化和日常性文化的发展。

"以师为本"的行为文化的出现具有深刻的根源。中国（客家）传统伦理道德主张仁义。仁义是中国古代处理人际关系、治国理家的基本理念，并以此为核心形成了一整套的伦理价值观念。这些观念可以用"仁、义、礼、智、信"五个字来概括。以此为基础，确立了一系列解决和处理各种复杂社会关系、满足封建社会伦理基本需求、健全个人人格的道德规范。核心就是孔子提出的"克己复礼以为仁"，要求君子仁人，灭杂欲，养德行，杀生求仁。由传统伦理道德为核心价值观而演绎出的关于人性"多念多欲望"的认识，强化了"以师为本"的行为文化，对区域教学文化的形成具有决定作用，这从传统文化中对"教""学"的蕴意就可见一

① 吴康宁. 课堂教学社会学［M］. 南京：南京师范大学出版社，1999：117－132.
② 吴永军. 课堂教学中文化冲突的社会学分析［J］. 现代教育论丛，1997（6）.

斑。在传统文化中，"教"意为"成人手持器械，督促孩子学习"，并且学习的内容是经典的"八卦"；"学"意为"孩子在一所房子里学习有关的知识"。这个知识也是经典的"八卦"，主张儿童学习的动力、人的发展主要是由来自外在的力量（或他人控制），诸如环境、学校的教育与训练等决定的，被称为个体发展动因上的外烁论。代表人物有荀子、王夫之等。

中国传统"教学"的含义与西文"教学"词源含义相差很大：①在英语中，教育为"Education"；②在法语中，教育为"L'éducation"；③在德语中，教育为"Erziehung"。它们均源于拉丁动词"Educêre"，其词首"E"原意为"出"，词干"ducêre"原意为"引"，整个词的原意为导出、引出。主张教育内发论，强调人的身心发展的力量主要源于人自身的内在需要与本能，身心发展的顺序是由身心成熟机制决定的。中西方的差异见表2-2：

表2-2　中西方文化对"教学"的本义的不同解释

	西方	中国
教育信念	每个儿童都是天使，可以自己学好，教师是儿童智慧的"助产婆"，主张内发论	人人皆可为尧舜，儿童有学习惰性，教师权威，教师必须督促儿童，主张外烁论
教学方法	注重引导、启发心智，注重过程，重自主合作探究，以自律为主	强制、灌输，注重结果，他律，重常规教学，教师中心，满堂灌
教学内容	宽泛（崇尚自然）	狭窄：儒家经典（崇尚书本）

由于中国文化认为，人的发展主要是由外在的力量决定的，因而必须加强学校的教育与训练，加强教师的监督与控制。在教学方法上，提倡诵记经典，重苦学——"勤能补拙""业精于勤荒于嬉，行成于思毁于随""后生为学，必须严定课程，必须数年劳苦"[①]；推崇考试文化，将考试作为检验学习水平最有效的途径。这种理念下的学习观就是：重记忆、背诵——"熟读唐诗三百首，不会作诗也会吟"；重反复练习——"学而时习之""熟能生巧"。实质上是一种"学答"而非"学问"模式，不重视学生主动思考探究，忽视开发学生智慧与情感价值观教学。

2. 重整体轻分析、重归纳轻演绎的思维方式作用

"天人合一""取象比类"是中国传统的思维方式。"天人合一"首先

---

① 陈鹄. 西塘集耆旧续闻：卷二 [M]. 北京：中华书局，1985.

是一种主客相融的思维立场，它调和物我的对立和矛盾，而不是西方的主客对立。因此，中国文化不是向前去解决问题，而是调和，以求大事化小，小事化了，使矛盾趋向平衡或"中庸"。在"天人合一"整体观念指导下衍生出的"取象比类"思维模式，重直观轻本质，重整体轻分析，重归纳轻演绎。① 这种思维方式，导致我国科学不发达，教育中师生迷信权威，循序守旧，墨守成规，分析能力、演绎能力不足，缺乏对本质追求的科学精神，创造性差，成为客家传统区域教学文化形成的根深蒂固的认知模式。

这种思维方式，造成了教学的固化或"定型化"，将教学过程与学生的"学习"矮化为一个技术化、程序化的训练过程，教学研究所瞄准的是旨在有效教学方法的技术发现和"定型化"研究。它认为教育目的、教学目标、教学内容和教科书、教材之类的目的与内容都是事先规定好的，教学就是以此为前提进而把教学的方法与步骤加以"定型化"②。教学固化强调"输入—产出"的课程运行模式，它仅仅关注接受、掌握、认同和服从等指标体系，可以在短时间内使学生获得知识和提高技能，促使课堂低阶教学目标的实现。但是，这种只强调片面认同和掌握书本知识的做法，不仅扼杀了学生发展的无限潜力与可能向度，而且吞噬了学生学习的乐趣与兴趣、学习的动力与积极性，并对学生的心理、精神健康产生了严重的负面影响，强化了教学的控制属性。

（四）教学物质文化巩固了客家传统区域教学文化的形成

教学文化的物质要素是以实物形态显露于外，能被人们直观感受，以反映教学活动特点的物质实体及生态条件，包括教学环境文化、教学手段及技术、师生服饰仪表、教材及其作业文书风格和教育家雕塑、牌匾、纪念馆等。其内涵十分丰富，不仅对客家区域教学文化形成具有保障功能，还具有激励功能。这里只讨论对客家传统区域教学文化的形成产生影响的传统教学中的物化形态。一是对历朝历代著名教育家修建的纪念馆、纪念园等，如孔府孔庙、黄遵宪纪念馆、丘逢甲纪念馆等，将教育家的生平事迹、教学思想与方法用物化形态呈现出来，供世人学习与流传；与此相似的还有各地竖立的教育家雕塑，如孔子、陶行知等教育家雕塑竖立在学校或本人的出生地。二是为了激励学生努力学习，成为社会栋梁之材的牌匾

① 李涛，陈玉玲. 应试教育制度的文化反思［J］. 教育文化论坛，2010（2）.
② 钟启泉. 教学研究的转型及其课题［J］. 教育研究，2008（1）.

实体，既有当朝皇帝御赐牌匾，如状元府、状元及第等，也有当地政府及乡邻家族以考生学业成绩名次命名的状元桥、石楣杆等实体文化。据不完全统计，在梅州市二区六县，几乎各地均有多座在封建社会建立的状元桥。

值得一提的是，除了作为封建社会教学物质文化形态保存下来的书院、学校，贡院作为科举的物化形态，对区域教学文化的发展影响也不可忽视。贡院也称考棚，起源于唐代，至宋代作为科场而普遍设立，是科举文化兴盛的产物。它适应科举公平竞争、考试程序化、考生大众化的需要，保障科举制的有效运作。明清时期，贡院作为乡、会试考场，形成了深厚的科举文化积淀。目前各地保存完好的不多，如广东省龙川县佗城镇西门考棚、清代四川贡院、河北定州贡院等，它们不仅见证了科举考试史，传递着科举文化精神，也展现出独特的建筑艺术魅力，发挥着重要的历史教育功能。①

三、客家现代区域教学文化的形成机制

客家现代区域教学文化的形成是在我国基础教育改革大的背景下，对客家传统区域教学文化进行变革的基础上形成的新教学文化，是客家基础教育的一场革命。它是客家区域教学物质文化、教学制度文化、教学行为文化和教学精神文化等多种要素相互冲突、相互作用的结果。就其形成机制来讲，也是激励机制、制约机制与保障机制的有机统一。由于我国课程改革已步入全面深化的攻坚阶段，客家现代区域教学文化尚处于正在形成中，还存在许多问题，有待在教学实践中探索解决。这里就客家现代区域教学文化形成的一般问题，谈些我们的认识。

（一）新课程的内涵和要求是客家现代区域教学文化形成的精神追求

新课程的内涵和要求主要体现在《基础教育课程改革纲要（试行）》规定的有关方面。第一，促进课程的适应性和管理的民主化。"为保障和促进课程对不同地区、学校、学生的要求，实行国家、地方和学校三级课程管理。"这标志着我国基础教育在课程权力方面进行了重大调整，它突破了以往课程权力过于集中、难以适应地方与学校具体情境的弊端，推进了课程的适应性和课程管理民主化的进程。第二，重建课程结构并倡导和

---

① 张亚群．科举文化盛衰与贡院的命运［J］．社会科学战线，2014（6）．

谐发展的教育。"整体设置九年一贯的义务教育课程""小学阶段以综合课程为主""初中阶段设置分科与综合相结合的课程""高中阶段以分科课程为主",而且,"从小学至高中设置综合实践活动并作为必修课程";同时,还对农村中学和城市中学的课程做了具体规定。课程结构的这些调整具有积极意义:它强调了综合性,加强了选择性,确保了均衡性;它在每个教育阶段都以具体课程形态的方式有计划地安排了学生的学习机会,体现了课程的综合化,强化了课程对学生个体差异的选择性,保证了每位学生全面、均衡的发展。正是在此意义上,新课程体系倡导了和谐发展的教育。第三,提升学生的主体性并注重学生经验的积累。纲要把实施以培养创新精神和实践能力为核心的素质教育作为课程改革的指针,强调课程要促进每个学生的身心健康发展。因此,关注学生的主体性、培养身心和谐发展的公民是新课程改革的突出特点,也给这场课程改革带来了新鲜的气息。与之相适应,在教学改革、学习方式及教材等方面也进行了改革,这些改革以人本主义思想为指导,力求把学生放在学习主体的地位上,关照学生的日常生活经验和体验。

（二）课堂教学的经验积累是客家现代区域教学文化形成的实践保障

课程改革的理论为区域教学文化的构建提供了可能性,而立足课堂教学的各级各类实践探索使这种可能最终走向了现实。这些教育教学实践大致可分为三类:第一,由教育改革的理论家牵头所进行的教学改革实践。在这些实践中,影响力比较大的有两个。其一,由叶澜教授牵头所进行的"新基础教育"研究;其二,由裴娣娜教授牵头进行的"小学生主体性发展实验"研究。这些研究成果在教育领域产生了广泛的影响,对课程改革的确立和发展奠定了很好的基础。第二,新课程改革实验及推行阶段所进行的有针对性的教育改革实验。这些实验一般在教育改革实验区进行,由专家在经过一段时间后对这些学校的改革进行评价,总结经验并指出不足,以便下一步更好地深化。第三,广大中小学教师根据教育改革的理念和理论所进行的课堂教学探索。只有课程改革的理念和理论深植于教师的头脑,并在课堂教学行为中体现出来才能说改革落到了实处,取得了真正的预期效果。当教师的教学行为真正转到了以学生的学习为中心,把促进学生的探索作为教学工作的最高指导思想,才能说"以学为主"的现代区域教学文化真正得以确立。

（三）文化批判为客家现代区域教学文化的形成提供了价值省察

文化批判，即文化评论，就是依据一定价值标准和立场，对文化进行全面的梳理、考察、分析和反思，辩证地进行否定性消解和肯定性、建设性、构成性评判，从而规范与引导人们的文化观念与文化实践，推动文化向更加健全、合理、优化的方向转化和发展。这种批判或文化，本身是一种客观思维活动和价值选择，而不是纯主观的认知活动，更不是纯粹的否定，它内含着文化主体的文化反省、文化选择及文化批判等活动。课堂区域教学文化的批判，主要是针对传统应试教育背景中形成的"以师为主"的传统区域教学文化。这种文化形成于工业社会发展时期，把学生物化后以片面追求教学中知识的传递效率为最高准则，不仅泯灭了学生的好奇心和求知欲望，而且造成学生人格分裂，使学生成为一个知识的容器。这种区域教学文化严重背离了学生全面发展的宗旨，割裂了师生课堂教学和生活世界的联系，造成教师厌教、学生厌学，与时代发展的要求格格不入，必须进行批判反思。新课程的理念和宗旨，以促进学生的全面发展为本，把学生的自我探究和自我发展作为促进学生乐学、好学的契机，通过课堂教学与生活世界的联系，为学生的发展提供一个良好的平台。这种"以学为主"的客家现代区域教学文化，给人营造了一种积极向上的探究发展氛围和舆论环境，使身处其中的人都深受感染而激发起求知的欲望。为了营造良好的现代区域教学文化，就必须对传统区域教学文化进行批驳和反思，唯有如此才能建立客家现代区域教学文化。对传统区域教学文化的批判，可以从三个方面进行：①从传统区域教学文化的基本特征入手，分析其外在表现；②从传统区域教学文化的产生入手，分析其形成的内在机理；③从传统区域教学文化的不足和局限入手，分析其对当前教育教学改革的制约作用。

（四）教师的文化检视使客家现代区域教学文化的形成具备了个性特征

人是文化的创造者，同时也是文化的产物。人生于文化中，为文化所拥有，文化模式影响着人的发展，人是特定文化模式的产物。换句话说，人是在实现特定文化模式价值的过程中不断模塑其人格的。传统区域教学文化是"以教为主"，在这种文化氛围中的师生，不管有无明确的意识，一般都会按照文化的约定俗成而行。在这种思想主导下，教师会检视自身的知识结构和能力结构是否能够顺利完成知识传授的任务，思考如何优选

教学方法和运用教学手段才能最高效地使学生在最短的时间内学会书本知识等，这就是思维方式的固化或模式化。这种思考和努力的结果，是使其更好地适应传统区域教学文化，成为一名"好"教师。但是，如果某位教师认为，这种教学思想和思维方式主导下的教学固然能够使学生学会书本知识，却使学生其他方面的发展如智力、情感、意志、价值观等极度萎缩，并不符合我国教育培养"德、智、体、美、劳"全面发展的学生的要求，他就会重组自身的知识和能力结构，探索如何在课堂教学中激发学生学习的积极性和主动性，以促使学生的全面发展。经过长期的努力，他就会扬弃传统区域教学文化对其的桎梏和规约，通过自身的努力创造不同于主导区域教学文化模式的其他区域教学文化。这就使得他与其他教师在思想观念、价值主导、思维方式乃至行为方式和行为习惯上都显示出与众不同的一面，从而具有鲜明的个性特色。实际上，每个教师的知识和能力结构、价值观、思维方式等因素都不尽相同，对教育教学的理解也不尽一致，应该在教学中表现出自身的风格。新课程在理念和指导思想上与以往的教学大相径庭，它以教学内容的生活化为契机，赋予了教师极大的权威。在促进学生自我探索发展即"以学为主"现代区域教学文化的构建中，教师一定能够根据自身的素质结构和学生的实际情况，创造出具有个性特色的区域教学文化，如人本教学文化、对话性区域教学文化、合作性区域教学文化、探究性区域教学文化等。

第三章　客家区域教学精神文化

一般来说，教学这种实践活动不仅是一种信息的传递、知识的增长、认知的进步和能力的提高的过程，而且是一种教学思想、信念、情感、态度与价值观等多种教学文化元素参与的过程。不同的教学思想、信念、情感、态度与价值观等教学文化元素，会有不同的课堂活动形态或样式。在此意义上，对教学文化的理性思考与深层认识，应扎根于师生的教学活动和渗透于这个活动的教学精神文化。因为教学精神文化与具体的课堂实践活动是分不开的，无论是教师还是学生，都需要对自己所要完成的任务有充分的理解，同时又必须通过自己所要扮演的角色而表现其文化的差异，而这种差异往往又是与颇具特色的具体教学活动联系在一起的。不同的课堂活动往往表现出不同的教学精神文化，如"以学生为中心"的教学精神文化强调学生把自己的知识、技能、态度、情感、价值观等带进课堂，并获得师生的关注和认同。由此，教学实践工作者要深刻意识到，学生从上学的那一天起，就会把自己的需要、经验、信念、理解、思维方式、为人处事习惯以及其他文化特征等带到课堂上，并在课堂学习活动中不断建构赋予自己意义的知识。

教学总是从属于一定的文化，教学活动传递着文化中最重要的习惯、传统和经验，它持续于文化发展的整个过程，为师生提供教学所必需的理念、传统、价值等教学文化元素。教学活动不仅使当下师生对前人所创造的教学文化具有高度的适应性；而且造就了新的教学文化，维系了一个教学文化系统的生命力，保证了该教学文化的延续与相对稳定。区域教学实践表明，一个区域不可能在一片荒漠上建立自己的新文化，一个教学文化也不能脱离自身成长的文化土壤来发展、完善自己。区域教学文化不仅超越了学科知识本身，在教学活动中师生互动形成了新的规范、价值观念、思想观念和行为方式的整合，而且激活和创造了师生之间分享资源、传递信息、理解知识、发展能力或生成新知识等方面的行动和变化。

教学改革呼唤教学文化的转型与重建。在这一背景下，重启对教学精神文化的认识与思考，对于重构客家区域教学精神文化显得非常重要。

在探讨与分析客家区域教学精神文化之始，需要对精神文化、教学精神文化、区域教学精神文化等概念及其意蕴做一学理上的探讨。

关于精神文化的理解。精神文化是内在于文化的深层次的机理性的东西，是以意识、观念、心理、理论等形态而存在的文化，是人们精神活动成果的总称。一个客观事实是，精神层面是人生观、价值观、道德观体系，其不仅仅是作为个体的人的价值取向、精神皈依，也是一个国家、民族、区域的价值取向和赖以存续的精神支柱。精神文化是文化精神层面最集中的体现，文化之精华、信仰、道德、律令等皆属于精神层面，哲学思想、文学艺术是精神层面最常见的载体。

精神文化的核心应定位于文化因何而存在？文化发展的意义在哪里？文化的终极价值是什么？这些是教学文化发展的精神基础。教学文化必须关注到教学文化发展的精神层面，教学精神文化理应成为教学文化之魂。这里的"精神文化"是指教学文化在教学思想、价值和信念等方面充分表现出的风范与内在本质，它是教学文化的内在动力，凸显有助于教学文化生存与发展中的意义，关键是价值观的确立或重建。

客家精神文化的内涵丰富，其核心在于爱国爱家、和睦奋进。客家精神文化实质上是中华民族优秀传统文化的集中体现或者说是客家人较为系统的保留或传承着中华民族的优秀传统文化。客家精神文化的精髓是吃苦耐劳、艰苦奋斗、努力拼搏的精神；勇于开拓、不断进取的精神；强烈的民族意识和爱国心，勇于革命、怀国爱乡的精神；克勤克俭、崇尚文化、聪明好学的精神；精诚团结、互相帮助和孝顺父母的精神。客家精神文化最能反映客家民族价值规范和心理意识，同时体现着与时俱进的思想品格，其已成为客家区域教学文化发展与变革的基础与核心。客家区域教学文化可在客家精神要素中进行选择和整合。

关于教学精神文化的理解。教学文化的核心是教学精神文化。教学精神文化是一个非常复杂的概念，它包含着教学思想、教学信念、教学价值、教学意义等。这些因素主要通过教学活动中群体成员共同的行为方式及外在的教学制度、教学行为来体现。它既与外部环境有关，也植根于内隐的环境当中。它与教学过程有着紧密的关联，对教学改革与发展具有非常重要的意义。教学精神文化是教学文化的重要组成部分，是教学实践中形成和创造的精神财富。

教学精神文化是教学文化的核心和最高表现形式，是教学所涉及人员共同持有的价值体系、道德情感、信念信仰、思维模式等，是精神文化所呈现的教学中师生共同具有的对教学本质的认识、宽容的品质、自强的精神、和谐的氛围以及创造的勇气，是在长期的教学实践过程中形成的价值体系，属于教学文化结构层次的深层维度，是教学背景下师生的精神生活方式与追求。其实质是教学生命气质和精神追求的总和。

教学精神文化是教学持续发展的文化，它是教学发展的精神动力，是影响教学发展与变革的软实力。教学精神文化是教学发展的根基，也是教学之间相互区别的重要标志。教学精神文化不仅发挥着育人、凝聚师生关系的教学功能，还发挥着传承人类文化、创新观念知识、引领社会精神的社会功能。教学实践表明：一种优秀的教学精神文化，意味着给予教学者和学习者一种积极的期望、热情、鼓励、责任感、认同、肯定、成功的机会以及促使他们萌发生生不息的创意，意味着帮助学生发展积极的学习态度、价值观和自我概念；而一种不良的教学精神文化，则使教学者提不起教学的兴趣和激情，体验到的不是教学的成功、智慧和幸福，使学生感受到的不是求知的乐趣、成功的喜悦和关爱的情怀，而是学习的枯燥、无味、痛苦、自卑和失望。

关于区域教学精神文化的理解。不同的区域有不同的文化，不同的文化形成不同的教学文化。区域教学文化涉及教学的人文环境、价值取向、思维模式、信念、行为习俗、实践规范和精神气质。区域教学精神文化是一个区域教学文化的本质特征和核心竞争力，因为区域教学精神文化具有不可复制性和独特性。区域教学精神文化是区域教学文化的灵魂，它是在区域教学文化长期培育和积淀的基础上形成的，没有区域教学精神文化的区域教学是没有精、气、神的躯壳。区域教学精神文化是由区域教学全体成员共同参与和建构的一种精神境界和文化品格，其核心是一定区域形成的教学思想、信念、价值与文化自觉。

区域教学精神文化是关乎区域教学前途与命运、决定区域教学内部活动和焕发成员生命活力的关键因素，它直接影响着区域教学文化的变革、提升和发展。客家区域教学精神文化对于客家区域教学的发展与变革有着重要意义。客家区域教学的生存与发展，必须充分观照客家区域教学精神文化。客家区域教学文化的整体发展必须依赖于客家区域教学精神文化，尤其是客家区域教学思想文化和信念文化，教学文化自觉对于客家区域教学精神文化的构建具有十分重要的意义。

089

第一节　客家区域教学思想文化

思想是一个引无数人讨论的话题。古往今来，思想的魅力与崇高吸引着许许多多思想的追随者与捍卫者为之不竭地求索与抗争。在一个以创新驱动发展为基础、诉求思想的时代，有思想含金量的教学文化成为应然追求。精神文化的核心要素之一就是思想文化。精神文化重要的价值支撑在于其思想，思想是精神文化的生命力所系。精神文化凭借思想的力量屹立于世，只有思想才是一种无形、巨大、深远的力量。思想激发人的想象力、批判力、创造力，这是文化理论创新和实践构建的前提条件。没有思想文化的碰撞与冲击，也就没有精神文化的发展与超越，文化呈现的只能是一片"和而不同"的现实图景。精神文化的真正繁荣与生命力的支撑在于思想文化。思想文化理应是精神文化的核心与灵魂，也是精神文化的重要品性。精神文化的发展离不开思想文化的支撑，没有思想的精神文化是没有什么价值的。

文化蕴含着思想，教学与文化有密不可分的关系。教学过程就是教师借助教学手段、教学内容与学生相互影响、相互作用的动态过程。在此过程中，教学内容有前人创造的和在校师生创造的文化成果，教学手段也是社会文化成果。学生的学习过程，是将这些文化成果内化为自己的思想、观念、知识，教学在某种意义上是一种思想与思想的交流与碰撞，教与学的过程就是思想化的一个过程。思想文化不仅会对教学产生极为深远的影响，而且对教学的发展与变革也会产生巨大的推动力。教学不仅仅是教与学，更为深刻的应是思想的再生产。

涂尔干在谈到欧洲教育思想和教育体系的演进时讲道："教育本身不过是对成熟的思想文化的一种选编。"[①] 教学是学校教育的中心工作，是学校生存的基础，换言之，教育教学在本质上是对于人类所创造的思想文化的自觉传承活动。客家区域教学精神文化为客家区域教学打上了特定的文

---

① 爱弥尔·涂尔干. 教育思想的演进 [M]. 李康，译. 上海：上海人民出版社，2003：23.

化烙印，也为客家区域教学涂上了思想文化的色彩，使之符合所处时代教育的精神气质。而这种文化所蕴含的基本价值观念、信念和思维方式，塑造和影响着一个区域的心理结构。在这个意义上，一部教学发展史就是一部思想文化的创生史。

一、教学思想

教学思想是人们以概念、判断、推理等形式形成的对教学本质及规律的认识、观点和看法，它是一定区域教学文化的精神动力和支配力量。教学思想文化直接表现为区域师生的语言、思想、认识、感情、心理等的不同，其影响或制约着师生的一言一行甚至价值取向。客家区域教学思想文化是指由有关教学本质及规律系统的知识、观念、价值和思维方式等构成的文化体系。客家区域教学思想文化作为思想、文化的一部分，对当前客家区域教学产生着深刻的影响。

任何一种有生命力的、成熟的教学，必须植于文化和生命存在的根系中，且与悠久的历史息息相通才能保存与流传。一个区域的教学文化是由它自己的历史、背景和组织的"人"所塑造的。客家区域教学思想文化以客家文化为铺垫，离开这个大前提，所谓的思想文化就失去了存在的文化根基。

二、教学思想文化的传承与创新

"判断一种文化存活的状态，要看它的基本精神是否还能打动现世的人群，看它与实际生活和历史进程是否能呼应、有共振。当然，任何文化都会发展、变化，但那应该是一个依从文化本性自然演变的过程，在其新旧形态之间有血脉相通、基因相连。如果出现了文化的断裂，长期在这种文化中浸染、熏陶的人们的生存方式、思想方式和精神取向就会被强行改变，甚至被另一种异己文化的功能所顶替，因而无法与之交融、'互化'，那么这个文化的传承就出现了大的问题。"①

思想文化是教学精神文化之魂。具有思想文化的教学一定是有魅力的教学，一定是有精神感召力的教学，一定是优质的教学，一定是有教育理想和信念的教学。思想文化只有彰显出来，教学的文化力、感召力、思想力才能扎根于现实大地。在此意义上，教学不仅要传授知识，还要源源不

① 宋文长. 冰封与潜流——越南汉字文化传承模式现代变迁研究［D］. 重庆：西南大学，2008.

断地为人才培养提供新思想，在总结、传承人类文明成果的同时不断提高认识、发现真理、创造思想。创新精神本身需要不断探索未知、获取事物本质，追求真理。随着信息社会的到来，人们的思想文化交流变得异常频繁、快捷、广阔，教学要面向世界就要不断吸收世界先进的教学思想文化。为此，客家区域的师生要深刻认识客家区域所处地域的教学思想观念、价值规范、行为方式等，注意分析这些文化对教学改革与发展产生的种种影响，从而吸收优秀成分，形成客家区域的思想文化。

思想文化的传承与创新就是要为师生提供多元发展的平台，让师生心里充满阳光和希望，营造师生守望相助的价值平台和有强烈归宿感的精神家园。为此，首先要激发教师的群体智慧，使有共同教育理想、研究兴趣、个性特长的教师能在个人钻研、历练的基础上，开展教育教学改革的深度研究，通过深入的交流、感悟思想的碰撞，拓展认识的视野，推进教师专业技能与业务理论研究水平的提升，让更多的教师形成自己的教育主张与教学风格。为此，要搭建教师个人成长和实现专业价值的舞台，让教师展示才华和风采，让学校彰显非同一般的气质和品格，升华自己的价值观，凝结成学校的发展愿景，使之成为师生共同的价值追求和理想信念，去感召引领、驱动激发师生内心的自我发展需要，实现自身充分发展与促进学校发展的和谐有机统一。其次，要通过文化培养人，从起源上说，文化即是"人文教化"。教学通过文化培养人、塑造人，即通过文化的传承、传播、发展和创造，使受教育者成长为具有文化素养的人。

三、客家区域教学思想文化的主要内涵

客家区域教学思想文化内涵丰富，形式多样，文化底蕴厚重，是珍贵的教育文化遗产。这里我们拟从历史发展的视角对客家区域教学思想文化的主要内涵进行分析和归纳，以揭示蕴藏于其中的丰富的文化内涵特征。客家区域教学思想文化是客家区域教学独有的一种文化现象，以其博大精深的演绎给客家区域教学精神文化刻上了鲜明的文化烙印。从客家区域教育发展起，就伴随着客家区域教学思想文化发展的历程，一部客家发展历史就是一部客家区域教学思想发展史，其教学思想的光辉在一定程度上可以映射出客家区域教学文化与其社会历史发展的概貌。

（一）光宗耀祖，报效祖国，教学为本

教学的目的是客家教学思想的核心内容之一。早期，客家区域教学目的的核心在于光宗耀祖、博取功名。这是由于客家区域教学文化是饱经忧

患的文化，离别故土的辛酸、跋涉途中的险恶、重建家园的艰难、强悍土著的难容以及客家地区山多田少的恶劣地理条件，曾使客家人面临着生存的危机。同时，客家子女又一直宣称自己是中原"名门望族"之后，先祖具有荣耀的历史，作为子孙后代不能有辱先祖之荣耀历史。在此情境下，客家人深刻认识到要战胜生存的危机、不辱先祖之荣耀，不仅要有强壮的体魄，更需要强大的精神力量。在这种特殊条件下，客家区域教学思想文化便孕育出一种奋发向上、光宗耀祖、博取功名的精神。在客家区域教学思想文化的激励下，许多客家子女成为祖国的栋梁，如近代主持湖南新政的黄遵宪，洋务运动中的丁日昌，在辛亥革命和民主革命中的孙中山、廖仲恺、胡汉民、邹鲁，以及开国元勋叶剑英等革命先辈，他们凭借着对客家区域教学思想文化的接受，始终走在时代的前头，实现了光宗耀祖、报效祖国的理想。

报效祖国的教学思想在客家近代发展中尤为突出。1903 年，黄遵宪在《敬告同乡诸君子》开篇写道："鄙人环游海外，历十数年，深知东西诸大国之富强，由于兴学。""富强之策，莫善于兴学，其效如此。"就是对教学目的与价值的最好诠释。早在甲午战争时期，丘逢甲在台湾抗日失败后，就积极以兴办学校培养人才，以求救国之道。"能强祖国则可复土雪耻。"1895 年丘逢甲婉言谢绝了粤省巡抚许仙屏要他出任仕途的劝告，抱着"从头整顿旧河山"的坚强信念，"继续担任教育事宜"，"锐意于兴学启民智"。① 1899 年，他与同仁在潮州创办的岭同文学堂，就是在这一教学思想指导下创办的，成为粤东教育史上的一件大事。在国家受到外来入侵之际，他静观列强所以强大，在于注意教育和培养人才。于是，他决心从事教育事业，坚持为国兴教育才，以唤起民众，拯救中华。为实现这一目的，他倾其家产，不辞劳怨，奋斗终生。"在客家传统社会里，族人在获取功名、事业成功之际，即以报谢祖先的形式来获取社会资本。时至今日，光宗耀祖仍是深层的动力，推动着人们去奋斗打拼。"②

（二）融合世界文明，不断进行教学改革

客家文化是特具迁徙特性的文化，因迁徙而开放包容，融合世界文明，推动了事业上的大发展、大辉煌。如张弼士在印尼雅加达创办裕和、

①　丘念台. 前台湾民主国义军大将军仓海先生丘公逢甲诗选 [M]. 上海：商务印书馆，1935：28.

②　周云水. 重入"祖荫"：客家宗祠助推教育的文化资本探析 [J]. 教育文化论坛，2013（1）.

裕兴等垦殖公司，罗芳伯在印尼加里曼丹岛建立"兰芳共和国"，叶亚莱开埠吉隆坡等。就现代而言，到异地谋发展的曾宪梓、田家炳、梁亮胜等杰出代表均能在经济、政治等方面，以"客而家焉"的"融合世界文明"的价值取向和共荣共存的理念，谱写了"有太阳出来的地方，就有客家人创造的辉煌"。客家区域教学人凭借着对原有文化传统去芜存菁的扬弃，对外来文化的吸收和改良，积淀成创新进取、开放包容的思想文化内涵。客家区域教学思想文化哺育着一代代客家区域教学人，而客家区域教学人自身演绎着融合世界文明的独特魅力，这已然成为客家区域教学思想文化发展的精神动力与源泉。

近代随着客家人不断迁徙海外，受国外教学思想的影响，许多客家教育家思想中都具有融合世界文明，向西方学习先进教学内容、教学方法的思想。如黄遵宪由于受日本教学思想的影响，在教学思想方面主张向西方学习，重视教学内容和教学方法的改革。在《敬告同乡诸君子》一文中，他指出官立和私立学校量多质低的原因，在于"坐而不知教育之理、教育之法"，"不知所谓大中小学堂者，必须循序渐进，历级而升。今小学未开，并无小学毕业生，而遽设中学"。他们"但将旧日书馆，改题为学堂，无一定课程，无递升学级，无卒业年限，而学生又年纪参差，学业歧异，朝来而暮去，此作而彼辍，故年来官立私立学校虽多，然卒以陵节而施，欲速不达，未有尺寸之效"，表现了他对当时中国的传统教育极为不满。为此，他详细介绍西方资本主义国家的教学内容和教学方法，指出其幼儿园"所认之字，取简易者；所读之书，取浅显明白者"；至于中小学校所设课程，计有修身、伦理、国文、算术、历史、舆地、理科、体操、图画、唱歌、手艺等科目。同时，他针对中国封建教学内容的陈腐弊害，对比西方国家的资产阶级教育，归纳出了六大优点，用以劝告国人学习西方的教学方法。他仿照西方教学方法，在教学中创先使用"自学指导法""个别谈话法"等多种新的教学方法。①

近代客家的另一位教育家丘逢甲先生曾将外国的教育与中国的教育作对比，发现中国的教学风气比较死僵，教学内容仍是历代沿袭下来的老教条，学生的学习仅是为了应付考试、博取功名。于是，他主张向西洋学习。"诗无今古真为贵，学有中西汇乃通。"只有把中学与西学结合起来，才能增见闻，开才智，振兴中华。"夫今日之祸，不特灭国，抑且灭种。

---

① 何国华. 黄遵宪的教育思想和实践［J］. 华南师范大学学报（社会科学版），1982（3）.

何以不灭？则持教，教何以不灭，则持学，学何在？则以中学为体，西学为用，中学为纲，西学为目。"① 他认为学生出国留学，直接接触日本和西方国家的富国强兵之道，是开发智力、培养人才的重要途径。在教学中，他经常把自己考察别国风土人情和政治得失的体会向青年学生宣传，动员和鼓励他们出国留学，深入实际研究别国的经验。据统计，1903 年以来，经丘逢甲劝导和鼓励去日本留学的粤东青年"达数十人"②。丘逢甲反对封建的科举制度与旧文化，提倡教学改革。在教育改革中，一是改革教学内容，一是改革教学方法。在多年的讲学活动中，他认为只有改革所教内容与革新教学方法，才能开发民众智力，振奋民气，进而造就一代有为青年，才能"复土雪耻"。

客家区域教学思想文化的融合特征，还体现在它能够博采各家之长。在教学中，客家区域教学不仅能够吸收孔子提出的"学—思—行"传统教学思想，以及思孟学派提出的"博学之、审问之、慎思之、明辨之、笃行之"的思想，还能不断尝试与探索一些新的教学方法。如 1933 年，中将杨德昭邀请陶行知弟子潘一尘等 13 人来大埔百侯镇开展"生活教育"思想活动，推行"小先生"制，鼓励学生当先生教长辈、教姊妹学习知识等，得到了各界群众的大力支持。"当时全乡办起了 77 所夜校和家庭夜校，小先生有 700 多人，夜校学生中既有孩童也有老太太，最多时有 3 000多人。"③

当代，被誉为"百校之父"的田家炳，更是把"中国的希望在教育"作为田家炳基金会成立的基本理念，把"促进道德教育，弘扬中华文化，并融合世界文明，以提升中国教育素质，贡献国家"④ 作为基金会的使命，明确提出"融合世界文明"，学习世界各国先进教学理念的思想。

（三）以生为本，注重教学激励的思想

客家教学思想十分注重对学生学习进行激励活动。如丘逢甲在教学中，由于他"能开风气之先"，注意改革教学，"善于奖诱和吸引学生"，培养了一批立志改革的新人，许多学生入学后不久就在"县科各考中均崭然露头角"，取得显著成绩。许多有志于祖国富强的青年及"后进见者无

---

①　古岭新．试论丘逢甲的教育思想［J］．中山大学学报，1984（4）．

②　古岭新．试论丘逢甲的教育思想［J］．中山大学学报，1984（4）．

③　张柯．百侯文化教育兼容并包　人文秀区"陶花"常开不败［EB/OL］．http：//news. xna8. com/mz/11707. html.

④　田家炳基金会网页［EB/OL］．http：//www. tinkaping. org/about. asp？bid＝121.

不敬畏"。① 其中最具特色的做法有两点：一是以石楣杆等为核心的教学奖励制度等。明清时期，客家子女凡考取功名者均可在祖屋和祠堂前竖立石楣杆，以光耀门楣、激励来者。二是客家的宗祠奖学兴教措施。客家宗祠办学是客家人的优良传统，许多家族把奖学兴教、培养后代读书人作为宗祠活动的重要使命与内容。各地各家族纷纷设立奖学金，以奖励学习成绩优秀的学生。如大埔县湖寮蓝氏家庙每年对于考上大学的学子奖励3 000元，希望其继续努力，刻苦攻读，早日成才，报效社会。②

要想提高教学效率，必须以学生学为核心。特别是在实施新课程改革之后，以生为本的教学思想被许多学校所接受，认为教学不能一味地去"灌"，而要教学相长，教要启发学生的思考力、创造力，教应着眼于学生的学。任何知识都是学生自己学会的，而不是教师教会的。教师的教只在于帮助和引导学生去学习，不断提高教学效率。教师不能直接教会学生任何知识，也不应以教师的教代替学生的学。教学必须改变传统的"师本教学"为"生本教学"，实施生本教育。客家区域以生为本的教学实践，是当代著名教育改革家郭思乐提出的生本教学思想的实践沃土。

（四）教师是教学之本，重视师范教育，重视优秀教师的培养

教师是教学之本，优师才能优教，名师出高徒，这是客家区域教学思想的基本内容之一。黄遵宪认为教师是办学的首要条件，他在《敬告同乡诸君子》文中写道："凡兴办学务，必须有师范生，有教科书，有地方，有款项，四者缺一，不能兴学。而师范生非教育不能成。故鄙人之意，必须先开师范学堂。"1904年，他自献资金，把修理将竣的东山书院作为师范学堂，这是嘉应首间，也是我国最早的县立师范学堂之一——东山初级师范学堂。同时，又派门人杨徽五、堂侄黄之骏两人前往日本弘文学院学师范，学成回来任教；并拟聘懂华语的日本教师或他省的师范毕业生来当教师，认为只有"端谨有志，聪颖自爱"之人士才能读师范，才能做老师。

丘逢甲在创办新学的同时特别注意创办师范教育，培养优秀教师。丘逢甲于1904年和1906年先后创办了镇平师范学堂和员山创兆学堂附设师范传习所，专门为闽赣地方培养小学教师人才。当时，随着学堂的大量兴办，师资力量严重不足。不少维新人士重视师范教育，认为"欲革旧习兴

---

① 古岭新. 试论丘逢甲教育思想［J］. 中山大学学报，1984（4）.
② 周云水. 重入"祖荫"：客家宗祠助推教育的文化资本探析［J］. 教育文化论坛，2013（1）.

智学，必以立师范学堂为第一义"。所以他们主张自己培养师资。丘逢甲意识到这个问题的重要性，大力兴办师范学堂。1906 年，从他创办的镇平初级师范传习所毕业的学生，在促进岭东地区的教育兴盛方面起了不少作用。① 丘逢甲重视师范教育，在我国教育史上是十分可贵的。再如，当代客家著名乡贤田家炳、曾宪梓等也非常重视师范教育。田家炳先生数十年致力于捐资助教贡献良多，惠泽社群，成为当世楷模、社会表率。

四、客家区域教学思想文化的实践探寻

客家区域教学思想文化不仅源远流长，而且在客家区域教学改革与发展大地上不断生根发芽，滋养与浸润着客家区域教学文化的生成与发展。从近代至今，比较有影响力与代表性的，如黄遵宪的教学思想、丘逢甲的教学改革思想、郭思乐教授的"生本教学"、罗维猛的"感动教学"等。鉴于客家区域教学思想文化的丰富性，此处拟对"黄遵宪的教学思想""生本教育"与"感动教育"略作述评，从中管窥客家区域教学思想文化的变革与发展。

（一）黄遵宪的教学思想

黄遵宪（1848—1905），晚清政治改革家，积极从事教育实践活动，并在教育方面提出了许多独特的见解。

1. 重视教育教学的作用

黄遵宪把教育教学看作推行维新变法之本，把培养人才、开启民智视为挽救民族危亡的一种重要手段。晚年乡居，为振兴嘉应州五县教育事业，创办了"嘉应兴学会议所"，自任所长，并亲拟《敬告同乡诸君子》一文，在该文中援引实例说明了教育教学的重大作用。为唤醒国民兴办学校开展教学的决心，他在该文中援引实例说明教育的重大作用，指出当时日俄之战，一个小小日本竟能战胜地广人多的沙皇俄国，实"由于日本小学生之数多于俄罗斯也。强国之策，莫善于兴学，成效如此"②。这种主张深得广大爱国知识分子的赞同，开近代教育史上"教育救国论"的先声。

2. 教师是提高教学质量之本

要提高教学质量，教师是根本条件。培养优秀教师必须创办师范教育，因此，黄遵宪十分重视师范教育。他指出："师范生非教育不能成，

097

---

① 古岭新. 试论丘逢甲教育思想［J］. 中山大学学报，1984（4）.

② 钱仲联. 明清诗文研究丛刊：第一辑［M］. 苏州：江苏师范学院中文系，1982：1－4.

故鄙人之意，必须先开设师范学堂。"（《敬告同乡诸君子》）为了办好嘉应州五县的师范教育事业，首先，他积极理修东山书院，作为师范学堂校址；其次，派他的学生杨徽五等"往日本弘文学院学师范"，还打算"聘一日本人能通华语者，或他省人学小学师范已卒者"来任教。在他的努力倡导与亲自主持下，梅县地区在 1904 年办起了第一间师范学校——东山初级师范学堂。

3. 学习西方，大胆进行教学改革

黄遵宪强调学习西方教学模式，重视教学内容和教学方法的改革。他对当时中国的传统的教学内容及"灌输式"的教学方法极为不满，指出官立和私立学校量多质低的原因，在于"坐而不知教育之理、教育之法"，"不知所谓大中小学堂者，必须循序渐进，历级而升。今小学未开，并无小学毕业生，而篾设中学"。他们"但将旧日书馆，改题为学堂，无一定课程，无递升学级，无卒业年限，而学生又年纪参差，学业歧异，朝来而暮去，此作而彼辍，故年来官立私立学校虽多，然卒以陵节而施，欲速不达，未有尺寸之效"。

他对西方资本主义国家的教学内容和教学方法做了详细的介绍，认为西方教学方法"有循序渐进之阶段，有举一反三之问答，有相观而善之比较，皆有章程，有次第"，并指出这些教学方法皆"由心理学考求而得，学者试验而来"。他仿照西方教学方法，在教学中大胆使用"自学指导法""个别谈话法"等多种新的教学方法。"自学指导法"是黄遵宪晚年（1899）在开办"讲习班"中使用的教学方法，即由学生提出读书心得，再由他提问和解答疑难。学生每五天送交读书札记由他负责批阅。此法显然是与当时盛行的填鸭式"注入法"大相径庭的。值得称道的是他还十分重视理科教学，力主学校教育必须重视声光化电等自然科学的教学和研究。此外，他重视教科书的编写，甚至对教科书的编写提出过不少精辟独到的见解。他主张"语文科"必须进行文体和文字的改革。[①]

（二）郭思乐的"生本教学"思想

郭思乐，1944 年 9 月生，广东省蕉岭县人。他在梅州长期从事基础教育教学与研究工作的基础上，提出了一种突破传统教学思维模式的"生本教育"教学思想。"生本教育"是以"一切为了学生，高度尊重学生，全

---

① 何国华. 黄遵宪的教育思想和实践 [J]. 华南师范大学学报（社会科学版），1982（3）.

面依靠学生"为宗旨的教育，让学生成为学习的主人，让学生热爱学习而设计的教育。[①] 同时，"生本教育"也是以生命为本的教育，广大教师在生本教育的实践中充分体会到教育的真谛，享受到教育的乐趣和儿童生命力量的神奇，得到良好的专业发展。它既是一种方式，更是一种理念。十余年来，这种教育理念被广泛实验于大陆、香港、澳门等地的 200 余所中小学、职业院校、幼儿园，带动了大型教育整体改革实践，成效显著。中国教育科学学院院长田慧生曾评价道："生本教育是改革开放 30 多年来涌现出的具有国际视野、具有本土特色的我们自己的教育流派。"[②]

1. "生本教学"的内涵

生本教学，就是"以生为本"的教学，但是"生"绝不仅仅表述为学生，也内蕴着生命、生活等含义。其内涵的核心可以概括为以下几个方面：

（1）先做后学，先学后教，少教多学，以学定教。

（2）教师逼能，学生无能，教师扮傻，学生才能。

（3）"用教师的无为成就学生的精彩。"

（4）生本教学提出对课堂进行根本的改造，使之成为儿童自己的课堂。具体说来，教师所要做的事情就是：积极地旁观；给学生以心理上的支持，创造良好的学习气氛；注重培养学生的自律能力与品质。

2. "生本教学"思想的特点

（1）以学生为主体。

"生本教学"认为，在教与学这对矛盾关系之中，学是内因，是提高教学质量的依据；教是外因，必须通过学这个内因才能发挥作用。生本教育的课堂完全改变了传统教育中教师讲授、学生听讲的格局，而是在教师的指导下，充分发挥学生的主体性与能动性。

（2）以学习为基调。

"生本教学"的基本过程是：①课前的学习准备；②上课时的小组讨论；③课后的刨根问底。其中处处突出学生的学习，不仅重视学习的内容，更强调学习的方法。

（3）以小组合作为形式。

"生本教学"非常强调学生的小组学习，全班分成若干小组，每小组 4～6 人不等。无论是课前准备还是上课时的学习，每个学生都能够在小组

---

① 郭思乐. 教育走向生本 [M]. 北京：人民教育出版社，2001：35-72.
② 田慧生. 在实践中摔打出来的生本教育 [J]. 人民教育，2015（4）.

内充分发挥其应有的作用。

（4）以探究为归旨。

"生本教学"强调让学生自己主动进行学习，让每个学生都有话说，让每个学生都有收获。教师在认真倾听学生讨论、发言的基础上进行指导，创造条件让学生的思维进行碰撞，让智慧之火熊熊燃烧，让学生的潜能得到最大限度的发挥与拓展。

3. "生本教学"思想的主要观点

（1）"生本教学"的儿童观。

人的起点非零，人拥有其自身发展的全部凭借，具有与生俱来的语言的、思维的、学习的、创造的本能。儿童是天生的学习者，潜能无限，是教育教学中最重要的学习资源。借助于学生的本能力量的调动，形成教育新的动力方式和动力机制。

（2）"生本教学"的教师观。

教师应是生命的牧者，而不是拉动学生的"纤夫"。教师在教学中要尽可能"不见自我"，要把教学内容从一大堆知识点转变为知识的"灵魂和线索"，来创造最大的空间，使学生积极主动地学习。

（3）"生本教学"的教学观。

教学就是学生在教师的组织引导下的自主学习。生本的课堂区别于考本、本本、师本的课堂，区别于短期行为的、分数的课堂，是人的发展的课堂。在教学组织上，生本教育鼓励先学、以学定教、少教多学甚至不教而教，采用个人、小组和班级多种方式的自主学习。生本教育认为，比"基本知识和基本技能"更为基础的是发展人的情感和感悟，认为感悟是人的精神生命拓展的重要标志，学生学习的核心部分应该是发展感悟，积累的意义也在于感悟的形成。

（4）"生本教学"的评价观。

"生本教学"提倡减少或最终取消学习成长期的频繁统一考试，不干扰学生成长期的成长，把考试评价的主动权还给学生或科任教师，把教学过程中的评价活动改为评研活动，削弱日常评价的比较竞争功能，鼓励"为而不争"。

4. 生本教学模式

生本教学模式是以开发学生生命潜力、培养学生感悟为核心，通过前置性学习、小组合作、班级交流等环节进行的先学后教的教学方式。儿童学习的核心部分应该是感悟，感悟不仅是学习的重要过程，而且是重要的结果，所有的学习最终归结为感悟。"读和做，缓说破"，通过这种方法去促进儿童的感悟是教学的核心。"先做后学，先会后学，先学后教，不教而教"是生本教学观的本质。

依据生本教学观的基本精神，生本课堂具体表现形态概括为前置性学习—小组合作—班级汇报—总结巩固（延伸拓展）四个基本程序。

（1）前置性学习，学生先学。

所谓前置性学习，就是引导学生在学习新知识前尝试自主学习，了解学习内容。一般是课前预习或提前布置作业，作业形式比较灵活。通过前置学习，鼓励学生先学。

设计"前置性作业"的原则是"低入—多做—深思—高出"。"低入"的含义是：简单，根本，开放（可拓展）。起点要低，要求简单，形式开放。"多做"的含义是：人人可做，人人多做。"深思"的含义是：通过学生自学，使知识扎根心灵，提升学生的智慧。"高出"的含义是：例题自己做，难题自己想。

（2）小组合作学习。

4～6人小组交流讨论，教师放弃逐句逐段的讲解，而是抛出有价值的问题，让学生展开讨论。

教师应根据学生的学习基础、能力、特长、性别等因素，按照"互补互助、协调发展，组内异质、组间同质"的原则，灵活分组。常用的分组形式有：

两人互助式。同桌的两个人就是一个自然的互助学习小组。这种方式能迅速覆盖到每个学生，让每个学生都获得学习和活动的机会。

四人合作式。这种形式是相对固定的一种组织形式，也是教学活动中较常用的一种方式。通常由四人组成，尽量保证每个小组有一个优等生、两个中等生和一个后进生。

大组竞争式。一般以纵向或横向的一排或两排为一大组，在教学实践中，经常把这种分组形式用于解决学习中的重点和难点问题。

自由组合式。由学生根据自己的意愿自由组合。这样组成的小组，组内的成员大多兴趣爱好相投、感情相融，有利于激发学生的学习兴趣和培养学生的个性。可经常让学生在课外利用这种方式来互学、互教；或者在课堂上，让学生在相对固定的四人小组展示汇报之后，再自由组合进行拓展延伸。

教师在分组时要注意：①异质分组：好、中、差搭配；②选好组长、明确职责；③培训组员：学会分工，学会表达；④给小组个性化命名；⑤最好语、数、英等学科达成共识，小组固定，给学生学习提供方便。

（3）班级交流，引导点拨。

交流形式比较灵活，激发人人参与。有小组代表交流，也有学生与学生、学生与教师的互动，教师在倾听的基础上引导点拨，让学生的思维进行碰撞，让智慧之火熊熊燃烧。

教师引导点拨的原则是"读和做，缓说破""以学定教"，即教师要先检查学生自学、预习的情况，在了解学生学习情况的基础上，再决定"教什么"和"怎么教"。那些大部分学生已经掌握的知识，不再需要教师反复地讲，而是可以小组内互学互教，这就是所说的"不教而教"。教学真正的难点和重点应该放在大部分学生自学、预习时觉得困难的地方，而不是教师备课时自己认为困难的地方。

（4）总结和巩固。

由教师和学生共同完成，延伸拓展，广义探究。

在教学中，教师要明确："学生会的不教，不会的教他们怎么学，学不会的老师教""先学后教、以学定教""汇报、质疑、讨论常规化"。

在生本课堂教学中，教师应把握课前、课中、课后三个重要环节。

第一，课前教师要把握：①以课标为基准，以教材为学习内容，根据学生的具体情况进行教学案一体设计（即前置性作业）。②选择承担研究任务并主讲的学生小组，必要时先培训主讲学生。要运用先进的教育理念，又不能捆绑住教师的手脚。教师的主导作用要时刻牢记在心，要做好一个帮助者、引导者的角色。③预设学生可能出现或提出的问题，找到相应解决方案。对于生成性的新问题不能置之不理，这不但是学生也是教师再学习的过程。④估计引领学生继续思考的切入点可能有哪些，以便在课堂上根据情况随机应变。⑤准备练习应用或反馈评价所需要的问题，设计一些能激发学生主动参与的能力发展评价项目。

第二，课中要把握：①仔细倾听研究小组的讲解思路，观察提问学生的动机情况，仔细做好记录，及时点评。点评要注意即时性，否则不能及时反馈学生展示思路的优点与不足。②在学生错讲、漏讲、讲解不透、概念出现模糊的地方，要及时组织学生进行讨论。③要提倡学生之间、小组之间相互评价，以鼓励为主。在学生体验成功的同时也要学会感受挫折，这是人生成长必不可少的两面。

第三，课后要把握：①反思、整理、记录教学反思。对课堂上争执不下的一些问题，查阅资料，寻找思路。②准备练习应用专题训练资料；解答学生的质疑或单独培训主讲学生。

综上所述，生本教学模式具有突出学生、突出学习、突出合作、突出探究的特点。实现了教学中的三转变：变教师灌输式的教为学生自主性的学，使学生获得学习动力；变"听懂了"为"学懂了""会学了"，使学生掌握学习方法；变"他律"为"自律"，使学生获得自信、自尊，激发内在的学习潜能。

（三）"感动教学"思想

大埔县虎山中学罗维猛校长在其所著的《感动教育》一书中，对其提出的"感动教学"做了较全面的论述。这是在课程改革新的时代背景下，在客家区域具有一定影响的一种教学思想。"感动教学"是以情感教育为基本理论基础发展起来的，具有丰富的内容。如"教育是教人化人。化人者也为人所化，教育总是互相感化的。互相感化，便是互相改造"；"要学生做的事，教职员躬亲共做"等。"感动教学"要求学生做到：学校无小事，事事皆教育，学校无常事，事事要感人，努力把学生培养成为能给他人带来感动的人，通过不懈努力，培养出情感丰盈、和谐发展的"真人"。其通过努力为学生创设被人欣赏、被人关爱的氛围，如给身边的人写感谢信，定期开展一些评说身边的"感动人物"以及"感动教育"的讨论会、故事会等，使学生用心感受感动、学会感动并努力做到让人因自己而感动。实践表明，"感动教学"在教学实践的自觉运用，使教师在感动中教，学生在感动中学，实现了师生在感动中"互动"成长，学生在"学会感动"中得到更全面的发展，尤其是情感素养得到了普遍提高，并且涌现出一大批综合素质高、能适应社会的优秀中学生。"感动教学"不仅感动了师生、家长，而且感动了整个社会，获得了各级政府和社会各界的广泛赞誉。①

综上，不难看出，客家区域教学思想文化的传承、创新与实践，一是与客家区域教学认识文化有关。客家区域教学指向人的生成与发展，关注学生的生活与成长。客家区域教学实践中的学生不是一个纯粹理性的存在，而是日常生活中现实的具有丰富情感、态度和生命活力的人，是有着自己独特的社会经历、文化背景、价值观念和思维方式的主体性存在。由此，在客家区域教学实践中以人事为对象，以自身圆满追求为目的，使客家区域教学实践过程充满人性的复归，这是客家区域教学的价值定位与追求。二是与客家区域教学情感文化有关。学生在客家区域教学实践过程中如何生活与思考，并由此获得的各种感悟、体验、反省等都是客家区域教

---

① 罗维猛. 感动教育［M］. 广州：广东教育出版社，2009：3 - 5.

学思想文化的反映。客家区域教学是一种情感的事业，情感是指向学生的多种正面的、积极的心理倾向的反映，包括教育道德感、教育责任心等教育性元素，避免其受到伤害的同情心以及教师乐观、坦诚、公正、开放、自信、富有朝气和活力的个性品质。客家区域教学彰显情感的元素，情感是对教学中人的重视，引导学生共同探寻美好生活，安顿学生的心灵与精神生活。三是与客家区域教学信念文化有关。在客家区域教学实践中以人的方式开展教学，张扬学生的个性，乃客家区域教学的应然追求。客家区域教学世界是一个事实与价值相互渗透、交融的世界，其中蕴含着人生、道德、意义、价值等广泛而复杂的信念因素。客家区域教学思想文化实践的一个很重要、最基本的品性就是教师能意识到和学生应构建一种什么样的关怀关系，怎样能够从学生的角度来看待和理解教学，怎么能够看到并有责任地帮助学生把握发展的可能与机会。诚然，客家区域教学思想文化的变迁与实践还需要进行深入的研究与梳理，唯有如此才能更加全面、客观地把握与理解丰富的客家区域教学思想文化的精髓。

第二节　客家区域教学价值

世界著名价值澄清学派的代表人物路易斯·拉思斯曾说："价值代表了人类生活中的某种重要事物"，"反映了我们怎样对待有限的时间和精力"。① 由此可知，价值是我们每个人生存方式的精神支柱和动力，决定着一个人的生存方式和命运。同样，一个区域的教学活动也直接受这个区域教学价值的影响，从而呈现出独特的教学文化风景。

一、价值与教学价值

作为哲学范畴的"价值"，马克思曾这样阐述："人们实际上首先是占有外界物作为满足自己本身需要的资料，如此等等；然后人们也在语言上把它们叫作它们在实践经验中对人们来说已经是这样的东西，即满足自己

---

① 路易斯·拉思斯. 价值与教学 [M]. 谭松贤，译. 杭州：浙江教育出版社，2003：6-24.

需要的资料，使人们得到'满足'的物。……这就是指物被赋予'价值'，那就证明，'价值'这个普遍的概念是从人们对待满足他们需要的外界物的关系中产生的。"① 理解"价值"问题，应从以下几点来把握：一是作为价值主体和作为价值客体的外界物发生价值关系是一个长期的反复的实践过程。二是"价值"是一个主体性概念，这种主体性表现为价值主体对外界客体是否满足自我的一种认同和选择，一直上升沉淀为主体所秉持的信念。价值观就是人们心目中深层的信念系统。三是"价值"是一个关系概念，即外界物与人这一主体需要之间的"满足"关系。

教学价值是一个关系范畴，它标志的是教学现象中客体对主体需要的"满足"关系。教学价值主体是多元的，有社会主体、教师主体、学生主体。教学价值客体有它自己的特性，也有它自己的生成逻辑。教学价值客体能否满足教学主体的需要，取决于教学主体的活动，而学生主体则是教学价值实现的决定性条件。在教学现象中，教师主体的需要起着关键性作用，其不仅决定着教师对教学活动的设计，而且还决定着教师对学生的引导和实际影响。教师主体的需要，一是来自社会需要的支配，一是受他们本人的文化积淀和文化心态的影响。学生主体的需要在教学价值的实现中起着最终的决定性作用。

用马克思的哲学价值理论来考察区域教学价值，首先要明确教学价值中的主体与客体。教学价值中的主体是多元的，可以从社会与个体两个层次来加以分析。以社会为主体，教学价值是指相应层次有各种形式的教学活动对社会人才素质和人才种类需求的满足程度，或者说是社会从教学活动中所获得的利益。从个体角度来说，教学价值是指主体的教学需求通过教学过程得到满足，从而形成的主客体之间的一种利益关系。教学价值客体是指围绕教学内容而展开的、教师和学生共同参与的教学活动本身及其在学生身上产生的形成性结果。其主要包括三个方面的内容：一是教学内容；二是教学活动；三是在学生身上体现出来的形成性结果。因此可以把教学价值定义为：在一定的社会历史条件下和具体的教学环境中，教学主体与满足教学主体某种需要的教学客体属性之间的一种关系。

二、客家区域教学价值的内涵

客家区域教学价值是客家区域在一定的社会条件下和具体的教学环境

① 马克思恩格斯全集：第 19 卷［M］．中共中央马克思恩格斯列宁斯大林著作编译局，译．北京：人民出版社，2002：406.

中，教学主体为了满足教学客体对教学活动的选择、珍惜和行动，是教学主体与满足教学主体某种需要的教学客体属性之间的一种关系。客家区域崇文重教文化在形成的历史过程中，奠定了客家区域教学价值的基本内涵。

（一）教学是光宗耀祖，实现国家富强的根本途径

教学的价值与教学目的是密切联系的，它既是客家区域教学思想的核心内容之一，也是教学价值的基本问题。如上节所述，早期客家区域教学价值的核心在于光宗耀祖、博取功名。这是由客家区域教学文化产生的特殊原因所决定的。在这种教学价值驱动下，客家各家族十分重视教育教学活动，有不少围龙屋及土楼内直接设立了私塾、学堂。

教学能够使国家富强的教学价值理念自古就有，近代更被许多乡贤、教育家所倡导，逐步渗透到客家人的内心。著名的永定县湖坑镇洪坑村的振成楼，其大门、殿堂、内室、窗楹等都有楹联，林林总总、丰富多彩，其内容不外是教人读书上进、报效国家，如其中就有一副门联是："干国家事，读圣贤书"，中厅一副楹联是："从来人品恭能寿，自古文章正乃奇"，很自然地透露出读书为贵的价值取向和认同国家意志的人生准则。①近代爱国主义教育家黄遵宪、丘逢甲等从列强入侵、国民惨遭蹂躏的现实中，认识到"鄙人环游海外，历时数年，深知东西诸大国之富强，由于兴学"，"富强之策，莫善于兴学，其效如此"。"能强祖国则可复土雪耻"就是对教学能够使国家富强这一价值的最好诠释。田家炳博士根据自己一生国内外的创业历程，最后提出了"中国的希望在教育"的时代呼唤，这些都是客家区域教学价值追求的具体反映。

"教学是光宗耀祖，实现国家强大的根本途径"的教学价值观，核心体现了客家区域对教学价值的社会功能的认同，它是对中国传统教学价值"建国君民，教学为先"的传承。

（二）教学可以改变命运，实现读书做官的梦想

"教学传授知识，教育改变命运"是客家区域教学价值在个体身上的体现。这种价值追求，无论是在客家区域教学物质文化的成就，还是在客家童谣中均可以得到印证。现在客家区域形成的教学馆匾文化，就是对通

---

① 谢重光．客家崇文重教风气的形成及其在台湾地区的承传［J］．地方文化研究，2013（5）．

过读书取得功名的考生的肯定（详细内容见第六章）。在客家的童谣中也有大量劝诫儿童读书，接受教学改变命运的内容，如最流行的《月光光》有："月光光，秀才郎，骑白马，过莲塘。"另一首童谣《蟾蜍罗》则有："蟾蜍罗，咯咯咯，唔读书，无老婆。"这两首童谣，在客家地区家喻户晓，从正反两面说明了读书做官，"万般皆下品，唯有读书高"的教学价值理念。

客家文化研究学者谢重光在研究"客家人崇文重教风气是如何形成"时写道：

客家人为何会形成崇文重教的文化传统？究其原因，是与客家人所处的地理环境相关，与客家人地理环境所决定的经济结构相关。客家地区一般都处于大山区，自然条件艰苦，交通闭塞，商贾罕通，经济结构单一，要生存就得力耕，要发展全靠苦读，希望"一举成名天下知"，取得"朝为田舍郎，暮登天子堂""书中自有千钟粟，书中自有黄金屋，书中自有颜如玉"的效果。当然，这又牵涉到科举时代统治者为平头百姓开启的读书做官之路，是历史上封建经济、政治结构促成了客家人的崇文重教传统。①

"教学可以改变命运"的价值取向，成为客家区域崇文重教的内在动力，对于个体发展来讲具有积极意义。但是教学的功利性太强，不利于教学价值的全面发挥。

（三）教学可以使人成为真正的人

教学可以使人成为真正的人，是教学的本体价值追求。这种价值追求体现在客家人劝学的民谚、童谣与楹联之中。如民谚："有子不读书，不如养条猪"，"不读诗书，有目无珠"。如童谣："蟾蜍罗，咯咯咯，唔读书，无老婆"，从一个侧面反映了读书的重要性。②

三、客家区域教学价值的现代追求

客家区域教学是一项追求或彰显教学价值的实践活动。为保证价值的有效或最大化，必须追寻与把握教学价值的现代追求。

---

① 谢重光. 客家人崇文重教风气的形成及其在台湾地区的承传 [J]. 地方文化研究，2013（5）.

② 赖雨桐. 试论梅州客家民俗文化的多元因素 [J]. 岭南文史，1997（04）.

（一）客家区域教学价值的人文性

1. 当下教学人文性缺失的反思

教学以人为对象，本来应始于人文、充满人文，但当教学被视为一种"技术"或"工具"的时候，人文性就缺失了。教学的基本功能在于帮助学生完成其个体的社会化，但功利主义、技术理性的滥觞使其本质演变为一种工具关系，工业化"流水线"式的教学实践，"工厂式"的"产品"加工。一个明显的事实是，人文性流失或异化，教学品质严重畸变，尤其在应试教学的过度推崇、高度竞争的升学压力下，教学已经沦为机械性的知识训练或操练，学生沦为考试的机器，被看成知识的接纳者和承载者，其地位、情感、体验、精神、生命等悄然退隐或消逝。这种唯理性教学模式，重知识轻发展，重训练轻培养，过分凸显了知识的工具价值与经济价值，而对人的精神成长等内在价值维度明显缺失。当下，知识的功利主义理解与运用空前高扬，知识本身成为目的，它主宰了教师与学生，真实地成了教学实践和人存在的异化力量。在这种情况下，人被迫服从知识的控制，成为知识的"奴隶"被规约于预设的牢笼，成为规训化的人。一个客观事实是，当下单一化的知识教学在很大程度上已背离了教学本身，教学实践不是单纯意义上的实践，教学不是寻常意义上的教育。在教学当中附着了太多功名利禄的事实表征。教学中注入了太多"非教学"或"教学"的因子，更多地承载了一些人的功利主义追求，成了人实现目标的一个重要手段。教学不再是育人与成人的实践活动，更无法完成"照料人心魄"的伟大使命。

客家传统教学价值倡导教学就是帮人成其为人，教学彰显的是其本真的意义或属性。其教学是与人的发展有关的，教学本身就是人类发展的直接体现。其教学追求完善的人，作为反映人类教学追求，与诉诸人类和教学的人文精神是完全一致的，展示了教学内在的精神与人格，保持了教学的生命力。但自现代以来，教学越来越彰显"实用"的特征，"迷失"在科学化的道路上。科学"规训"的知识立场使教学追求客观、抽象与超越，拒斥否定教学的意义，认为教学与人的价值、情感等非理性因素无关。在科学"规训"下，教学呈现出科学化、工具化、制度化等的价值取向，远离了复杂多变、动态生成的教学生活世界，背弃了其本身的人文属性和文化性格，尤其导致不能有效引导人的智慧成长，造成了其"去生活化"倾向及对人的控制的加强。这样，教学成为刚性的、冰冷的、程式化、抽象化的规则。在此逻辑及其宰制下，教学最基本的使命，即促进人作为独立个体的成长与发展被遗忘或消解了，人成为知识链条上一个被控制了主动性、积极性等的抽象性存在，生存状态黯然，似一个植物人在机械地、被动地、无条件地接受知识的塑造。在知识特有的"规训"下，教学实践离教育的本真意义越来越远，教学演变成了工具理性主义的教学模式，教学活动也演变成对学生智力性技能的训练。教学实践的每一过程甚至每一环节都被严格地加以规定，在严格的工序、技术标准下进行特定的操作，教学实践自身的创造性、自由性在知识普适化、技术化的指令中消失，教学对象不仅失去了作为人之生成的教学元素，而且失去了主体应有的情感、交往等非知识要素。在工具理性的导向下，教学实践陷入一种知识简单化、非人化、操作性的尴尬局面，教学不仅成为师生掌握、教授、传承知识的工具，而且"在很大程度上也失去了其人文性，成为一种应付考试或寻找职业的工具性知识"。这在很大程度上影响了教学的品质，尤其影响了人的发展的品质。

教学并不只是训练学生能够谋得职业，或者单纯追求知识，而是引导人们去充分体悟人生的意义。教学的意义不该只是事实的获得，不该只是在知性上接触大量未经验证的概念，不该只是为做好求职准备的人提供一个崭新的方向。人的一生必有其目的与意义，而这个目的必然是要教会我们不断地去趋近这个意义。在此意义上，教学应始于人文、充满人文，旨在回归教学的本性，使学生远离规范的限制或约束，回归自然性状态下的人的生活，回归教学对人性的关怀、对生命的提升与对教学意蕴的追求。将人生的意义置于教学实践的首位，建构人的意义关系，引导学生去体验世界、理解生活，实现人性的回归与完满，即一种"缪斯本性"的生成：让歌者歌、让思者思、让行者行。

2. 客家区域教学人文性的重新审视与变革

传统教学往往偏离教学本身，基本上是一种纯知识的教学或纯技能的训练。教学中所蕴含的文化知识、道德观念、审美情趣等诸多教学元素基本上是以"直接告知"的形式反映出来的，教学中的师生关系简单地演变为单向的控制或主宰关系，教师成为至高无上的权威，学生则成为知识的"接收器"。在"灌"的教学方式下，学生独立思考、主动参与的权利被剥夺，教学过程沦为僵死、机械的工厂流水线生产。教学中的灵气、智慧、生命、情感等教学元素严重缺席，师生间的思想与灵魂交流荡然无存。这些已然背离了教学的宗旨。客家区域教学以师生为本，不但在教学过程中盈满丰富的知识及其意义，更重要的是教学中有生命情感的流动，有积极向上的情怀，有独立自主的创造精神，尤其是包含了对个体关怀、人的终

极价值的关注、人文精神的养成。换言之，教学不仅成为培育人文精神的重要阵地，而且凸显了教学中的人文因素，以学生的发展为出发点与归宿，始终充满人文关怀。

教学的最终目的应体现出对人的终极关怀。人文性在教学实践中，就是要以人的精神需要为本，关注人的自由、幸福、尊严、终极价值，关注主体的内在体验和生命成长过程，注重心灵的启迪，体现人文关怀和道德情感，以博大的精神力量和感召力量推动人去感受生命的过程。总而言之，在教学活动中，把人放在第一位，坚持一切从人出发，从实际出发，从人的本质出发，顺应人的禀赋，提升人的潜能，研究人的需要。同时，正确处理学生与知识、学生与教师的关系，使教育回归人的生活世界，关注人的生存境遇，关注人的生命价值。

客家区域教学的人文性，首先体现在教学过程中注重学生的主体性，充分发挥学生的主体作用，使学生积极地参与到教学中，主动地探索与发现知识，真正成为学习的主人。其次，注重学生的情感性，尤其是师生、生生之间的情感交流，和谐人际关系的建立，民主平等教学气氛的营造，有效学习的生成。最后，强调教学的活动性，即在教学过程中把活动贯穿于教学的全过程，最大限度地使学生处于主体激活状态，使教学成为学生自己的学习活动。可以说，正是这种人文性的彰显，教学过程与情境中对学生心理需求、能力、经验、性格、意愿等的观照，从而激发了学生的求知欲、学习动机等，使客家区域教学充满着无限活力。

（二）客家区域教学价值的发展性

一部教学史也是一部人类教学实践的发生、发展史。从根本的意义上讲，教学旨在发展人、生成人。从教学的角度来看，其涵盖的范围与意义则更为广远，其更侧重个体个性的发展、自由的发展、生命的发展等一系列旨在"成人"的发展，其是一个人品质、能力、智慧、素质等的多重发展，其内蕴着一种过程性、实践性、生成性。在杜威看来，发展的应是学生特定的"知"的能力、"理解"的能力、"判断"的能力与"智慧行动"的能力。让学生接触更多的新经验或了解别人的经验，促进学生的发展。其价值旨趣在于增进个人福祉，帮助学生用有价值的方式思考，帮助学生过上完满幸福的生活。

在"知识本位"的价值导引与驱动下，在应试教学的作祟及升学竞争的多重压力下，教师几近成为流水线上的机械技师，教师高效率地灌输知识、学生掌握知识的多少似乎成为发展性的唯一评价指标。不难想象，在此境遇下的学生发展内涵严重窄化或缩水，在"一切为了学生""为了一切学生""为了学生的一切"的教学目标控制下，学生过多地刻意追求外在性发展，而忽视了内在性发展，结果付出了发展的诸多代价，如学生的精神失落、情感迷乱、信念缺席、情绪低沉、价值观错位。由于教学知识操作流程与技术性特征的凸显，教师忘却了对其发展性的追问，尤其是对于如何发展、到底追求什么样的发展等的追问。这可以说是当下教学实践存在的深层弊端或失范，它远离了人的真正发展。

教学知识真正的价值，就在于促进人的发展。人的发展是教学的目的。发展性不是抽象的发展，其应关注学生的内心世界及其独特的情感表达。发展性是教学实践主体在实践基础上对学生发展的动态认识与理性把握。学生的发展是一个过程，发展性要求教学知识必须帮助学生最大限度地实现发展。

客家区域教学的发展性体现为两点：一是培养发展的人，为人的发展创造条件，让每一个学生都能得到充分全面的发展，为每个人的发展在真实的教学实践中提供或创设一个有利的发展时空。二是人的发展，强调人整体素质的发展，强调人主体性的弘扬，其主要指人在教学实践中生存状态、精神品质的发展，包括人的认知、能力、意识、情感、态度、价值观等。为此，客家区域教学首先要认识、把握学生的发展特点与规律，切实地考察、探究、认识、理解学生是发展中的、不完整的、独一无二的和需要被理解的人。学生是带着习惯、经验、思想等进入教学实践的。在此意义上，教师要从学生的角度不断地反思教学实践，着眼于学生发展，把学生作为发展中的人，而非手段、工具、条件。其次，研究学生的学习方式、学习兴趣与学习习惯，把握学生的思维发展、认知、情感、意志等品质特点。这样，才能促进作为具体的、活生生的、个体的人的身心的发展、生命的发展、智慧的发展、情感的发展，促进人的自主性、能动性、超越性、建构性的发展，进而引起学生发展的质的变化。

（三）客家区域教学价值的道德性

在早期的古希腊教学中，教学主要强调的是道德性。道德性体现在促进儿童的发展，让儿童享受现在的快乐及美好的未来。要从儿童的现在出发，重视儿童的现实生活和活动，遵循儿童身心发展的特点和规律，尊重儿童的需要、兴趣，对儿童的发展负责，把儿童的现在与未来辩证地统一起来。重视教学对儿童发展与规范之间的相互作用。柏拉图就认为，真正的教学是一个将已存在于学生身上的潜能吸引出来的过程。古希腊圣贤的

教学思想，即教学要致力于人的成长与改进人的生活质量。国内知名教育学者金生鈜先生也认为："教育是一种道德性的实践，教育和教学都是道德事业，不仅具有道德的目的，而且必须以道德的方式进行。"① 这种道德的方式在学者康丽颖看来就是："它表现为实践者对教育生活本身的关注，对人自身的关注。它不是从理性的、主体的、知识的路径寻求对教育世界的控制和主宰，而是在一种民主的、包容的、对话的、参与的理路中探寻实践者在教育世界中的相遇和相知，以及他们的生存价值和生存意义。"② 教学实践是一种意向性活动，具有道德追求与关怀取向。柏拉图认为，教学的目的不在于发展某些能力，而在于深刻理解其发展需要，使人能获得其真正的尊严，即知道什么是好的。教学实践所具有的道德特征决定了其是一种存在论意义上的理解性存在，关注的"应该是"及教学实践应如何发展的问题，人的价值如何在教育实践中实现的问题，反思"我做得如何"，审视教学实践中人的在场，通过反思，对儿童的概念理解才能有深入的认识，从而更好地承担发展的责任感。教学之学是"至善"之学，"道德性"始终处于丰富的现实可能性之中，扎根于丰富的实践生活之中，与真实、丰富的教学生活相遇。

客家区域教学价值要践行"人之为人"的教学，就必须彰显教学的道德行，使教学在道德的意义上进行。"道德"之维，发现与书写着教学生活鲜活性、生动性的故事与景观。这既是"客家区域教学是人学"的应然意蕴，也是客家区域教学在教学意义上进行的内在诉求。客家区域教学的道德性回归，燃起了生命与精神之火，为生命与精神展开一条可行性之路，看到了生命的价值与意义，体验到了生命的丰富多彩，真正成为教学意义上的教化。

（四）客家区域教学价值的生命性

海德格尔曾经说过：生存是一件思的事情。可以说，怎样的生命意识直接决定着人在现实的生存经验中是怎样确认自己的存在的。生命意识是人作为生命存在的自我意识，其内涵应有尊重、热爱、珍惜生命之义。只有具有生命意识的人才能珍惜生命，才能尊重其他生命的价值，才能发现生命之美。生命本应是一个独一无二、有限的存在。而现实中，大多数学生生命意识缺失，学生生命情感受到漠视，学生最终成为一个孤独的自

① 金生鈜. 何为好教师？——论教师的道德 [J]. 中国教师, 2008（1）.
② 康丽颖. 论反思的教育实践者 [J]. 中国教育学刊, 2006（11）.

我。在教学中，学生不能表达自己真正的体验，不能抒发自己真实的内心感受，不能独立体验所带来的激动，充盈其间的却是另一种图景：循规蹈矩。当下一种现实的教学景观再次震撼了我们教学工作者的心灵，在教学视野中出现的是对生命本真的巨大漠视、扭曲与异化，现代教学迷失的恰恰是对生命的关怀。更令人难以置信的是，幼儿"小学化""成人化"的痕迹过早地前移，使本属于他们的生命世界少了一分恬然的快乐与自然体验。这样，不仅教学中的生命价值实现的品质不高，而且生活的幸福度也大大打折，尤其是今朝对生命的压制与剥夺更是有过之而无不及，以至于"生命难以承受之重"的抗争此起彼伏。

在教学异化下，生命成为物，成为任意宰割、处置的对象。教学过程中伴随着诸多不和谐的异音，它不仅破坏了生命的完整性和严肃性，而且与诗意的教学相去甚远，从根本上有悖于教学的旨趣。教学实践的技术化、程序化运作把教学领域简约化为一个简单的过程，其必然限制了生命活力，缺失了生命精神。在此境遇中的学生必然被真实地扭曲与异化，学生完整的生命世界必然被肢解与遮蔽，知、情、意、行等也必然被"知识"的逻辑所代替，如此等等。这必然导致学生精神缺席、人格失真、生命失落、心灵空场、尊严缺席。在一定意义上可以说，在此沉重的教学中，学生看不到生命的意义与价值，学习对于他们而言成为与心灵隔离的苦役。

客家区域教学是诗性的事业，更是一个生命的存在。客家区域教学中的生命是有灵魂的、有情感的，其真实的"场"是人格与人格的相遇、灵魂与灵魂的对话与交流及人对人的理解成为现实，积极让生命情感引人振奋、达观、向上、充满朝气，把人引向与周围世界的自由交流，成为人生的动力与光明之源。

第三节　客家区域教学信念文化

人类学家克利福德·格尔茨（Clifford Geertz）为"文化"这一术语的理解做出了巨大贡献。在他看来，文化代表着一种"意义形式的历史传承"。而这一意义形式既通过符号表达出来，又内在于我们想当然的信念

113

中。教学具有独特的人文意蕴，信念便是这种人文意蕴中的一个重要因素。教学是生动的以学生为对象的实践活动，真正的教学是精神的创生和精神的召唤，是一种需要信念的实践活动。教学信念对教学行为、师生关系等都有直接的影响，并影响着教学实践和学生的身心发展。

一、信念的含义

目前，国内学者对于"信念"的内涵界定并不十分明确，众说纷纭，莫衷一是。作为人类一种普遍的精神现象，其更多的是一种抽象的表达。

哲学界认为，信念是"价值意识的观念形式之一，是人们对某种现实或观念抱有深刻信任感的精神状态。在此意义上，信念还比较接近心理的水平，它包含着相当多的情感成分。信念作为人的需要的表现，是明确地意识到的，是在人们价值实践所获的知识和经验的基础上，主体对对象与自己未来关系的合乎逻辑的认识和念想。在此意义上，信念已经接近于理性的水平。……它常常是思想和行为中被恪守的东西"①。由此可以说，信念是与人的价值需要紧密联系在一起，是在研究人的价值过程中不可回避的重要问题。

心理学认为："信念是主体对于自然和社会的某种理论原理、思想见解坚信无疑的看法。它是人们赖以从事实践活动的精神支柱，是人们自觉行动的激励力量。信念一旦确定之后，就会给人的心理活动以深远影响，决定着一个人的行为的原则性、坚韧性。"②商务印书馆出版的《现代汉语词典》对"信念"的解释是这样的："自己认为可以确信的看法。"

综上所述，信念首先是一种观念，是对未来事物及其关系的判断，并且能够支配主体的认识选择。其次，信念与人的价值需要相联系。最后，信念较一般的观念程度更高，其具有较高的稳定性，一般不易改变。一言概之，信念是个体对于有关自然和社会的某种理论观点、思想见解的坚信不疑的看法和观点，是需要用意志去坚守的理念。

二、教学信念的内涵及功能

教学信念是教师对某种教学思想具有坚信不疑的看法和观点，它具有普遍性和独特性两个层面。只有教师独特性的教学信念与普遍性的教学信念合而为一，或普遍性的教学信念成为核心教学信念，才能对教学改革起

---

① 李德顺. 价值学大辞典［M］. 北京：中国人民大学出版社，1995：829.

② 林传鼎，陈锦永，张厚粲. 心理学词典［M］. 南昌：江西科学技术出版社，1983：307－308.

到巨大的推动作用。教师关于教与学的态度、价值、理论和假想是教学精神文化体系的本质和特征，因此，教学信念居于教学精神文化内核的中心地位。

应该说，无论是一位大家的教学信念，还是一位普通教师的教学信念，大抵都内在地蕴含着对教学的理解和对学生及其发展的理解。就当前我国基础教育的现实来看，教学信念的核心是教学价值观和学生发展观。具体来说，教学信念首先是"以学生为本"的观念，它包括尊重学生的人格、尊重学生的主体地位、尊重学生的发展潜能；其次是全面发展的发展观，它包括关注学生的终身发展的愿望和能力，信任每个学生的发展可能；最后是教学本质观，它涉及对教学自身的理解、认识和态度，即关于"教学究竟是什么"的看法。这是教学信念的内核。当然，教学信念可以分成若干层次，如新课程中强调的体验观、建构观、生成观，都是其内核的具体化。对每位教师而言，其教学信念可能是非常具体的、形象的、生动的；也可能是一句话、一个命题。如一位中学语文教师认为"站在讲台上，我就是语文"，这就是一个教学信念。

教学信念作为教师专业素养的核心，它决定着教师教学中的行为，对教师教育教学工作的方向与成效起着极为关键的作用，是教师素养的"魂"，可以说教师是基于教学信念确定教学目标、教学方法，并依据各自的教学信念实施课堂教学的。① 因此，2011 年教育部《关于大力推进教师教育课程改革的意见》里提到的《教师教育课程标准（试行）》，就把"教育信念与责任""教育知识与能力"和"教育实践与体验"并列为教师教育课程三大目标领域。当前我们要促进教师专业发展，就必须把如何培养教师的教学信念问题纳入培训内容当中。

教学信念具有导向功能。教学是要有信念的，信念与理想、理念具有同等重要的意义。教学是一种需要信念的活动，因为教学的对象是人，没有信念的教学令人怀疑。没有信念，便没有思想，没有主见，便没有理想的追求。没有信念，教学就会失去根基和方向，失去坚持和坚韧，完全处于一种被摆布或被支配的境地。教学信念的存在，使教学在纷繁复杂的教育现象和事实中不至于迷失方向，也在某种程度上决定着教学活动的方向和方式。

教学信念是教学实践经验与教学理论相互作用的结果，是教师在一定的历史文化背景下，在教学理论学习或教学实践的体验中，基于对教学对

115

---

① 仲小敏. 让教学信念真正成为教师素养的"魂"［J］. 天津教育，2013（2）.

象、教学规律、教学实践等的认识、理解、感悟、判断与选择而生成的，是对某种教学思想的认可、期望和守望。它潜移默化地存在，通过教学实践表现出来。其中，实践经验有利于个体形成外显的教学信念，而教学理论则有助于个体理解、把握教学实践并形成内隐的教学信念。实践表明，导致具体教学实践行动发生的，主要是教师的教学信念，教学知识只能通过教师的教学信念和行为折射出来。教学知识实践性中体现出的教学信念积淀于教师个人心智的教学价值观与教学思想智慧中，是教师个人教学价值观与教学思想在教学知识实践性中的体现，也是教师在教学知识实践性中所形成的教学实践哲学。

教学是一项信仰的事业，教学的实践性渗透着教师的教学信念，表征为教师实施教学的方式或方法，它追求完美理想的教学实践。这种追求其实需要一种教学信念的支撑。乔治·奈勒（G. F. Kneller）曾指出："无论你干哪一行业，个人的哲学信念是认清自己的生活方向的唯一有效的手段……没有理智上的信念的话，那么我们就会茫茫然无所适从。"[①] 在此意义上，教师教学知识的实践性依赖于教学信念的理性支持。唯有具备教学信念，才能更好地在教学实践场域中认识教学实践、理解教学实践、参与教学实践、关注教学实践、体验教学实践、反省教学实践、批判教学实践、创新教学实践。据此，我们说教学信念是教师教学实践的"定海神针"。

教学信念应承载着由特定社会人才发展的现实需要所导引的教学价值观，这是教学信念现实性的一面。此外，教学信念包含着一种经过理性思考的人类理想，这是教学信念超现实性的一面。如果没有教学信念，教学就会缺乏深远的目标与创造性教学的内驱力。可以说，教学信念虽不直接参与现实中具体教学问题的解决，但是它始终在深层次的意识中左右着教学的实施。

教学信念具有激励功能。教学的核心竞争力是什么？也许是教学信念。教学是教育的中心，教学信念对于教学活动具有重要意义。教学信念影响着教学实践，正如心理学家阿瑟·柯伯斯（Arthur Combs）所说："也许一个人在教育上成功或失败的最重要原因就是他对于自己本身相信了什么。"[②] 同时，为信念去投身辛苦的、烦琐的教育工作，又是幸福的、快乐的。教学信念蕴含着教学激情，对提高教学效益和教师专业发展具有激励

---

① 陈友松. 当代西方教育哲学 ［M］. 北京：教育科学出版社，1982：28.

② 朱苑瑜，叶玉珠. 实习教师信念改变的影响因素之探讨 ［J］. 台湾师大学报（教育类），2003（1）.

作用。成都磨子桥小学利用渗透在教师誓言中的教学信念来激励教师潜心教学，提高教学质量："我将全身心投入我的工作。我要用爱心去塑造，用真情去感化，用榜样去激励，用人格去熏陶。无论面对什么样的孩子，我都能改进他的现状，都能让他受益，都能让他爱上我。我将努力钻研教学内容，用崇高的价值准则去引导学生刚刚萌生的意识。为此，我将成为一个终身学习的倡导者、实践者和示范者。即使非常辛苦，我也将坚定不移地实现这些承诺，并时刻准备着，责无旁贷地鼓励我的同事们做到这一点。我将存幸福从教之心，扬教学改革之帆，育天下之英才。当桃李芬芳之时，我的青春就展现在孩子们灿烂的脸上，我的希望已铸成孩子们人生的辉煌。"其间就蕴含着许多发人深省的教学信念和教学激情。从中不难发现教学信念中也包含着一个教育工作者对教学的责任与使命、爱心与真情、坚守与毅力。

教学信念需要坚守。其实，对于一名教师来讲，有教学思想，即便是零散的教学看法，并不是一件难事，难就难在要通过抗争来坚守它、承诺它、实践它。当下，传统教学文化的负面影响对教师坚守教学信念带来了极大困难。那么，教学实践当中有哪些因素在干扰着教学信念，消磨着教师坚守教学信念的意志？答案也许只有一个，那就是"目中无人"的教学观念、知识授受主义的教学倾向、功利主义的教学评价、控制主义的教学管理制度。面对渴求尊重与理解的幼小心灵，面对希望得到全面和谐发展的稚嫩少年，我们不少教师怀揣教学良知，艰难地信守着"为每个学生提供一生都值得回味的优质教学"的诺言。但总有幽灵现形，试图泯灭教学信念。许多中小学的教学，表面坚守着新课程教学信念，实则教学信念模糊与失落了！教学改革的核心与其说是"救救孩子"，不如说是"救救信念"！教学信念的危机才是整个教学改革中最深重的危机！正如习近平总书记所说："真正的危机，不是金融危机，而是道德与信仰危机。"可以说，当下与未来教学文化建设和教学改革的关键是教学信念的重建。

三、区域教学信念文化

区域教学信念文化表征着一个区域教学文化的信仰、态度与行为。区域教学对于"如何教学"和"怎么教学"有着一致性的态度与行为。在此意义上，区域教学信念文化可以理解为一定历史阶段上，它包含着由区域教学群体成员所理解与认同的标准、价值、信仰等组成的意义传播形式，这个意义传播形式通常决定了人们的思想与行为。区域教学信念文化存在于"教师与学生"共同的信念当中。区域教学信念文化通过教师与学生的

117

价值与信仰反映教学，建立了对教学的高度神圣感与自尊感，是师生描述教学目标和这一目标所建立的心理基础。

如 2011 年诺贝尔经济学奖获得者、美国普林斯顿大学经济学教授托马斯·萨金特先生对待教学就有一种高度神圣感与自尊感。据说，早晨接电话得知获得 2011 年诺贝尔经济学奖，闻此喜讯，他既没有马上"昭告天下"，也没有对瑞典皇家科学院发表任何获奖感言，而是急匆匆地准备出门搭乘火车去学校，因为学生们还在等着他上宏观经济学理论课。萨金特说："我还没备好课。"他按时登上了从纽约开往普林斯顿的列车，并伏在车厢的小桌上认真备完了课。他说："我获得了诺贝尔奖，但是讲不好课，学生们是不会饶恕我的。"这份对教学的"坚持"早在 50 年前就显露无遗。那时，17 岁的高中生萨金特正面临一个重大选择——提前一年毕业，去俄勒冈州立大学攻读；或者再等一年，就能进入加州大学伯克利分校。而托马斯的父亲正好有机会在俄勒冈州开一家公司，全家都能搬去。"我不要去俄勒冈，我要去伯克利。"如今 91 岁的查尔斯回想起儿子当时倔强的表态，禁不住笑出声来。全家人"一路向北"搬迁，而那个"有主意的年轻人"则沿着他的学术道路一直奔跑下去。

"他非常严格，即便是研讨小组，学生也不得无故缺席，还规定讨论时不得胡乱引申。""在面对学生时，他相当和善。"萨金特说，"我最宝贵的财富就是一批学生。"萨金特坚守教学，根本在于"讲不好课，学生们不会饶恕"，"教学是教师赖以生存的根本，是培养人才的基础"。可见，对教学价值的高度神圣感是教师教学信念产生的前提。①

又如全国先进工作者、兴宁市龙田中学教师罗伟群为了消除农村学生学习物理的困难，在执教 27 年期间一共制作了 60 多种实验教具，用一堂堂精彩的物理实验课将一个个抽象的物理知识生动形象地展现在学生面前。"罗伟群的妻子告诉记者，对物理实验十分痴迷的丈夫，只要一有念头，即使在半夜，也会立刻爬起来动手。"因此他被教师称为"实验虫"。②

在美国高校类似托马斯·萨金特这样的教授有许多，他们将教学工作当作生命中最神圣的事业，认为教学是他们人生最大的乐趣和幸福。

区域教学信念文化是无形的，弥漫于师生的心目当中。很大程度上可以说，区域教学信念文化是一种师生文化的结果。区域教学信念文化影响和教育着一代又一代人，融化在他们的思想和行为中。其以潜移默化、润

---

① 秦珍子. 我不过是纸上谈兵的人 [N]. 中国青年报，2011－10－19.
② 钟智跃. 物理实验的"魔师"——记省五一劳动奖章获得者、兴宁市龙田中学教师罗伟群 [N]. 梅州日报，2013－04－28.

物无声的方式，教化人、感染人、陶冶人、引导人，通过对区域教学精神文化的取向、品质、情操的完善和提升，完成教学的使命。

区域教学信念文化有强大的感召力，当对区域教学精神文化认同时，就会形成一种强大的向心力和一种积极向上进取的精神能量。区域教学信念文化正是通过这样一种精神力量在教学中建立起理解、信任、尊重的教学关系，并达成对教学目标的共同追求，形成共同的责任意识，形成凝聚力，为实现教学的目标而奋斗。

四、客家区域教学信念文化

（一）客家区域教学信念文化的内涵

客家区域有自己的社会文化传统，这种传统经历了漫长的历史，是在客家区域所具有的生活方式、风俗习惯、地理环境等基础上形成的，是人们长期享受的一种文化制度的结果。信念文化是客家区域教学文化的要素之一，它是客家区域教学的支撑力量。它最能反映客家区域教学的价值规范与心理意识，体现着与时俱进的思想品格，是客家区域教学文化的基础。信念文化可以在客家精神要素中进行选择和整合。它间接表现为客家区域内师生的教学语言、思想、意识、感情、心理等不同方面，制约着教学中师生的价值取向及一言一行。客家区域崇尚文化，重视教育，以兴学为乐、以读书为本、以知识为荣、以文章为贵成为一种社会风气与客家文化的特质。长期流传于客家区域的谚语童谣最能说明客家区域关于教学价值的共识，如"家家都有读书子，户户传出读书声""山瘠载松柏，家贫好读书""讨食也要叫子弟读书"；① 童谣《月光光》和《蟾蜍罗》是客家地区家喻户晓的两首童谣："月光光，秀才郎，骑白马，过莲塘。""蟾蜍罗，咯咯咯，唔读书，无老婆。"从正反两面说明了"万般皆下品，唯有读书高"的教学个人价值观；黄遵宪在《敬告同乡诸君子》中说："鄙人环游海外，历十数年，深知东西诸大国之富强，由于兴学，而以小学校为尤重，名之曰普及教育，谓无地无学，无人不学也。"则反映了客家区域对教学救国强国的社会价值的理念。可以毫不夸张地说，客家区域对"兴教育才"的重视达到了一种神圣的境界。这既是客家人心理的反映，又是客家文化的重要特征。

---

① 谢彪. 闽西客家传统教育的建构与解构 ［J］. 广西民族师范学院学报，2015（1）.

我们曾到梅州市大埔县西河镇横溪学校调研。该校地处大埔县西南部山区，交通不便，经济比较落后。学校建在山脚下，四周靠山，到现在也没有一个符合要求的操场。面对这样一个条件差的学校，我们看后都觉得在这里当教师是一件难以想象的事情。县里原准备撤销该校的初中，只保留小学，但当地群众特别是教师坚决要求保留这所学校，认为学校是一个地方文明的标志，客家祖先自古就有"卖田不卖祖宗言"，即使"砸锅卖铁也要供孩子读书"的共同信念，①我们作为客家后人要保证农村孩子在家门口能享受优质教育。在教师的要求下，该校成为本县保留不多的一所九年制一贯制学校。目前，全校共有9个教学班，31位教师，216名学生，其中初中学生68人。但就是这样一所学校，在校长赖则力的领导下，大胆进行改革，潜心教学，初中教学成绩在全县连年名列前茅。这一事实充分说明了只要有坚定的教学信念，教师在教学中即使遇到了困难也会想办法克服，从而创造教学的奇迹。

从教学历史发展的角度来看，教学信念作为一种无形的力量始终贯穿在整个教学活动过程中。从现实角度来看，教学信念因时代而异、因人而异、因区域而异。即便在同一时代，依然有不同的教学信念。客家区域教学信念正是教学信念中对更加美好之人类及其所构成的社会之期望而产生的确信，从而影响了一代又一代客家受教育者，使客家受教育者追求美好未来的愿望与努力经久不衰。而这样的教学信念，正是当下这个时代的教学所需要的，更是客家教育的未来所需要的。

为此，一要充分认识区域教学信念文化对区域教学工作的重要性，二要把区域教学信念文化视为影响教学实践实施和评价的重要因素，三要明确认识区域教学信念文化对于个人或教育的作用。只有把这种认识转化为教学信念，才有可能在强烈的责任心驱动下完成自己肩负的历史责任。

（二）客家区域教师教学信念的培养

客家区域教学信念文化的建设与发展的主体是教师，如何培养教师的教学信念是区域教学信念文化发展的基础。国外有关研究表明，教师信念能否改变，很大程度上取决于教师教学实践的结果。因此，教师信念教育应该贯穿包括本科教师教育及职后教师培训在内的各个阶段。我国正在实施的《教师教育课程标准（试行）》中也将"教育信念与责任"列入教师

---

① 风雨轩. 客家人在导演着中国近代以来的革命史（4）［EB/OL］. http：//blog. sina. com. cn/s/blog_7aa1bcb80100qb2x. html.

教育课程三大目标领域。鉴于此，对客家区域教师教学信念教育我们提出几点建议：

一是完善教师教学信念教育的内容，将教学信念教育融入职业技能培训中。近些年来，客家区域中小学教师的学历层次日渐提高，尤其是小学、幼儿园的教师多为大学本科毕业生，尽管这些本科毕业大学生的文化知识基础较深厚，但传统的中师、幼师的专业技能有所弱化，这会影响到他们对小学、幼儿园教育职业专业性的认同。高学历不等于高素质，教学信念的培养离不开专业技能训练。

二是采取多种方法进行培训，提高教育效果。教学信念是一个教师内隐的观念、态度等心理特征，教育培训效果往往难以评价，为此必须采取多种方式进行。首先，采取实践仿真体验的方式进行。因为信念不等于知识，不仅要知道其内涵，更需要"相信"，教师的教学信念根植于教师的教学实践中，只有经过实践检验的理论才能持久。其次，加强教学反思，激发教师主体意识。建议通过教师自我反思，进行校本教学研究，由教师主动寻求科学、合理、正向的教学信念，只有这样才能为有效进行教育教学实践，奠定内在的基础；与此同时，提倡实施校本管理方式，鼓励教师积极融入学校文化，在校本教研中发展和完善正向信念。最后，以师范生及职后教师的初始信念为起点。因为无论是师范生还是在职教师的经历都不是白纸，其已有的信念对新的思想和理论是否接纳，即已有的理念是否抵制新的理论进入信念层面，需要研究。

三是要与传承客家区域传统教学信念结合起来，增强客家教学文化自觉。梅州客家区域自明清之后，具有强大的教学精神文化，创造了"父子同进士""一腹三翰林""举人村"等许多育人佳话，积累了有关教学思想、观念和价值等丰富的内容。在培养教师教学信念时，我们要吸收这些优良传统教学文化，从而增强教师的客家教学文化自觉，坚定教学信念。

第四节　客家区域教学文化自觉

教学文化自觉是师生为适应教学变革而调整自身文化的一种文化主体意识和心态，体现着师生发展的能动认识与选择及其文化责任担当，是深化课程改革、提升教学质量、促进自我专业发展的保障，是教学精神文化的重要组成部分。本节重点就文化自觉的本质，区域教学文化自觉的内涵、特征和功能，客家区域教学文化自觉的实现等问题做一简要说明。

一、文化自觉的含义与本质

（一）文化自觉的提出

党的十七届六中全会提出"发展面向现代化、面向世界、面向未来的，民族的科学的大众的社会主义文化，培养高度的文化自觉和文化自信，提高全民族文明素质，增强国家文化软实力，弘扬中华文化，努力建设社会主义文化强国"的崭新理念，从国家战略层面上凸显了伟大民族复兴的决心和蓝图。

从社会发展与变革的角度来看，文化自觉是基于内在的文化转型和外在的文化变迁而提出的。社会主义市场经济发展和现代化建设所带来的各种价值观念嬗变是内在的文化转型。经济全球化带来的地域文化打破隔膜、多元文化冲突和融合是外在的文化变迁。从哲学的角度来看，文化自觉的提出，涉及以什么样的视角认识文化、以什么样的态度对待文化、以什么样的思路发展文化的问题。

（二）文化自觉的含义与本质

费孝通早在 1997 年就提出"文化自觉"的概念："我们为什么这样生活？这样生活有什么意义？这样生活会为我们带来什么后果？也就是人类发展到现在已经开始要知道我们的文化是从哪里来的？怎样形成的？它的

实质是什么？它将把人类带到哪里去？"①

从字面意义上讲，"文化自觉"指在文化上的自我觉悟和觉醒。"文化自觉"是费孝通先生晚年提出的一个概念。费孝通先生在谈到全球化大势中的多元文化问题时，认为生活在一定文化历史圈子中的人对自己的文化要有自知之明，这就叫"文化自觉"。"所谓'自知之明'，是指明白自己文化的来历、形成过程、特色和发展趋向，自知之明是为了加强对文化转型的自主能力，取得决定适应新环境、新时代文化选择的自主地位。"② 即对自己所在的文化在历史进程中的地位和作用有充分的认识和了解。在多元文化并存的当今世界，只有做到文化自觉，才能在不同文化的对比和互动中稳住根基，获得文化选择的能力和地位，继而增强自身文化转型的能力。由此，文化自觉的内涵可简约为"知己知彼""与时俱进""和而不同"。

由上，所谓"文化自觉"，是指生活在一定文化中的人对其文化有自知之明，是人对自身的文化生命与社会生命的自觉意识和自我觉解，体现出对自己所处的生活关系、生存命运、生命追求的理性审视和自主选择。文化自觉的根本目的是加强文化转型的自主能力，取得适应新环境、新时代文化选择的自主地位，它是一种内在的精神力量与进行变革的动力。

文化自觉本质上是对文化价值的觉悟、觉醒。提升文化自觉需要唤醒文化主体的主体意识和反思意识，对文化意义、文化地位、文化作用的深度认同，对文化建设、文化发展、文化进步的责任担当。

二、区域教学文化自觉及其功能

（一）区域教学文化自觉的含义与特征

根据上述对文化自觉的认识，我们认为区域教学文化自觉是指一个区域从事教学的师生有"自知之明"，清楚所处的教学文化境遇，明白区域教学文化的发展现状、发展过程和发展目标，并以此反思自身的文化责任与文化抉择。一方面，区域教学文化自觉内蕴着师生深刻的文化思考和执着的本土文化追求，体现了师生高度人文关怀和社会责任感的文化理念；另一方面，区域教学文化自觉是师生为适应教学改革而调整自身的文化，基于文化实践、文化反省和文化创造所体现出来的一种文化主体意识和心

123

① 费孝通．费孝通九十新语［M］．重庆：重庆出版社，2005：207.
② 费孝通．费孝通九十新语［M］．重庆：重庆出版社，2005：211.

态，以求在教学变革中实现文化超越。区域教学文化自觉的内涵集中体现为三个核心特征：

一是区域教学文化的主体意识。师生是教学的主体，这是毫无疑问的事实。但是，这种主体在传统教学中主要表现为师生是知识的承载主体和"容器"。教师的价值选择、言谈举止和行为方式都要围绕教科书内容进行，要为教材内容的"传输"服务，很难对教材中的内容设置、价值选择等提出自己的见解和看法。将师生自我生命的处境置于教学活动中，置于教学内容中，体现了"一百个读者眼中就有一百个哈姆雷特"的多元价值观。学生在教师的影响下，为获取知识、考取高分而废寝忘食、孜孜以求，从不反思这些知识和分数对自己有何用途。师生的这些行为习惯都是缺乏主体意识的表现。主体意识强调师生在教学前、教学中乃至教学后，都要从自身生命的实际出发，思考教学内容的科学性和价值性以及应该如何对待这些知识。实际上，师生对待教材内容会表现出截然不同的态度：全盘接受或批判性吸纳，记忆知识结论或在探究中生成知识，接纳知识和技能或促进主体情感、态度和价值观的转变。由此会形成两种截然不同的教学文化：适合应试教育要求的守旧型教学文化或符合教学变革要求的创新型教学文化。而师生主体意识的发挥，对促进从应试教育的教学文化向新的教学文化转型发挥重要的作用。

二是区域教学文化的反思意识。区域教学文化自觉是针对教学文化自在而言的。自在的区域教学文化是指由传统、习俗、经验、常识、天然情感等自在的因素构成的师生教学的自在的存在方式或活动样态。自觉的区域教学文化则是指以自觉的知识或自觉的思维方式为背景的师生教学的自觉存在方式或活动样态。从历史发展进程来看，人类的教学文化经历着逐步从自在自发向自为自觉的演进过程。这个过程虽然是不可逆转的，但也不会自动实现。它需要师生具有明晰的反思意识，如反思应试教育教学文化形成的历史背景、形成机理、优点缺点，反思当前教学文化的现状与不足，根据社会转型期的需要预测未来教学文化的发展趋势。这种反思既要奠基于教学主体特别是教师的价值观念、思维方式和审美意识，更要以学生的身心发展建构为主旨，立足教学思想和教学实践的统一，将哲学、科学和艺术等所实现的思想和实践相统一的认识成果经过加工整理后，构成师生再思想、再认识的对象，切实解决教学过程中出现的教学问题。只有师生反思意识的不断提升，才能增大区域教学文化自发和教学文化自觉之间的张力，强化区域教学文化自觉的动力机制，促进区域教学文化自觉目标的早日实现。

三是区域教学文化的本土意识。本土化是教学区域文化自觉的本质特征。文化首先是个性的，然后才是全球的。一味追寻文化全球化而脱离本土特质的文化都是虚无的，其结果必然导致文化的迷失。同样，脱离本土实际而空谈教学文化发展无异于水中捞月。文化个性是文化的特质，这里的个性就是文化的本土化。一个民族或区域的教学文化之所以能持久发展，莫过于体现了该民族或区域教学文化的内在精神及个性。正是这种本土性使其区别于其他教学文化形态而展示其独特魅力。"越是民族的，越是世界的。"缺失个性的区域教学文化终将在文化变迁中泯灭。因此，区域教学文化发展首先要立足本土，这是区域教学文化自觉发展的根本所在。立足本土就是本土人基于本土传统教学文化中的不足，自主修正与完善、继承与革新，以建构本土化的教学文化境遇；其次，立足本土传统教学文化，吸收其他区域教学文化的合理精神内核，在此基础上建构适应本土特色的区域教学文化。立足本土不是要"文化回归"，而是在传承基础上不断进行改良。凡是合理的、适合本土的、能为本土所用的就要吸收，最终生成独具本土特色的区域教学文化体系。唯有如此，区域教学文化才是一种不失个性、本土意味浓郁的走向全球的文化。

（二）区域教学文化自觉的功能

区域教学文化自觉的功能主要体现在巩固教学信念、优化教学思维、沉淀教学学术三个方面。

1. 巩固教学信念，发挥教育的增力作用

教学信念是师生对某种教学思想具有坚信不疑的看法和观点，是师生关于教与学的态度、价值、理论和假想等的综合特征。教学信念根植于师生的生活基础，指导与激励师生的教学活动，体现了师生特定的生理激活系统。它通过强化或消减师生行为对教育效果发挥直接或间接的作用，表现出浓郁的教育意味，既可激励感染师生，形成浓厚的环境氛围，又会伤害师生，使他们产生职业倦怠、消极教学。教学是教育的核心内容和主题工作，是促进师生发展的关键环节。立足教学文化自觉的要求，能够使师生围绕教学反思自身的教学态度、价值、理论和行为习惯，舍去那些不符合教学规律的观念，坚守那些通过教学实践行之有效的观念，优化教学价值，提升教学文化的自信与自尊，创造适宜的教学文化环境来促进师生的发展。一方面，通过坚守正确的教学信念，顺利完成教学目标，培养出社会需要的优秀人才；另一方面，通过人才培养，提高教师的成就感，提升幸福指数，增强教学信念，能够在更大程度上发挥教育的增力作用。

2. 优化教学思维，践行教学文化理论

随着学术界对区域教学文化内涵、本质、形成等方面研究的深入，区域教学文化自觉成了一个比较规范的概念系统，为了使其理论体系更加完备并更好地践行区域教学文化的目标，必须建立区域教学文化自觉的思维范式。参照费孝通先生对文化自觉的界定和阐释，区域教学文化自觉能够锤炼四种思维范式：反思思维、系统思维、多元思维和人本思维。[①] 反思思维，也就是具有问题意识，即人们从习以为常的教学文化中超拔出来，对其进行反思，将曾经被视为理所当然的道理问题化。反思思维，即是对教学文化的传统、特色、价值、发展趋向的反思，是为了教学文化自身优化而进行的自我反思，目的是认清现在教学文化的优缺点并予以扬弃，为新教学文化的构建做准备。反思思维强调批判思维的性质，即在文化转型过程中，时刻加强自我批判的自觉性和主动性，更好地促进教学文化的转型。系统思维，主要表现为整体性思维，一方面从中国传统文化与西方外来文化之间寻找教学文化自觉的本土根源与国际理解，另一方面将教学文化分为相互融通并依次递进的三个层次：个体教学文化自觉、群体教学文化自觉和人类教学文化自觉。多元思维，即强调开放、流动的思维方式对现代人生存方式的揭示，表达了现代人的生存诉求，不仅要深刻洞悉与把握自身的历史、传统与现实，更要立足"他者"的视角，全面理解和认识异域的文化，更加宽容、容忍异质性和多样性的思维类型，这正是教学文化自觉建设所蕴含的思维方式。人本思维，即把人本身存在的价值和意义作为教学文化自觉认识和实践的最高准则与目的，追求对专属于人的那些特性的开掘与弘扬，以此推动人们的认识探索活动，展现人的丰富的内心世界。

我们在进行区域教学文化自觉建设时，要根据教学文化理论、教学价值和活动需要，优化教学思维范式，提高践行教学文化理论的实效性。

3. 沉淀教学学术，促进教师专业发展

区域教学文化自觉通过沉淀教学学术和提升教学艺术等途径，促进教师专业发展。

教学学术理论认为，教学与科研一样也是一种学术活动。教学学术和学术性教学相似，是教师将教育理论和研究运用于教学实践中的学术性取向，"意味着教师通过将对理论和研究的反思与以往来自教学经验的知识相结合产生的一种实践智慧"。从事教学学术的教师不仅应对关于教学和

---

① 张冉. 论文化自觉的思维范式 [J]. 黑河学刊，2009（7）.

学习的已有的理论知识进行反思，而且还要对自己的实践或经验进行反思，它集知识和能力于一体。① 教学学术知识中的"实践智慧"产生于教师教学实践活动，形成于教师教学文化自觉。如果没有教师在教学中的主体意识、反思意识等，教学学术就失去了存在的客观主体。因此，区域教学文化自觉具有沉淀教师教学学术的功能。

区域教学文化自觉还是提升教师教学艺术，形成独特的教学风格的重要途径。教学既是一门科学，也是一门艺术。教学的艺术性强调教师立足传统的习俗和文化、经验和常识，根据自身的个性特征，运用灵感和热情进行个性化教学，最终形成独特的教学风格。教学风格的形成是一个艰苦而长期的教学艺术实践过程，需要经历模仿性教学、独立性教学、创造性教学、有风格教学四个阶段。"这个过程也就是在教学文化自觉的导引下，从教学文化理想开始，经历教学文化批判，达到教学文化创造继而形成教学风格的过程。"② 教学文化理想是教学主体对自身存在和发展的模式所寄托的最高目标。教学文化理想与人对生存世界的认知程度有着密切的关系，它反映了人的文化自觉的本质要求与现实张力，亦即文化理想是表现教学文化自觉的理想，教学文化自觉是趋向文化理想的自觉。教学文化批判的过程就是教学文化自觉不断展开和提升的过程。教学文化批判如果失去教学文化自觉的基础，就会陷入盲目性和任意性，使批判成为人存在的负担；教学文化自觉如果缺少教学文化批判的武器，就会失去现实性和创造性，使教学文化自觉成为人存在的枷锁。教师就是通过教学文化自觉，在不断的文化批判过程中提升教学艺术，创造新的教学，形成具有个性的教学风格。

三、客家区域教学文化自觉的实践途径

文化自觉的主体可以是一个国家、一个民族，也可以是一个组织、一个区域乃至个人。这里所讲的客家区域教学文化自觉，特指客家区域教学在文化上的觉悟和觉醒。一个区域教学的觉醒，首先是文化上的觉醒；一个区域教学的力量，很大程度上取决于区域教学文化自觉的程度。是否具有高度的区域教学文化自觉，不仅关系到区域教学文化自身的振兴和繁荣，而且决定着一个区域教学的未来发展与高度。如何在以教学文化为主

127

---

① KREBER CAROLIN, CRANTON, PATRICIA. Exploring the scholarship of teching [J]. Journal of higher education, 2000 (4).

② 晋银峰. 教学文化自觉：内涵阐释、意义探寻及实践路向 [J]. 课程·教学·教法, 2010 (11).

导的教学发展与变革规则面前，建构起客家区域教学的文化自觉，展示客家区域教学的文化魅力，赢得客家区域的教学文化话语主导权，是当下与未来客家区域教学文化建设和发展亟须思考的重要问题。

在"互联网＋"的背景下，立足中国国情和客家区域实际，着眼于客家区域教学文化的发展方向，客家区域教学文化自觉的实践途径基本有三种趋向：发掘客家传统教学文化的当代意义，探寻其他区域教学文化的比较理解，建构适合课程改革的本土教学文化。这三种趋向既各自独立，又相互联系，共同朝着客家区域教学文化自觉的目标迈进。

（一）寻根固本，增强自信：发掘客家传统教学文化的当代意义

文化寻根既是人类文化发展中的一种本能反应，也是全球化趋势下一种反叛现代性的普遍反应。通过传统文化寻根，反思客家区域教学发展历程，构建课程改革需要的客家区域教学文化，是自觉增强教学文化自信、稳固教育发展根基的重要举措。

客家传统文化固然有违背新课改要求的地方，但仍有很多方面值得称道。客家学认为，客家传统文化基本精神以中国儒家精神为核心，其主要内涵体现为四种基本观念，即天人合一、以人为本、刚健有为及以和为贵。从现代新术语的视角来看，"天人合一"可以称为"人与自然的和谐"；"以人为本"可以称为人本主义无神论；"刚健有为"可以称为"发挥主体能动性"；"以和为贵"就是肯定多样性的统一。这些都是中国古代哲学中的精湛思想，即中国传统文化的精髓。这些精髓在很大程度上与当前正在实施的课程改革的基本理念相吻合："天人合一"，与新课程设置的综合课程以及当前倡导的"教学回归生活"相融通；"以人为本"，与新课程倡导的一切为了学生、充分尊重学生的学生观及提倡民主平等精神的新型师生伦理关系相融通；"刚健有为"，与新课程倡导的要发挥学生学习的积极性、主动性，让学生通过探究学习获得发展的精神相融通；"以和为贵"，与新课程倡导的教师要了解学生，关注学生的兴趣和经验，尊重学生的多元文化相融通。这些表明，客家传统文化可以成为我们构建新型教学文化的根基。

当前有关教学文化的研究多倾向于学生学习文化研究，并从西方寻找理论支撑和实践依据，而忽视了区域传统文化在这些方面的积淀和影响。殊不知，在我国古代的教育发展历程中，是不缺乏对学生学习的探讨的。在很大程度上可以说，中国古代是以学生学习为主的"学本型"教学文化占主导地位。如《论语》首篇首章"学而时习之"，就是谈论学习的。孟

子虽然强调对不同情形的学生采取不同的教法，但其宗旨仍是学生的自得，其着眼点是学习者主动的学习。① 《中庸》把学习过程概括为"博学之，审问之，慎思之，明辨之，笃行之"五个相继的步骤，宋代理学将其简称为学、问、思、辨、行。我们应当从我国与客家传统文化中汲取营养，认真领会传统文化中重视学生学习的"学本型"教学文化实质，为我们构建新课改需要的教学文化提供本土根基，加速教学文化的新课改转向。

（二）借鉴外学，和而不同：探寻其他区域教学文化的比较理解

在"互联网＋"的全球化语境下，当今文化已进入了一个众声喧哗的部落时代。② 多元文化的出现，体现了社会的进步和人类的解放，标志着人类在自主、自由和自觉的道路上又前进了一步。在多元文化时代，如何建设好既能彰显本土文化优势，又能兼容外来文化之长的现代教学文化，是一个值得认真思考的问题。我们应该在"和而不同"文化原则的指导下，通过中外及其他区域教学文化比较，在继承和借鉴的基础上实现客家区域教学文化的创新。

借鉴其他区域及国外教学文化，首先需要树立多元认同的区域教学文化意识。世界的多样性决定了文化的多元性，文化的多元共生既包括对本土文化的认同，也包括对异己文化的认同。区域教学文化的多元认同是形成区域教学文化自觉的基石。区域教学文化认同主要体现在认识、理解并尊重国家间的教学文化差异，并将全球相互依存的理念同实际教学行动联系起来。实际上，不论是德国的赫尔巴特和苏联的凯洛夫倡导的教师中心教学文化，还是美国的杜威倡导的学生中心教学文化，都对我国及客家教育教学理论和课堂实践产生过积极的影响。这些影响与国人胸襟开阔、具有多元认同的文化意识密切相关，这是我们借鉴外来教学文化的基础。其次，理性地借鉴其他区域和外来教学文化。不同的民族和区域由于生存条件、生存方式的差异而决定了文化有着不同甚至相反的特质。这样，我们在借鉴其他区域和外来教学文化时，应充分考虑各自不同的生存土壤，考虑不同个体的"异质相斥"，理性地选择运用。如多元智能教学理论是我国新课改极度推崇的教学理论之一，它强调对学生要因材施教，实施个性

---

① 孙培青，李国钧. 中国教育思想史：第一卷［M］. 上海：华东师范大学出版社，1995：66.

② 陈晓明. 思亦邪［M］. 济南：山东友谊出版社，2006：55.

化教学，是典型的学生中心教学文化。且不说其理论本身的弊端，仅要求我国教师从传统的"班级同步授课"转变为"个别异步指导"这一点而言，就很难实现。同时，多元智能理论本身就是基于多元文化背景下产生的，其对人性的认识与我国传统的"知识本位"主流文化是不同的。这样，国外先进的多元智能教学理论就遭遇到我国"水土不服"的国情。与之相应，其他区域及国外先进教学理论和实践产生的教学文化，在很多时候难以完全适合我国和客家区域本土的现实选择，我们必须理性地借鉴而非照抄照搬。

（三）创新生成，发展特色：建构适合课程改革的本土教学文化

本土教学文化的创新和生成，实际上是教学的区域特色发展问题。它既是区域教学文化自觉的实践目标，也是走向文化自觉的必然路径。任何的区域教学文化只有是本土的有特色的，才最适合教师和学生，才最具有生命力。

一方面，在对应试教育教学文化的批判反思中创新生成本土教学文化。应试教育的教学文化是一种典型的教师"师本化"教学文化，知识和技能型低级目标占据课堂教学的统治地位，师生的生活世界被书本知识世界吞噬，造成课堂教学"目中无生"的局面。基于新课程的要求和现实特征，立足我国和客家区域教学改革实践，人们从不同的视角对"师本化"教学文化进行了反思并倡导创建"生本化"新型教学文化，如打破隔离型教学文化，重建合作型教学文化；打破控制型教学文化，重建民主型教学文化；打破中庸型教学文化，重建创生型教学文化。[①] 另一方面，通过文化互补创新生成本土教学文化。文化互补，既可以使人站在"他者"的立场来看待、分析自身的教学文化，明晰自身教学文化的优缺；又可以使不同教学文化间兼容并包、和谐共处，并最终达到共同发展的目标。文化互补既包括中西方教学文化互补、不同区域教学文化互补、传统教学文化与现代教学文化互补，也包括教师文化与学生文化互补以及学校中心文化与学校边缘文化互补。互补之后所产生的教学文化，是人们根据新课改及教学本质的要求，立足本土，放眼其他区域和国际的产物，具有更大的包容性和适用性。

---

① 卢尚建. 新课程背景下的课堂教学文化形态：打破与重建 ［J］. 全球教育展望，2008（7）.

（四）客家区域教学文化自觉需要具有自己的境界

只有教学精神文化才能让教学文化拥有灵魂。好的教学精神文化应该有文化自觉的境界，它是教学文化自觉实践中要力争实现的理想追求。反思其他区域教学文化自觉的境界，我们认为客家区域教学文化自觉的境界可以概括为四种境界：第一种境界是包容师生群体的"海纳百川，有容乃大"精神；第二种境界是赞赏他人的"宽柔以教，不报无道"精神；第三种境界是尊重异议的"闻过则喜，闻善则拜"精神；第四种境界是超越自我的"以直报怨，报怨以德"精神。

几百年来，客家区域教学文化经历了区域之间和东西方之间的文化碰撞、文化冲突、文化迷茫、文化反省、文化自觉的曲折道路。相信有了高度的客家区域教学精神文化自觉，就不会妄自尊大、盲目排外，也不会妄自菲薄、崇洋媚外。有了高度的客家区域教学文化自觉，就不仅会坚守、传承与创新传统文化和时代文化，更会以前所未有的开阔胸襟和广阔眼界来面对全世界的各种教学精神文化，在更高的层面上实现客家区域教学精神文化信念和文化追求，建设好客家区域共有的教学精神家园，创造出客家区域教学精神文化新的辉煌。

第五节　当代客家区域教学精神
文化的问题与对策

精神文化涉及精神领域，它并不能以硬性的经济指标为终极参照。"国民之魂，文以化之；国家之神，文以铸之。"当今时代，文化已越来越成为民族凝聚力和创造力的重要源泉、越来越成为区域竞争的重要因素、越来越成为经济社会发展的重要支撑，丰富精神文化生活越来越成为客家人民的热切愿望。一个区域，只有当区域教学精神文化显现出比物质和资本更强大的力量时，才能造就更大层面的文明进步；只有在发展中显现出区域教学精神文化的品格和魅力，才能进入更高层面的发展阶段。

一、存在问题

明清时期梅州客家区域教育普及，人才辈出，其教育发达之水平处于

全国之冠。至二十世纪七八十年代，梅州基础教育仍处于整个广东省前列。但进入21世纪后，由于多种原因制约，梅州基础教育的水平滑坡到全省中下水平，昔日崇文重教的文化优势消失了。毋庸置疑，忽视客家区域教学精神文化建设是造成这一现状的主要原因之一。

问题一：对教学精神文化理论研究不足，忽视客家区域教学精神文化建设。

改革开放后，特别是在梅州进行创建"广东省教育强市"以来，梅州各县区中小学十分注重教学物质文化与教学行为文化建设。现在的各中小学，间间学校校舍宽敞，均备有电子白板等多媒体设备，化学室、物理室、音乐室、实验室、图书室、语音室、电教室、美术室、体育室等十八室应有尽有，有的乡贤投资的学校建设豪华，宛如宾馆和花园，教室长廊均有图书角等。同时，为了适应新课程实施，教师的教学理论、学科知识和教学信息技术培训也没有间断，许多教师已经从过去的"满堂灌"教学变成了"自主合作探究式"教学。但对于这些教学行为与物质变化背后的思想、价值与信念等教学精神文化的关注却不足。无论是客家区域教学精神文化研究的成果、项目还是措施制度等方面，我们均可以发现这个问题，好像教学精神文化建设是可有可无的装饰品，教学物质条件的感观、升学率的提高才是硬道理，才是显性的指标。

问题二：对客家传统区域优秀教学精神文化传承中断，客家区域教学文化自觉失落。

人之成为人，人类之成为人类，其本质乃是文化。然而，一个十分尴尬的事实是：客家是中国汉族的一个庞大的民系共同体，历史悠久。作为当代客家区域的重要集中地，虽坐拥如此精深的文化宝库，却在多元文化的冲击下，对客家传统文化精神缺乏基本的了解、感知、自觉和自信，他们"言必称域外"。殊不知，客家教学精神文化在明清之后曾成为"岭南之冠"，创造了中国近代文明的奇迹、教学的奇迹。如何延续客家传统区域优秀的教学精神文化，增强客家教学精神文化的历史感、自豪感、使命感，是客家区域教学精神文化建设需要解决的又一个现实问题。目前，许多教师责任心不强，存在职业发展倦怠等浮躁心态，这都与缺乏区域教学精神文化自觉有莫大干系。

问题三：客家区域教学价值的功利性强，具有很深的应试教育印痕。

教学不仅具有社会发展功能，而且还有育人功能和享受功能等多种功能。但是，客家区域教学价值文化过分强调社会发展功能，忽视教学的育人功能，将教学变成了客家子弟应试做官、光宗耀祖的工具。在封建科举时代，学校教学的价值主要体现为"万般皆下品，唯有读书高"的教学个人价值观；今天许多学校更是以升学率、学生的考试分数为旨趣进行教学，并以此来评价学生、评价教师等，忽视对学生生命的关注和呵护，具有深厚的应试教育的印痕。

问题四：教学理想与教学现实出现对抗，教师普遍存在教学信念危机。

只有具备坚定的信念，才能有彻底的行动。目前，教师普遍存在教学信念危机，是客家区域教学精神文化建设面临的最严重的问题。每位教师在教学理念上都认可"一切为了学生，充分尊重学生，全面依靠学生"的生本教学信念，但实际教学中"升学率评比""分数至上"的管理又让人们不得不放弃理想的教学理念，实施"以师为本"的教学模式。理想与实践两张皮，教师不知所措，教学信念的危机成了整个教学最深重的危机。因此，当下与未来客家区域教学精神文化建设与教学改革的关键应是召回教师的教学信念，进行教学信念的重建。

问题五：新生的本土教学思想不足，区域教学精神文化的创新能力缺乏。

文化的本质在于创新，在于它的资本性，在于它给予未来事业发展的指引、希望和推动。教学精神文化是教学文化的核心，具有创新的动力是其应有的魅力。但检视梅州客家当代区域教育发展及教学精神文化发展的历程，梅州区域当代教育发展失去了昔日的绝对优势，并没有起到这样的作用。最根本的原因在于客家区域缺乏新生的本土教学思想，教学精神文化缺乏创新能力。开拓创新是客家文化的优良传统和精神所在，表现在教学思想方面就是要不断根据新形势，研究制定新措施，开拓新局面，引领事业超前发展。在中国近代教学史上，从黄遵宪倡导仿效日本学制、兴办小学与师范教育，再到丘逢甲大胆进行教学改革，创办新学堂，无一不是"面向世界，面向未来"，把教学改革放在了首位。立足梅州，在新生教学思想方面，郭思乐的生本教学思想是我们引以为豪的一个典型，但其在梅州的影响并不大。当前，如何解放思想，鼓励广大教育工作者大胆进行教学改革，并在教学实践的基础上产生更多客家教学思想，是未来客家区域教学精神文化发展要解决的基本问题之一。

二、对策思考

对于客家区域教学精神文化的未来来说，要想解决上述问题，建设现代客家区域教学精神文化，推动客家区域教育发展，增强客家区域教学精

神文化自觉，学会从世界发展大势和国家发展大局中把握区域教学精神文化发展的脉络和走向，走客家区域教学精神文化发展道路已成为应然选择。

（一）推进客家区域教学精神文化发展必须认识客家区域教学精神文化建设的意义

客家区域教学精神文化是区域教学文化的核心，它决定着教师教学中的行为，对教师教育教学工作的方向与成效起着极为关键的作用，是学校教学的"灵魂"；它不仅确定着学校教学内容、教学目标、教学方法的选择与实施，而且对教学工作还具有创新驱动与资本性质。为此，我们必须树立"只有强大的教学精神文化，才能创造出强大的教学力量，培养出优秀人才"的意识。不同学校、教师之间的教学竞争，其核心在于教学精神文化的竞争。改正过去不重视教学文化建设的行政作风，要在措施、制度及教学实施中把教学精神文化建设放在重要地位来抓。

（二）推进客家区域教学精神文化发展必须增强客家区域教学文化自觉和文化担当

责任源于自觉，行动体现自觉。只有责任担当才会产生高度自觉。有没有强烈的客家区域教学精神文化自觉和担当，反映着客家区域教学精神文化的理想追求和精神面貌，是客家区域教学精神文化是否成熟、是否有生命力的重要标志。在推进客家区域教学精神文化建设和发展时，我们必须从培养广大教师客家教学精神文化自觉开始。

第一，更加自觉地承担起用客家区域教学精神文化引领社会进步的责任。高举客家区域教学精神文化旗帜，用客家区域教学精神文化引领社会进步。随着社会结构、利益关系的深刻变化，人们的思想活动日趋活跃，新的观念、新的意识不断生成，这为社会发展进步注入了活力。同时，一元与多样、传统与现代、先进与落后、本土与外来相互交织、相互影响，社会思想意识更加多元多样多变，社会思潮也更加纷繁复杂。在这样的情况下，必须更加自觉地立于客家区域教学精神文化的潮头，担当客家区域教学精神文化的先锋，用客家区域教学精神文化引领社会思潮，构筑客家区域教学精神文化高地，促进和推动客家区域教学的整体发展与进步。

第二，更加自觉地承担起传承客家区域教学精神文化的责任。客家区域教学精神文化哺育了客家人，客家人也一直是客家优秀文化的传承者、弘扬者。现在，对外开放在更大范围内展开，外来文化大量涌入，这既给客家区域教学吸收借鉴世界文明成果带来机遇，也给客家区域教学精神文化带来挑战。为此，必须以对民族、对历史、对后人高度负责的精神，把传承客家区域教学精神文化作为义不容辞的责任，更好地用客家区域教学精神文化滋养教学生命力，激发客家人的创造力，铸造客家人的凝聚力，建设客家人共有的精神家园。

第三，更加自觉地承担起客家区域教学精神文化需求，保障客家区域教学精神文化权益的责任。

第四，更加自觉地承担起提高客家区域教学精神文化软实力的责任。客家区域教学精神文化的崛起，不仅伴随客家区域经济的强盛，而且伴随客家区域教学精神文化的昌盛。为此，应当认清形势，保持清醒，居安思危，树立强烈的忧患意识，加快形成客家区域教学精神文化优势。

（三）推进客家区域教学精神文化发展必须突破重点

如上所述，当前客家区域教学精神文化建设出现了许多问题，如客家区域教学价值的功利性强，具有很深的应试教育印痕；教学理想与教学现实出现对抗，教师普遍存在教学信念危机；新生的本土教学思想不足，区域教学精神文化的创新能力缺乏等。我们要以解决这些主要问题为核心，突破重点，稳步推进。

（四）推进区域教学精神文化发展必须立足于现实的经济社会条件

经济基础决定上层建筑。任何区域的教学精神文化都是一定社会政治经济的反映，经济基础和政治制度影响着区域教学精神文化的发展方向和发展状况。任何区域教学精神义化的发展总是在一定的时空背景卜展开的，不可能超越历史阶段，更不是空中楼阁。经济上的不发达、制度上的不完善、发展上的不平衡，必然对区域教学精神文化发展产生制约和影响。推进客家区域教学精神文化发展，必须坚持从实际出发，找准历史的方位和坐标，充分认识发展的阶段性特征，认识现阶段客家区域教学精神文化构成和状况的复杂性，制定切实可行的客家区域教学精神文化发展战略，既不降低标准又不提不切实际的目标，既不落后于时代又不超越阶段。

（五）推进客家区域教学精神文化发展必须坚持以立为本、重在建设

任何一个区域教学精神文化都是一个不断积累积淀的过程，推进客家区域教学精神文化发展必须坚持以立为本、重在建设。客家区域教学精神

135

文化涉及人们的情感记忆、思维习惯、精神感悟，涉及人们的历史认知、观念认同、理想追求。这些都需要时间的淘洗、实践的锤炼、长期的孕育。客家区域教学精神文化发展是在精神领域搞建设，与盖大楼、修高速公路不一样，不是三年五年能见效的，没有长期的积累不可能有大的飞跃。历史上有影响的客家区域教学精神文化经典名篇、大家大师，都是在客家区域教学精神文化长期积淀和接力推进中问世和诞生的，都经历了一个极其漫长的过程。推进客家区域教学精神文化发展，既要有紧迫感，也要看到长期性，有足够的耐心和坚持，做到重在建设、注重积累，持之以恒、久久为功，决不能心浮气躁、急功近利，更不能用暴风骤雨、搞运动的方式来进行。

（六）推进客家区域教学精神文化发展必须动员全社会力量，进行多元合作

客家区域的教学精神文化发展是一项系统工程，不仅涉及教学精神结构内部各因素，还涉及社会政治经济制度、区域文化传统、信息技术手段、家长支持等外部环境因素。因此，要推进客家区域教学精神文化发展，我们就必须动员全社会各个方面的力量，精诚团结，形成建设的合力。

作为一个以传统农业为主的经济欠发达区域，在社会转型升级与"创建教育强省，打造南方教育高地"的改革重要节点，客家区域教学精神文化在严峻的现实考验面前，如何通过发展与变革突围？如何寻找发力点？如何完成华丽的转身？……一个个问题亟待教育工作者及相关行政部门以改革者的勇气和创新者的智慧来给出解答。客家区域教学精神文化的发展已成为客家区域教育软实力提升的核心要素。在客家地区，客家区域教学精神文化的发展已成为全体客家区域教学人的共识，已经穿越过区域的"围龙屋"，从政府的各种文件和行为中深入客家区域教学人的内心。"知识改变命运，精神成就事业，文化书写风景"在客家区域已获得一种普遍的价值认同。相信客家区域教学精神文化的发展将会促进客家区域教学的不断向前发展，进而最终实现客家区域教学精神文化的突破及本质超越。

第四章　客家区域教学制度文化

　　区域教学制度文化反映了一个区域教学的价值观念和文化诉求。这种制度文化是一个区域在长期的教学管理实践中摸索、选择、积淀下来的教学管理思想和理念，它能够把区域教学文化的价值理念外化为师生的自觉行为，形成一种独特的区域教学核心价值观和教学信念。优秀的教学制度文化是区域教育发展的重要资源，它可以增强师生的自主意识，提高教师的积极性和创造性，促进师生的和谐发展；反之，不合理的教学制度文化会抑制师生的主体性和独立性，泯灭师生的积极性和创造性，是师生发展的牢笼和桎梏。客家区域教学文化之所以源远流长，其根本原因在于它具有重要的教学制度文化的保障。客家区域教学制度文化是客家区域教学文化的重要组成部分，它具有丰富的内容，如书院制教学制度、师徒教学制度、家族教学制度、区域家族教学奖励制度等，本章只重点介绍区域教学制度文化的含义和客家区域家族教学奖励制度的变迁。

第一节　客家区域教学制度文化的含义

　　本节首先就制度、教学制度、区域教学制度文化的概念及客家区域教学制度文化的性质和功能等基本理论问题，做一介绍。

一、客家区域教学制度文化的基本含义

　　要说明客家区域教学制度文化的含义，首要任务就是对教学制度的界定。

　　教学制度在现行教学文化研究中甚至在教学论研究中均"有实无名"，在现有的教学论著作中都没有将教学制度作为专门问题进行研究，也没有

对教学制度给予明确定义。①

从词源学上探究"制度","制"是指制约和控制,"度"是指限度。据《辞海》解释,制度的基本含义是"要求社会成员共同遵守的、按一定程序办事的规程,是一个社会中人与人交往时所共同遵循的一套行为准则"②。据此,我们可以把教学制度理解为人们在长期的教学实践中形成和创造出来的规范教学主体行为、整合教学系统结构的那些具有普遍性、稳定性的规则或规程体系。它既包括师生的行为规则,如教师的资格、职责、工作量、备课、上课、考试等行为规范,学生的课堂行为、课间行为、日常行为规范和纪律等;也包括学校教学行为的规则,如课程设置、教材选择、教学组织形式及班级编制、教学管理等;还包括教学外部管理的规则,如课程教材管理、学校外部考试等。

教学制度是教学活动、教学系统有效运行不可缺少的"软件",它犹如计算机中的线路设计和计算程序,将教学系统的各种要素、各个层面,以及教学组织和行为主体的活动联结和组织成一个整体,以保证教学活动有效开展、教学系统有序运行。教学制度是教学实践经验的历史积淀,也是人们对教学活动理性认识的结果与结晶,反映了人们对教学合理性、合目的性行为的诉求。因此,教学制度介于教学思想与教学行为之间,它把教学思想观念的一般准则凝化为具体的强制性的指令,传达给教学组织机构,对组织机构的活动方向和方式进行调节和制约,促使组织成员行为的规范化。就其静态分析,它由思想准则、规则系统、组织机构、行为模式四个基本要素构成。

思想准则也称理论基础,是教学制度赖以产生和发展的指导思想和理论依据。教学制度的第一来源是教学实践,但它并非由教学实践自然演化而成,而是人们在实践的基础上理性思考的结果。不同的教学制度有不同的理论基础和思想准则,不同历史时期的教学制度所依据的指导思想也有所不同。如个性化教学制度的科学思想准则和理论基础只能是人本主义教学理论和多元智能理论,生态化教学制度的理论基础只能是生态教学理论等。

规则系统也称规则指令,是指教学制度中所包含的用来规范教学组织、教学行为主体的行为其及相互关系的一系列规则和要求指令,它包括正式规则、非正式规则和实施机制。正式规则是人们在教学实践中自觉发

---

① 安珑山. 论教学制度 [J]. 西北师大学报(社会科学版),2002(3).
② 夏征农. 辞海:1999 年缩印版 [M]. 上海:上海辞书出版社,2002:223.

现或创造出来并明文规定的一系列规则或规程,其主要特征是具有强制性;非正式规则是人们在长期的教学活动中无意识形成的那些心照不宣的规则或规程,正如美国经济学家布坎南(Buchanam)所说,"文化进化形成的规则……是指我们不能理解和不能(在结构上)明确加以构造的、始终作为对我们的行为能力的约束条件的各项规则"①。非正式规则在所有正式规则无定义的场合里作为"惯例"或"标准",起着规范和约束人们行为的作用,是深藏在人们内心的职业行为律令。并且,从教学制度的形成历史看,在教学行为的正式规则确立之前,教学行为主体的行为及其相互关系主要靠非正式规则调节。即使在现代教学活动中,教学活动的相当一部分空间仍然由非正式规则来约束。

组织机构,是教学制度运行并发挥作用的基本载体和保证,上至国家教育行政部门、下至学校以及学校内部的教务处、教研组、年级组、班级等,都是保证教学制度落实的组织。

行为模式,是指规范化的教学行为方式。日常教学活动中,我们经常看到,教师每周三便集体备课,学生每逢星期日都要做家庭作业;教师批阅试卷就要结成阅题小组,进行流水批改并在试卷上签名,这正是制度化的教学行为。

据此,我们认为区域教学制度文化是在特定区域内师生为了规范教学行为和提高教学效率,根据一定的教学规律及目的而制定的规范、标准、法规等;客家区域教学制度文化是在一定时期内客家区域师生在教学活动中为了规范教学行为和提高教学效率,根据一定的教学规律及目的而制定的规范、标准、法规等,如客家区域的教学常规、课堂纪律、教学奖励制度等。客家区域教学制度文化以客家区域教学思想为基础,是客家区域教学精神文化的具体体现和载体。客家区域教学思想只有进入客家区域教学制度层面才能成为一种强制力量并对教学实践产生作用。因此,客家区域教学制度是保持客家区域教学文化特色的一种核心要素,是教学文化得以实现和延续的保障。在一定意义上讲,当教学思想和理念明确之后,加强教学制度文化建设是我们进行教学改革的首要任务,这是我们必须充分肯定的问题。

---

① 詹姆斯·M. 布坎南. 自由、市场与国家——80 年代的政治经济学 [M]. 上海:上海三联书店,1989:115 - 116.

二、客家区域教学制度文化的功能

（一）客家区域教学制度文化功能的性质

客家区域教学制度文化的功能从性质上看，有正功能和负功能之分。正功能是客家区域教学制度文化的积极功能，是区域教学制度对维持区域教学系统良好运行所发挥的积极作用；负功能是客家区域教学制度文化的消极功能，即某项制度对区域教学系统的运行所起的不良影响与作用，它使区域教学系统在运行中偏离其所期望的目标。如在基础教育课程改革的新时期，一些学校仍然以应试教学制度下的教学目的（提高学校的升学率和学生考试的分数）来统率教学工作的做法，就是教学制度的负功能。一项教学制度对教学系统运行的作用并不都是积极的或符合人们的期望的，它在产生积极作用的同时，不可避免地会产生一些负面影响和消极作用，甚至干扰其正功能的发挥，影响其目标的达成。如考试制度是考查学业成绩、评价教学质量、为高一级学校选拔合格新生的有效手段，但它在发挥积极作用的同时带来了学生负担加重、学生片面发展乃至为升学而教、为升学而学的负面影响；班级教学制度有利于教学效率的提高、教师主导作用的发挥及学生的社会性发展，但它同时限制了学生主体作用的发挥，难以适应因材施教和学生个性化发展的需要；实行学分制改革，有利于增加学生在学习中的自由度，更适合学生的兴趣爱好和个性差异，但如果管理不规范，有可能出现教师迎合学生的要求、成绩评定不严格的现象，从而影响教学质量和培养规格。客家区域教学制度文化的负功能往往是违背制度制定者、实施者初衷的，因而总是以潜功能的形式起作用。

客家区域教学制度文化的功能从呈现方式看，具有显性功能和隐性功能之分。显性功能是指区域教学制度被人们认识到并具有主观意图的效果；隐性功能是区域教学制度所表现出的未被人们认识的也没有主观意图的客观效果。事实上，隐性功能是一种客观的自发力量，有时超出了人们的意识和控制范围。如教学活动的诸多制度旨在规范教学活动、提高教学的效率和质量，但它很可能成为教师主动性、创造性发挥的羁绊，使教师墨守成规，不思作为和创新。

任何一项区域教学制度对区域教学系统运行的作用，一般都不是我们所期望的纯粹的正功能，它在发挥积极作用的同时，不可避免地存在着某些负功能；任何一项区域教学制度在发挥我们所意识到、看得见的显性功能的同时，必然伴随着某些不为我们察觉的隐性功能。因此，区域教学制度的形成和制定，必须尽可能全面地分析一项制度实施时各种因素可能对它产生的影响以及制度实施后会产生的各种可能的后果，从而使所定制度尽可能地完善。另外，要对一项制度实施后可能产生的负功能有足够的估计，并采取积极措施尽可能地减少负功能所产生的消极影响。

（二）客家区域教学制度文化的基本功能

1. 行为导向功能

从行为主体的构成看，教学系统包含着各级教学行政管理人员、学校教学管理人员、教师、学生等各个层面的群体和个体，而每个人都是自己行为的主体，每个人都有各自的行为模式和个体需要。客家区域教学制度通过明确规定职责、权利、义务，使教学系统的每个个体或群体都明确应该怎样做或不应该怎样做，使他们的行为有规可循，从而形成良好的宏观或微观的教学秩序。教学制度文化所倡导和肯定的教学行为就是师生应该遵守或坚持的有价值的行为，反之就是否定的、应该克服的行为。教学制度文化通过对理想行为的价值和模式的提倡，为合目的、合规律行为的"放大"提供广阔的空间。因此，从教学制度文化对行为的导向看，它不应仅仅是对个体行为的约束或控制，更应该是对个体行为的"解放"和"放大"，使个体在正向行为方面最大限度地发挥主观能动性，使教师教学行为由自在自发逐步转变为自由自觉。

2. 制度规约功能

教学制度文化通过教学规则系统所倡导的教学价值观念和共同体的规则与限度范畴，对教学活动中教师的教和学生的学的行为进行规范与限制，以防止教学行为失范及其可能带来的不良后果。因为教学制度文化在形成过程中，就已经历了传统习俗、伦理规范、意识形态等严格的程序性筛选，确立了社会和教育自身认同的价值标准和制度规范，它本身就阻止了一些不良文化的侵入。任何一种教学制度文化都有规则和规范的边界，逾越之后，教学作为有机系统的稳定性就会被破坏，教学就不再是真正意义的教学。教学制度文化的制度规约功能表现在两个方面：一是管理课堂教学秩序和约束课堂教学行为，这是一种控制取向的规约。如在一定教学制度文化背景下，教师就会认真地遵循约定俗成的常规来开展教学活动，从备课、上课、作业、辅导到考查，都有一系列的常规。教师备课的教案要规范，怎么复习旧知，怎么传授新知，怎么巩固练习，怎么测评达标，怎么布置作业等，整个教学流程的每一个环节都要写得清清楚楚，甚至每一个教学环节需要用时多少，也要分配得准确无误。二是秉持教学信念，

坚守教学道德，注重课堂人际关系的构建。正所谓，无规矩不成方圆。

3. 整合协调功能

教学制度文化的整合协调功能表现在教学系统的各个不同层面。首先，教学制度通过对教学目的的规定和课程制度、教学管理制度的建立，使教学系统与整个教育系统乃至社会政治、经济制度以及社会科技、文化整合协调，形成健康有序的"教学小生境"；其次，教学制度通过其大小网络将与教学有关的组织、群体以及个体按一定的规范和模式组织起来，形成一个内部功能协调、正常运行的系统，如客家区域家族教学奖励制度，就把与教学有关的社会、学校、家族、家庭以及每个家族的子弟按照学业成就的水平层次有效地组织在一起，使教学共同体的形成成为现实；最后，在微观的具体教学过程中，教学制度将教学过程所涉及的各种要素联结和组织成一个整体，形成一定的结构，使教学活动有秩序、高效率地进行，如客家区域的书院制度。

4. 继承传递功能

一定社会在一定历史时期的教学制度并不是此时此刻的创造，而是对原有教学制度文化的延续和发展，每一时期的教学制度都是整个教学活动发展历史的一个链条。教学制度文化一方面将"传统"的制度化成果继承下来；另一方面将现阶段的教学实践与理论成果凝聚积淀其中，以制度化的形式传递下去，为教学制度文化的进一步发展奠定基础。因此，教学制度文化是教学成果精华继承和传递的重要手段。

（三）客家区域教学制度文化功能的失调与变革

教学制度并不是任何时候都能很好地发挥其功能的，当其赖以产生和存在的制度环境，如社会的整体教育制度乃至社会政治、经济制度、文化科学技术发生变革时，教学制度便难以满足社会发展的需要，在某些方面表现出功能紊乱或者不起作用。影响区域教学制度文化的外部因素是发展变化的，而区域教学制度文化自身则相对稳定，此时教学制度文化便显示出其保守性或惰性。当区域教学制度文化不能适应社会发展的要求时，它对教学实践不能起到促进作用，甚至会阻碍教学实践的发展和改革。区域教学制度文化功能的失调，还有可能产生于其自身的内部因素，如某项制度原有的意义和价值变得模糊不清，致使制度失去了行为导向功能；制度结构内部出现某种程度的混乱，使行为与规范、角色与职责以及组织与组织、组织与个人的关系脱节，导致教学制度的整合功能不能有效发挥；有些制度流于形式，对教学行为、教学活动失去约束力等。在这种情况下，

142

区域教学制度文化必须改革其与社会发展不相适应的部分，以发挥其应有的功能。

任何一项区域教学制度文化都不会是永恒的，都会有一个从产生、发展到消亡的过程。因此，客家区域的教学制度文化必然随着社会的发展变化、教学实践的丰富以及教学观念的更新而不断完善，这不仅是社会发展的需要，也是由教学制度文化发展的特点所决定的。在新时期，变革传统的教学制度文化，重建新型的符合素质教育要求和体现新课程理念的教学制度文化是新一轮课程改革的应有之义，也是推进教学创新和促进教师发展的重要制度保障。

第二节　客家区域家族教学奖励制度文化的变迁

客家区域家族教学奖励制度文化是指客家区域在促进区域教学发展中，以家族组织的学田及奖教奖学基金为基础，形成的对教师教和学生学的物质和精神奖励制度。这种制度始于宋代，在不同时代社会背景下，由于家族组织发展不同，其教学奖励制度的方式不同，如早期是以学田助学为主，现代则演变为以基金资助为主。客家区域家族教学奖励制度文化是客家区域教学文化的突出特征之一，是客家教学文化最宝贵的资源和财富。

一、家族学田：客家区域早期的区域教学奖励制度

梅州客家区域从宋朝后，人文蔚起，科甲联翩；到了明清之后，其教育人文更是"为岭南冠"。客家区域教学之所以在明清之后能获得如此巨大的发展，首要的原因就是明末清初以来客家社会结构的转变。自明代中期之后，生活在梅州各地的北方移民及其后裔，经过与当地原住民长期的、历史的互动，终于形成一个独立的汉语方言群和独特的生活环境。他们一改过去"客人"或"客民"的身份，转而反客为主。随着客家人反客为主的身份转变，梅州各地传统的移民社会也开始发生结构性变迁，血缘家族开始成为最基本的社会组织形式。基层社会组织的家族化，是明清时

期客家区域教育发展和普及最主要的动因之一。①

家族组织的主要功能就是商议本家族共同关心的问题，如建立宗祠、祭祖寻根、本族子弟教育、壮大本族势力和防止外族的入侵等。为了保证家族组织实现这些功能，维护家族组织的日常运行，各家族均置办了一定数量的"族产"作为开展活动的经费和物质保障。族产的存在，必然为家族教育的持久发展提供了物质保证。据《兴宁县志》记载："俗称祭田为烝尝，亦有谓祖宗血食……烝尝田无论巨姓大族，即私房小户亦多有之。其用至善，偶见《新宁志》记载：'土俗民重建祠，多置祭田，岁收其入，祭礼之外，其用有三：朔日，进子弟于祠，以课文试童子者，助以卷金，列胶序者，助以膏火，及科岁用度，捷秋榜，赴礼闱者，助以路费。'""望族置书田或数十亩，或百亩，惟进泮者得入其租，他子孙不与，所以示鼓励也。"② 这样以族产为基础的家族教学奖励制度便形成了，从明末清初发展成熟，一直延续到新中国成立。

从这个记载中我们可以得知，一是梅州客家的家族组织在营造"族产"的过程中，最主要的措施就是设立族田。在历史上，族田的种类很多，有的称为"义庄""义田""祖尝""尝业""尝租""烝尝"或"族宗血食"。二是"族产"主要的作用是支付家族内学校教育费用，奖励取得一定学业功名的学子，特别是资助那些家庭贫穷的子弟来读书。对于族田中用于支付家族教育费用的所谓"儒资田""书灯田"总称为"学田"。学田既是客家人崇文重教的一套教学奖励制度，使客家人崇文重教的理念变成现实行为的物质保障，对客家教育发展具有促进作用；又是客家崇文重教的文化资本，充分体现了客家人对教育的价值追求。

在学田之外，许多家族在《族谱》上还明文规定了考取"秀才""举人""状元"等的不同奖励金额，这样就可以用金额的差异表明学子取得功名的身份，这对学子也是一种精神激励，可谓一举多用。如闽西平和县的翔鹏朱氏家族，就在每年的"大宗公费"中支出一部分，用以奖励族中入学进泮的子弟："若六房子孙出考者，百名内贴银二元，十名内贴银五元，进泮共贴衣冠银十二元。有乡试入筲赠钱仪银四元，有中举者，不管文武均赠旗匾银五十两，有中进士者赠旗匾银一百二十两，有捐太学者上山下乡衣冠银四元。"③

学田对家族子弟求学，以及教师搞好教学具有极大的激励作用。据统

---

① 王东. 社会结构与客家人教育［M］. 武汉：湖北教育出版社，2003：127.

② （咸丰）兴宁县志·风俗：卷十［M］. 民国十八年铅印本.

③ （平和县）翔鹏氏朱家族谱.

计，在科举时代梅州历代登科人数，秀才 16 479 人（其中廪贡 5 241 人），举人 1 645 人（其中文举 1 490 人、武举 155 人），进士 234 人（其中文进士 221 人、武进士 13 人，担任翰林的有 33 人）。据《登科录》，清乾隆十七年壬申恩科，广东全省考上进士者 11 人，梅县一县就占了 5 人。①

二、奖教奖学基金：客家区域家族教学奖励制度文化的时代变迁

据田野调查得知，梅州客家家族教学奖励制度在改革开放前曾一度搁置。改革开放后，在教育强国政策的指引下，随着社会经济的发展和海外客属华侨回国寻根的推动，梅州客家区域的成功企业家和海外客商纷纷资助当地的中小学教育发展，出现了许多奖教奖学金，替代了传统的家族学田教学奖励制度。

（一）家族教学奖励制度文化的恢复

新中国成立之后，由于客家传统的"学田"全部充公，变成人民公社或生产队的共有财产，家族教学奖励制度无法延续。直到 20 世纪 80 年代改革开放后，各家族在重建宗祠的同时，又逐步恢复了家族教学奖励制度。这里以叶氏俊贤公祠理事会拟定的奖学公约为例予以说明。

叶氏俊贤公祠位于叶剑英故居右侧，是梅县区雁洋镇虎形村叶氏家族的宗祠，于明中叶成化年间建成，清乾隆三十二年（1767）重建，民国初年进行过较大规模的修整。

在公祠内，我们看到由叶氏俊贤公祠理事会拟定的奖学公约写道：

> 梅县"三乡"，远近闻名，尤以"文化之乡"，蜚名海内外，我族自民国初期便有从公偿（尝）中拨资奖学之风。我族从辛亥至今出过一位元帅和九位将军，这些人皆是科班出身，投笔从戎，可见崇文重教之成效，解放后，由于取消公尝，此举无法延续。自改革开放后，叶帅家乡得到政府重视，把叶帅故居建成 AAAA 级旅游圣地，吸引了全国各地游客来我祠参观瞻仰叶帅，蒙社会贤达厚爱，支持奖学基金。从一九九六年靖祖祠理事会决定，重启先祖奖学金制度，期望学子学有所成，投桃报李，以报今日奖学之举。

---

① 李柏林. 梅州史迹纵览［M］. 广州：广东人民出版社，1989：37.

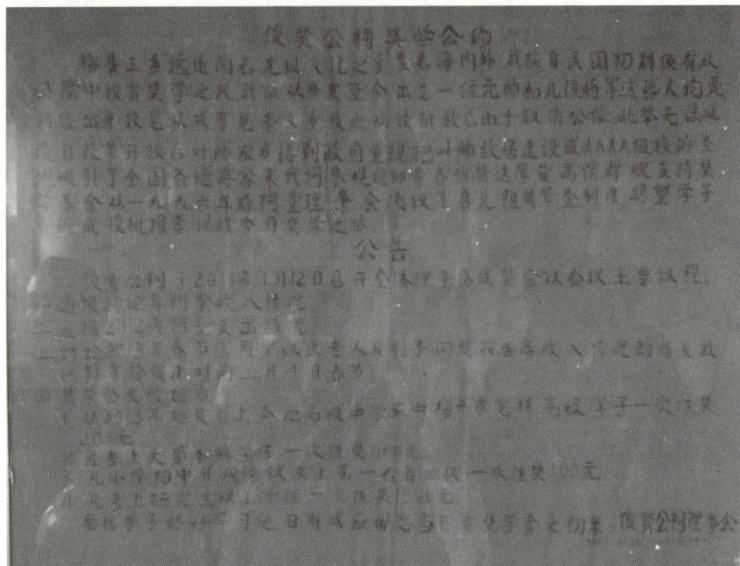

图4-1 俊贤公祠奖学公约

从图4-1叶氏俊贤公祠内显眼的文字告示，我们不仅可以得知家族教学奖励制度在改革开放前后中断和恢复的历史原因；而且可以看出崇文重教作为客家人的文化资本和精神追求，具有巨大的历史生命力，在改革开放后再获新生。

同一时期，其他各家族也陆续重建宗祠，恢复家族教学奖励制度。如坐落在广东省梅州市梅江区江北南门考院前13号的"梅州黄氏祖祠"，建立了江夏文化研究会奖学助学；大埔蓝氏家庙（名为大兴堂）修复后，成立了大埔蓝氏大兴堂奖学基金委员会等，这里不再一一赘述。

（二）各县区的奖教奖学基金纷纷产生

自1982年香港田家炳基金会成立并赞助大埔县中小学教学工作以来，现在梅州客家区域华侨、当地成功企业家捐资当地中小学教学或本家族子弟学习的各种奖教奖学基金会如雨后春笋，数不胜数。项目组以"奖教奖学"为关键词在"梅州市人民政府网"搜索（截至2016年12月），可以看到有64条新闻报道。经整理，从2012年10月至今，得到梅州市政府认可的社会奖励教学的基金就有23家。各基金的具体情况参见表4-1。

表 4-1　客家区域近 5 年设立的奖教奖学基金一览表

序号	成立时间	奖教奖学基金名称	投资者	简介
1	1996 年 6 月	名誉校长李国豪教育基金会	嘉应学院	支持嘉应学院发展
2	2002 年 1 月	江夏文化研究会奖学助学	江夏文化研究会（梅州市黄氏宗亲联谊总会）	对在 2015 年高考中取得优异成绩和家庭贫困的 150 多名梅州籍学子颁发各类助学、奖学金近 15 万元
3	2003 年 6 月	何冬青奖学金	香港七洋发展有限公司董事长何冬青先生	主要奖励平远县的优秀学生，到目前已累计发放奖学金 50 多万元
4	2007 年 1 月	廖光明教育基金会	大埔桃源人、在深圳的实业家廖光明、何瑞香夫妇，每年捐资 45 万元	廖光明、何瑞香夫妇为纪念父亲廖新员先生，捐出位于深圳市福田区彩田中路中深花园 A 座 23 楼，价值 1 000 万元的房屋财产，将每年出租的租金（约 45 万元）与大埔县教育局合作
5	2007 年 6 月	梅州市世彭教育基金	旅台实业家彭淦波、香港毅新有限公司总经理彭铿华、长潭旅游度假村总经理彭贵山，以及彭钦文等捐资	世彭教育基金于 2007 年开始在梅州发放奖学金，至今共有 200 多名优秀学子获得奖励
6	2007 年 6 月	建设银行深圳市分行大埔大学新生助学金	建设银行深圳市分行	从 2007 年开始，深圳建行累计捐资 365.3 万元帮助大埔县 835 名贫困学子圆大学梦；每年向考上大学的寒门学子分别发放了 2 000 元至 5 000 元不等的助学金

147

（续上表）

序号	成立时间	奖教奖学基金名称	投资者	简介
7	2010 年 5 月	黄廷方奖学金	由香港信和集团董事局主席黄志祥及其家族设立，以纪念其父亲、信和集团创始人黄廷方先生	黄志祥家族的"黄廷方慈善基金会"出资 1 亿元港币，以留本取息的永久性方式，于 2015 年起设立"黄廷方奖学金"，用于奖励广东、福建等五省家庭经济困难、品学兼优的高中毕业生，帮助他们获得更好的教育
8	2010 年 6 月	广东省紫琳慈善基金会	法人代表为朱镇林，捐资 2 亿元，非公募慈善基金会	在朱镇林先生、刘惠英女士伉俪捐资 1 050 万元成立教育助学基金会的基础上，由广东新南方集团有限公司、合生创展集团有限公司、广东珠江投资有限公司、广东珠光集团有限公司共同捐赠首期资金 2 亿元组建而成
9	2010 年 9 月	少模奖学金	广东新濠畔投资集团董事长兼总经理刘穗龙，捐资 100 万元	刘穗龙为梅县松源中学首任校长王少模的义举所感动，设立永久性、公众性的"少模奖学金"
10	2013 年 9 月	梅县径义（深圳）同乡会	梅县径义（深圳）同乡会	至目前，该同乡会共捐助 43 万元，用于家乡教育、基础设施建设、扶贫济困等
11	2013 年 9 月	星光林光如奖教奖学金	香港星光集团董事局主席、香港梅州联会咨议会主席林光如先生，捐资 100 万港元	旨在奖励音乐学院品学兼优的学生，以及在音乐专业竞赛中表现突出的师生，激励师生们学有所成，回报社会

（续上表）

序号	成立时间	奖教奖学基金名称	投资者	简介
12	2013 年 9 月	广东省雁洋公益基金会	梅州市政府，从海内外募集资金 5.277 亿元	设立了"叶剑英奖""叶剑英基金助学金""叶剑英高考奖学金""叶剑英基金品学兼优奖""叶剑英基金优秀教师奖""叶剑英基金关爱梅州抗战老兵关爱金"6 个奖项
13	2013 年 10 月	兴宁善小助学服务中心	兴宁市善小助学服务中心	资助家庭困难而成绩优秀、考取国家重点大学却无法入学的学生
14	2013 年 11 月	梅州汉文化发展促进会	梅州市汉文化发展促进会，奖学资金主要来源于会员捐资、社会人士赞助等	主要致力于汉民族源流、客家姓氏的汉文化研究，以及传统建筑保护、扶贫助困、捐资助学奖励高考优秀学子等社会公益活动
15	2014 年 6 月	陈明余坚扶贫助学基金	大埔县外出乡贤陈明、余坚伉俪，捐资 100 万元	资助贫困学生上大学，每年资助 20 名贫困学生上大学
16	2014 年 6 月	东中发展基金会	东山中学校友叶澄海等，捐资 200 万元	旨在凝聚校友与母校、社会贤达与东中之间的联系，借助校外社会力量促进东中新振兴，在奖教奖学、资助贫困师生、完善办学条件的业务范围内开展公益活动
17	2014 年 6 月	中行镇植基奖教奖学协会	平远县中行镇人民政府，筹集奖金 130 多万元	深圳企业家李伯兴捐资 50 万元，中行中学校友张学政捐资 50 万元；该协会负责将基金投入当地企业，每年利用利息对优秀师生进行奖励，促进了中行镇教学质量的进一步提高

（续上表）

序号	成立时间	奖教奖学基金名称	投资者	简介
18	2015 年 6 月	邓振龙奖教奖学基金	全国人大代表、知名实业家邓振龙先生，捐资 2 000 万元	用于嘉应学院奖教奖学金，每年奖励一次，每次评选 45 名优秀教师和 15 名优秀教育工作者，获奖者每人奖励 10 000元
19	2015 年 7 月	珠峰人才培养计划	宝丽华集团	由宝丽华集团资助实施，旨在全面提升东山中学师资水平，打造"东山名师"，为培养高端人才打好基础
20	2016 年 1 月	五华县水寨镇大岭村慈善关爱协会	大岭村村委会	为 38 名考取大学和重点高中的优秀学生颁发了共计 4.99 万元奖学金；以"关爱老人，感受温暖，激励学生，培养人才"为中心工作
21	2016 年 8 月	刘一褒基金会	香港积华集团董事局主席刘一褒	刘一褒为支持虎山中学，认捐 80 万元支持母校兴建 110 周年纪念楼，捐资 10 万元奖励虎中 2016 年高考考取清华大学、浙江大学的赖文灿和赖晓燕
22	2016 年 8 月	"蓝奎"奖学助学	广东金德宝文化旅游产业开发有限公司董事长邱绍金和谢雪琼伉俪	为北大新世纪实验学校校内初一至初三年级特招的宏志班设立，凡参加其入学水平测试成绩优秀者，初中阶段除伙食费外的全部费用将由项目资金全额负担
23	2016 年 8 月	梅县区石坑奖学助学金	梅县实泰房地产发展有限公司董事长李森、香港爱心人士程振明、深圳市志达物流有限公司董事长邹建军等捐助	为 2016 年 119 名中、高考取得优异成绩的学生和贫困学生共发放 11.7 万元奖学助学金

在 23 家奖教奖学金中，就其来源讲，除以家族为核心的奖教奖学金，如江夏文化研究会奖学助学、黄廷方奖学金等外，有企业个人捐赠的奖教奖学金，如廖光明教育基金会、何冬青奖学金、陈明余坚扶贫助学基金等；有以企业为名捐赠的奖教奖学金，如建设银行深圳市分行大埔大学新生助学金等；有以学校为发起者募捐的奖教奖学金，如东中发展基金会等；有以社会慈善机构为发起人募捐的奖教奖学金，如兴宁善小助学服务中心、五华县水寨镇大岭村慈善关爱协会等；有以政府为法人募捐的奖教奖学金，如中行镇植基奖教奖学协会、广东省紫琳慈善基金会、广东省雁洋公益基金会等。这样以家族为核心的传统的教学奖励制度逐步演变为多种形式的基金，特别是出现了以政府为法人的大型公益奖教奖学金。就基金的资金数目来讲，从数万元到数亿元不等。

就基金的作用来讲，主要是奖励在教学和科研中做出突出贡献的教育工作者，如优秀校长、学科带头人、优秀班主任、青年骨干教师，使优秀人才脱颖而出；鼓励各学校各家族学子成才，资助有困难的学生完成学业；扶持教育科研等。具体奖励数额因各基金总数目不等，各项奖励金的数额也不同。这里以廖光明教育基金会的实施方案为例做一说明。

廖光明教育基金会是由大埔桃源人、在深圳的实业家廖光明、何瑞香夫妇为纪念父亲廖新员先生设立，捐出位于深圳市福田区彩田中路中深花园 A 座 23 楼，价值 1 000 万元的房屋财产，将每年出租的租金（约 45 万元）与大埔县教育局合作，于 2007 年 1 月成立。基金会旨在奖励在教学和科研中做出突出贡献的教育工作者，如优秀校长、学科带头人、优秀班主任、学校青年骨干教师，使优秀人才脱颖而出；鼓励大埔学子成才，资助有困难的学生完成学业；扶持教育科研。具体如下：

（1）奖教（两年评审一次）。设学科突出贡献奖 1 人，奖励 5 000 元；十佳校长 10 人，每人奖励 2 500 元，共 25 000 元；学科带头人 20 人，每人奖励 2 000 元，共 40 000 元；优秀班主任 50 人，每人奖励 1 000 元，共 5 万元；学校青年骨干教师 30 人，每人奖励 1 000 元，共 30 000 元。

（2）奖学。对每年中考前 10 名、高考前 6 名的学生进行奖励。中考第 1 名 2 000 元、第 2 名 1 500 元、第 3 名 1 200 元、第 4~10 名 1 000 元；高考第 1 名 3 000 元、第 2 名 2 500 元、第 3 名 2 000 元、第 4~6 名 1 500 元。

（3）助学。对有特殊困难的学生（孤儿、单亲、残疾、特困家庭、重病、自然灾害影响）给予资助，重点资助有特殊困难的高中和大学新生。大学新生每人 3 000 元，高中学生每人每年 1 500 元，资助总金额为 25

万～30万元。

（4）支持教育科研。设立科研专项经费3万元（没有科研课题经费自动取消）；出版《大埔教育》每年1.5万元。①

这里统计的23家奖教奖学金只是现代客家区域家族教学奖励制度中很少的一部分。在现代梅州客家区域，几乎每个村、每个家族均有基金或奖教奖学金，只是有的捐赠者行事低调，不愿媒体报道，不便统计而已。

现代客家区域成功人士设立奖教奖学金的热情和形式的多样，也可以从同一个时期一所学校设立多种奖教奖学金的现实予以说明。以大埔县虎山中学2016年正在施行的各种奖教奖学金为例，总共有11项，见表4－2。

表4－2　2016年大埔县虎山中学各种奖教奖学金一览表

序号	成立时间	奖教奖学基金名称	投资者	简介
1	2008年9月	虎山中学何绍贤何添赞奖学基金	佛山瑭虹釉料科技有限公司董事长何添赞先生	奖励高一优秀新生：奖励高一新生中考成绩总分名列全县前20名且在本校就读的优秀学生。合计3万元。奖励高一、高二级各阶段考试总分成绩各居全级前16名者，每人1 000元，合计3.2万元。奖励高考考取清大或北大的本校学生，每人奖励1万元。奖励高考总分成绩优胜的本校学生。理科总分居全县前5名，文科总分居全县前3名者，每人奖励2 000元
2	2009年10月	袁明桂奖学金	虎中校友、广东建工集团董事长袁明桂先生	奖励高一学段（新高二）品学兼优的单科优胜学生，重点班和普通班各学科（文理分科计算）第一名者，每人奖励500元

① 廖光明教育基金会简介［EB/OL］．http：//www.dabu.gov.cn/index.php？a=show&c=index&catid=164&id=1861&m=content.

（续上表）

序号	成立时间	奖教奖学基金名称	投资者	简介
3	2009 年 10 月	广东省卓越慈善基金会优秀学生奖学金	广东省卓越慈善基金会会长卓斌等	奖励高二学段（新高三）品学兼优的单科优胜学生，重点班和普通班各学科（文理分科计算）第一名者，每人奖励 500 元
4	2010 年 6 月	罗天赐高考单科高分奖励金	虎中校友罗天赐先生	奖励高考高分学生，用 10 万元存款利息约 3 000 元，奖励全县单科第一名学生
5	2010 年 8 月	"一滴水"奖学金	虎中高中 1985 届校友	用于奖励高考总成绩文、理科前 5 名的虎中学生，每生奖励 2 000 元
6	2010 年 9 月	廖光明奖教奖学金	深圳市日东辉投资有限公司董事长廖光明先生	奖励杰出教师和名校长、骨干班主任、名教师（含学科带头人和中青年骨干教师）。奖励考取清大、北大等名校的学生。每年约 50 万元
7	2011 年 11 月	大埔县奖教奖学基金	海内外乡贤和广大社会热心人士捐赠；校友捐赠；国家机关、企事业单位、社会团体捐赠；基金的投资收益及利息；政府财政投入；其他	对每年大埔全县高考情况进行考核，奖励优秀校长和优秀教师
8	2013 年 9 月	邓振龙基金会奖学金	深圳市绿基房地产开发有限公司董事长邓振龙先生	奖励考取北大、清大的本地考生，每人 20 万元；奖励考取北大、清大的外地考生，每人 6 万元；奖励考取人大、浙大等名校的学生

153

（续上表）

序号	成立时间	奖教奖学基金名称	投资者	简介
9	2015年9月	邓振龙强师工程基金	深圳市绿基房地产开发有限公司董事长邓振龙先生	用于奖励"211工程"重点师范院校毕业到大埔任教的本科以上学历师范生，每人一次性给予购房补贴10万元
10	2016年6月	廖梅林奖教奖学金	旅泰华侨、廖梅林基金会会长廖梅林先生	从2016年开始，连续3年，每年10万元（共30万元），用于虎中奖教奖学
11	2016年10月	广东陆加壹集团教育基金	广东陆加壹集团董事长郭崧先生、总裁蓝庆文先生	从2017年开始，连续10年，每年10万元（共100万元），用于虎中奖教奖学

注：该数据是2016年12月由大埔县虎山中学办公室提供。

（三）客家区域现代教学奖励制度文化的杰出代表——"广东省雁洋公益基金会"奖励办法

广东省雁洋公益基金会属于政府出资，在省政府民政局注册登记的以社会团体形式成立的新型客家区域现代慈善机构。它由中共梅州市委、市政府倡议，并依法于2013年9月在叶剑英元帅的家乡梅县区雁洋镇成立，用以缅怀叶剑英元帅的卓越功勋，弘扬叶剑英元帅的精神，促进社会公益慈善事业发展。基金会资助以"保本增值，本金不动，细水长流，永续发展"为指导原则，确保基金会的可持续发展。目前，该基金已从海内外募集资金5.277亿元，其中到账资金3.16亿元，设立了"叶剑英奖""叶剑英基金助学金""叶剑英高考奖学金""叶剑英基金品学兼优奖""叶剑英基金优秀教师奖""叶剑英基金关爱梅州抗战老兵关爱金"6个奖项。基金会聘请全国政协原副主席叶选平、全国人大原副委员长邹家华、全国政协原常委叶选宁、广东省原省长黄华华、曾宪梓博士、叶选廉先生担任荣誉理事长，选举广东省原副省长谢强华担任第一届理事长，是目前客家区域最大的公益基金会。①

　　根据广东省雁洋公益基金会实施相关办法规定，广东省雁洋公益基金会每年投入近千万元，设立"叶剑英基金助学金""叶剑英基金高考奖学金""叶剑英基金品学兼优奖""叶剑英基金优秀教师奖"以及嘉应学院叶剑英基金会"奖学金"和"优秀教师奖"6 项奖教奖学金，用于梅州开展奖教奖学和助学助残活动，对近千名优秀学子和优秀教师进行嘉奖。其中，"叶剑英基金高考奖学金"主要奖励全市考取"985 工程"大学的优秀学子，奖励标准为每人 5 000 元。"叶剑英基金品学兼优奖"主要奖励全市具有创新精神、品学兼优的普通高中二年级在校学生，每年奖励学生 200 名，每位优秀学子可获 5 000 元奖金。"叶剑英基金优秀教师奖"面向全市高中、中职（中技）、初中、小学、幼儿园、特殊教育学校和教研室的在职在岗教师和教研员，每年奖励全市约 310 名优秀教师，每人 10 000 元。嘉应学院"叶剑英基金优秀教师奖"每年奖励 6 名优秀高校教师，每人 10 000 元。

图 4 - 2　2015 年叶剑英基金奖教奖学金颁发大会现场
（图片来源：http：//www. meizhou. cn/2015/1125/418346. shtml）

　　"广东省雁洋公益基金会"奖励办法的产生和实施，对客家区域的教学文化发展产生了极大作用，具有深远的文化意义。首先，它是客家区域家族教学奖励制度文化的时代延续，使客家区域家族上千年的学田教学奖励制度优秀文化传统得以传承，具有承上启下的作用，进一步彰显了客家

---

　　① 刘龙胜，宋健军. 广东省雁洋公益基金会成立［N］. 梅州日报，2013 - 09 - 22（1）.

区域崇文重教的文化特色。其次，它是客家区域家族教学奖励制度文化时代发展的杰出代表和集大成者。改革开放后，虽说客家家族奖教奖学基金数目众多，但其基金数量相对较少，奖励的对象具有一定的局限性，要么是一个学校受益，要么是某个家族的子弟受益。如何传承客家先祖崇文重教之文脉，办好山区教育，办优质的教育，让所有客家子弟自强不息，奋发读书，成为新时代客家文化传承人的时代担当。以叶选平、黄华华、谢强华、曾宪梓等为代表的一大批当代客家精英人物，不辱使命，在继承叶剑英元帅精神、弘扬客家文化的旗帜召唤下，凝聚了客家海内外人士的智慧和力量，终于形成了由梅州市委、市政府倡议依法成立的、基金总额达5亿多元、面向全体客家子弟的"广东省雁洋公益基金会"奖励办法。这个办法的产生，反映了客家区域民系的巨大凝聚力和团结精神，是客家区域教学奖励制度文化时代变迁的结果，也是社会主义集体所有制度优越性在区域教学文化变迁中的一种体现。再次，它是振兴欠发达地区基础教育发展的一项重要举措。梅州是广东经济的欠发达地区，基金成立时，一名中小学教师一个月工资平均只有2 000多元。由于教师工资待遇低，许多教师不安心教学，优秀教师又留不住。如何激励教师潜心教学是破解当时客家区域教学的瓶颈。"广东省雁洋公益基金会"奖励办法每年投入近千万元，使近千名梅州优秀学子和优秀教师获奖，对于稳定优秀教师队伍，激发教学积极性，推动欠发达地区基础教育发展，不仅是雪中送炭的及时雨，更是发展公益慈善事业的盛举和激发人间大爱的创举，对梅州基础发展将产生久远的影响。正如谢强华理事长所说：成立广东省雁洋公益基金会顺民意、得民心，意义重大。① 相信在梅州市委、市政府的正确领导下，"广东省雁洋公益基金会"及奖教奖学办法定会在客家区域教学发展中发挥更大作用。

三、客家区域家族教学奖励制度文化变迁的思考

客家区域家族教学奖励制度文化从封建时代的家族学田制度到今天以政府为主导的基金制度，经历了以各家族为主的自由、分散到逐步统一、集中的变迁过程。在这个近千年的变迁过程中，虽然经历了封建社会、社会主义社会等不同的社会形态，并且在一定时期曾一度中断，但由于教学在教育中的核心地位，这种教学奖励制度文化愈显其强大的生命力。

---

① 刘龙胜，宋健军. 广东省雁洋公益基金会成立［N］. 梅州日报，2013－09－22（1）.

（一）客家区域家族教学奖励制度文化是客家区域教学文化的突出特征

一个区域教学文化是在一定时期和区域的师生，为了建构新（有意义）的生活方式，用表意符号或象征符号所形成的价值理念、思维模式、教学制度、教学行为及其外在的物质表现的整合体。它包括区域教学精神文化、区域教学制度文化、区域教学行为文化和区域教学物质文化等。与其他区域相比，梅州是一个贫瘠的山区，经济落后，交通不便。如何实现"地瘦栽松柏，家贫子读书"的教育愿景，根本在于如何进行教学。无论是传统的学田制，还是今天的奖教奖学金等，客家区域教学奖励制度文化均形成了一套对师生努力教学进行奖励的制度，其核心在于奖励教学优秀的教师和学习成绩优异的学生，从根本上激励师生进行高效教学，培养优秀人才。这在全国其他区域是不多见的，具有鲜明的区域特色，是客家文化的独特文化符号和最宝贵的文化财富。

这一特色体现了客家人将教学投资视为文化资本的理念，即用最少的投资换取最大的效益的人生处世观，用教学实践阐释了投资教学是获得投资效益最大的道理。

（二）客家区域家族教学奖励制度文化是客家教育发展的重要制度保障

知识改变命运，教育成就未来，教学决定生存。教学是学校教育的核心工作，是知识传播的基本方式。没有教学就没有学校教育，也就不能传播知识。所以，一个区域要发展教育，第一要务就是抓好教学工作这个基本环节。清末民初客家区域教学文化之所以能够成为"岭南冠"，结出丰硕成果，实为客家区域从明代中期之后形成的家族教学奖励制度文化的保障。新中国成立后，社会公有制使传统学田充公而消失，但改革开放后，在教育强国和文化强国等一系列政策指导下，客家文化中崇文重教的精神再一次被点燃，昔日的学田制被各家族的奖教奖学金或基金所替代，使客家区域教学奖励制度文化得以延续和发展。客家区域家族教学奖励制度文化不仅是客家区域教学精神文化的本质体现，也为区域教学行为文化的发展指明了方向，从而散发出灿烂的光芒。

（三）客家区域家族教学奖励制度文化的变迁说明文化是人类先进思想和行为的结晶

客家区域家族教学奖励制度文化在不同时代具有不同的存在形式。明

清时期以学田为主兼有客商的捐赠，当代主要为奖教奖学金和基金。虽然家族教学奖励制度在不同时代的形式不同，但其"奖励教学优秀的教师和学习成绩优异的学生，从根本上激励师生进行高效教学，为国家培养优秀人才"的本质和内核价值不变，对教学功能的本质认识不变。这是客家区域的教学活动对于人和社会发展的先进思想的历史积淀，是流动在客家人血液中的文化基因。这种基因具有强大的生命力和适应性，会在不同历史条件下，在保持本质和内核不变的情况下，做出形式上的调整和改变。这种文化即使在一定社会背景下一度中断，也因为其自身的生命力而得到恢复，呈现出巨大的自我修复能力。这是我们在认识文化本质及区域教学文化时应该特别注意的问题。

第五章　客家区域教学行为文化

客家区域教学行为文化是区域师生基于共同的教学价值、职业道德、管理理念、群体精神以及思维模式等意识在行为上的具体表现，主要内容包括教师教学行为、学生学习行为、教学习惯及教学思维模式等。它是客家区域教学文化的外表活动和外显形式，是客家区域教学文化的重要组成部分。

第一节　客家区域教师教学行为

一、客家区域教师教学行为的内涵与组成

（一）客家区域教师教学行为的内涵

客家区域教师教学行为是指教师在促进学生学习、发展的教学过程中，在教学准备、教学实施和教学反思等教学实践活动中所表现出来的一系列行为方式的综合体，包括隐性的教学行为和显性的教学行为。教学准备行为主要是教师如何备课、收集甄别资料、制作微课等行为；教学实施行为主要包括教学组织行为、教学管理行为、教学呈现行为、教学评价行为、教学辅导行为等；教学反思行为包括教学反思方式、与同行交流合作行为等。

（二）客家区域教师教学行为的组成

1. 教学准备行为

教学是一个有计划、有组织、有目标的指向性活动，而教学准备行为是教师在课堂教学前所做的一切准备工作，涵盖了准确理解教学内容、采用适当的教学方法、整合课内外课程资源、充分了解学习者以及恰当运用评价

等。有学者把教学准备行为分为对教学内容的准备、与教学相关人的准备、与教学相关其他事项的准备三大类，并分别对每一类进行了细化。① 我们认为，从静态来看，教学准备行为主要是指教师在课前所进行的教学设计（目标清晰度与合理性、语言清晰度与准确性、过程紧凑度与流畅性、方法是否得当、能否激发学生思考）；从动态来看，教学准备行为则是指教师如何以及在多大程度上依据教学设计开展教学，如何根据学习者和文本的需要进行教材处理，涵盖了教学目标、内容、方法、媒体、教学流程、作业布置以及板书设计等环节。主要包括教学设计的理念、教学内容的准备、教学知识的准备、教学能力的准备以及教学方法的准备五个方面。

教学准备行为核心解决教师教什么和怎样教的问题，是教师教学实施行为和教学反思行为的基础。我们平常所讲的"凡事预则立，不预则废"就是这个意思。教师要提高教学准备行为的有效性，必须注意平时积累，做到"处处留心皆备课，时时积累资本高""台上三分钟，台下十年功"。

2. 教学实施行为

教学实施行为是教师在教学过程中为了有效地实施教学准备计划，用语言、声像、板书等方式向学生所呈示的一切言语和非言语行为。依据教师教学实施行为在课堂教学中的实践目标，将教学实施行为分为课堂教学组织行为、课堂教学管理行为、课堂教学呈示行为（导入行为、呈示行为、指导行为）、课堂教学评价行为和教学指导行为。课堂教学实践活动是教师教学行为践行的主要渠道。

（1）课堂教学组织行为。

组织行为即把事物的构成要素进行有效结合的各种做法与活动，目的在于提高教学行为的有效性。教学组织行为主要包括教学组织的观念、教学内容的组织、教学方法的组织、教学时间的组织以及教学环境的组织等。每一项组织又具有丰富的内涵，如教学方法的组织，又包括教学导入行为、创设最佳教学情境行为、教学设疑行为、教学举例行为、设计板书行为、教学应变行为、教学结课行为等。我们说教师是课堂教学行为的组织者，就是要突出教师作为教学组织者、策划者的职能，相对地弱化其讲授知识的职能。

（2）课堂教学管理行为。

施良方教授认为，课堂管理是指教师为了保证课堂教学的效益和秩

---

① 张天雪，李娜. 教师教学准备行为评价指标体系的建构［J］. 教育理论与实践，2011（6）.

序，协调课堂中的人、事、时间、空间等各种因素及其关系的过程。教师课堂管理行为以发展学生的主体性、自律性为主要理念，以培养健全的人格为出发点和归宿。主要包括师生关系的管理、教学进度及课堂节奏的管理、课堂秩序的管理、教学机智的管理以及教学过程的管理等。华东师范大学皮连生教授认为："教师要顺利完成教学各个环节的任务，必须自始至终对课堂教学进行有效的管理。课堂教学效率的高低取决于教师、学生和课堂情境三大要素的相互协调。"①

（3）课堂教学呈示行为。

教师教学呈示行为是教师决定教什么、何时教和怎样教的问题的关键所在。

教学呈示行为是教师通过语言和非语言的方式向学生呈现语言知识和技能的过程，主要包括教学观念的呈示、教学内容的呈示、教学手段的呈示、教学问题的呈示以及非言语（体态、神态）的呈示等。

讲述行为是教学内容的呈示的主要方式，是指在课堂教学中教师以口语为中介，通过向学生传授课程知识、帮助学生理解知识以促进学生发展的言语行为。讲述的好坏在很大程度上影响着课堂教学的效能，Gilbert H. Hunt 等人认为，教师讲授的清晰度是有效教学的重要评价指标之一。这种清晰度是指学生是否很好地理解了教师所讲的内容。因此，清晰度并不是教师认为自己讲清了，而是学生真正理解了教师讲了什么。能够有效教学的教师常能"把他的观点清晰地讲给学生听，对概念的解释方式有助于发展学生的逻辑思维，口头表达是直接的、所有学生都能听得到的，而不显得矫揉造作"②。

从讲述行为来看，要求教师的语言流畅、用词准确、表达清晰、活动连贯、讲述时间适当。但在教学过程中，仍有一些教师的语言存在简单重复、用词不当、表达不清、讲述时间过长等问题。

教学手段呈示的核心是媒体、板书的呈现。教学媒体的功能在于促进学习。因此，媒体呈现首先要与教学内容紧密结合，其次是图像、声音要与文字相匹配。另外，媒体呈现要简洁，具有可交互性和启发性。板书是课堂教学必不可少的重要组成部分，好的板书能对教学起到概括和提升的作用，并有助于课堂教学的互动和教学资源的生成。从板书的形式来看，主要有提纲式、总分式、对比式、线索式、表格式、图解式等，这些方式

---

① 皮连生. 学与教的心理学 [M]. 上海：华东师范大学出版社，2006.

② GILBERT H HUNT, TIMOTHY J TOUZEL. Effective teaching: preparation and implementation [M]. Springfield, I. L.: Charles C. Thomas Publisher, 2009: pp. 9–10.

本身并无优劣之分，关键是要根据具体的教学内容，并以能否促进学生的学习为其评价的唯一标准。从我们跟实验学校教师的访谈以及对板书的分析来看，板书要能体现教学目标和教学内容，具有适切性、及时性、激励性和清晰性，能够引起学生的注意，内容要简洁、清晰，形式要具有创新性，并能达到评价和促进学习的目的；同时，板书还需要适时（与学习进程一致）、适当（不要太多）和适宜（与学习内容相关），书写要规范、准确。我们在研究中发现，语文及英语教师的板书中存在书写随意潦草、板书太早或太迟、烦琐、不注意大小写、句子无标点符号和语言错误等问题。

非言语行为是教师在课堂教学中所表现出来的教学情感投入和教师肢体语言。具体来说，可以从如下几方面来进行分析：非言语行为类型（如表情、移动、体态语、沉默）使用的频次与效果；教学氛围（如是否具有情境性、趣味性，是否积极、和谐）的创设；教学投入（是否充满热情、精神饱满）状况；学生学习动机的激发、进一步学习的欲望。

（4）课堂教学评价行为。

教学评价行为是根据一定的教育价值观或教学目标，运用可操作的科学手段，通过系统搜集信息、资料来分析、整理，对教学活动的过程和结果进行价值判断，从而为不断完善自我和教学决策提供可靠信息的各种方式和活动。有教学活动的地方，就会涉及评价问题，因此课堂教学评价行为是教师教学活动中的基本行为。课堂教学评价行为主要包括教学评价的观念、教学评价的方式、教学评价的内容、教学评价的目标以及教学评价的主体等。教学评价的对象一般包括对教学过程中教师、学生、教学内容、教学方法手段、教学环境、教学管理诸因素的评价，但主要是对学生学习效果的评价和对教师教学工作过程的评价。教学评价的两个核心环节是：对教师教学工作（教学设计、组织、实施等）的评价，教师教学评估（课堂、课外）；对学生学习效果的评价——考试与测验。评价的方法主要有量化评价和质性评价。

（5）教学指导行为。

苏联心理学家维果茨基认为，教学的本质特征在于激发学习者尚未成熟的心理机能。教学指导行为在于为学生创设一个支持性的学习环境，并以恰当的方式给予学生心理上的安全感和精神上的鼓励，它包括自主学习指导和合作学习指导。不管是哪种学习指导，教师都应该做到：学习目标的清晰化、对学生学习动机的激发贯穿始终、以分组的方式促进学习、对学习讨论有针对性地进行指导讲解、能采取不同方式巩固已学内容和进行学习迁移等。在具体的指导过程中要做到适时（不要过早介入）、适度（不是完全告诉学生，给他们留有思考的时间）、适合（照顾学生的差异性）、适当（围绕教学目标展开）。我们在实验学校的听课中发现，当前中小学课堂教学中普遍存在如下问题：学生在讨论或自主学习前，教师并没有明确的语言任务目标；在讨论或自主学习过程中，教师并没有走下讲台，而是任由学生自己讨论或自学，即使有指导，也只是走过场，留给学生讨论和学习的时间太少，有时甚至只有十几秒，学生无法达到思想交流或自主学习的目的。为了更好地发挥教师在课堂教学中的指导作用，教师应反思自己在学生合作和自主学习过程指导中是否真正起到"答疑、激趣、促思"的作用。

3. 教学反思行为

教学反思行为是教师在教学中或教学后不断反思自己的教育教学实践和教学理论，提升自身素养，以提高教学实践合理性的活动。理性的教学反思行为有利于教师从中发现自身教学行为的优点与不足，剖析其原因，调控自己的教学行为。教学反思行为主要包括教学反思的观念、教学反思的内容、教学反思的形式、教学反思的时间以及教学反思的效率等。

二、客家区域教学行为的特征

教学行为作为一种特殊的人类行为，是教师在教学实践中表现出来的特殊社会实践行为。"认识和了解教学行为的基本特征，是促进教师自觉的教学行为，实现教师与学生主体间有效交流的理论基础。"① 正确理解客家区域中小学教师教学行为特征，是提高教学行为有效性和提升师生素养的基础。

（一）目的性

所有研究人的行为的学科均把人的行为界定为"有目的能动的活动"。因为人和动物的根本区别在于人会有意识地制造和使用工具，从事生产劳动。正如马克思所揭示的："蜘蛛的活动与织工的活动相似，蜜蜂建筑蜂房的本领使人间的许多建筑师感到惭愧。但是，最蹩脚的建筑师从一开始就比最灵巧的蜜蜂高明的地方，是他在用蜂蜡建筑蜂房以前已经在自己的头脑中把它建成了。"② 教育是有目的、有计划、有组织地培养人才的社会实践。教学作为学校教育的主体活动充分体现了教育的这些特点：教学目的是一切教学活动的出发点和归宿。教学行为是服从服务于教学目的的，

① 裴娣娜. 教学论［M］. 北京：教育科学出版社，2007：195.

② 马克思. 资本论：第一卷［M］. 中共中央马克思恩格斯列宁斯大林著作编译局，译. 北京：人民出版社，2004：208.

大到一门学科的教学设计，小至每个教学事件的细节处理，都必须明确而清醒地认识到如此处理的目的。所有教学行为都是由教学目的决定并指向特定的对象——学生。例如，为了激发学生的好奇心、引起学生的积极思考而设置问题与悬念；为了帮助学生理解记忆新公式、新定律而进行演示推导，呈现思维过程；为了引领学生直观而形象地理解某种物质的物理或化学特性而进行操作实验；为了帮助学生掌握某种肢体技能而进行动作示范等。①

（二）个体性

每一位教师是教学行为呈现的具体承担者，不同教学行为的呈现方式与效果不同。就某一位教师、某一节课而言，教师的教学是充满个性的，是教师个性化的体现。正如"一千个读者眼中就有一千个哈姆雷特"，一千位教师就有一千种个性化的课堂。虽然课程计划、课程标准、教科书是统一的，但在贯彻实施中却充满自主性和灵活性。在日常教学实践中，教师的教学行为千姿百态、异彩纷呈，都表现出非常鲜明的个性色彩。面对课堂上的突发事件，有的教师因势利导，化弊为利；有的教师冷静理智，釜底抽薪；有的教师将计就计，化解窘境。对于一个问题的阐释，有的教师直陈明述，有的教师迂回诱导；有的娓娓道来，有的慷慨激昂；有的朴实沉稳，有的幽默机智。教师因自身综合素质和个性特征的不同，对教学过程本质的理解和价值追求不同，从而形成各自不同的教学风格和行为习惯，这是教学行为个体性的典型表现。

（三）情境性

教学活动总是根据一定教学内容的需要在特定时间、空间开展的，课堂教学行为具有很强的情境性。教学过程是一个动态生成的过程，课堂上可能发生的一切，并非都能在备课过程中预测。教学过程的真实推进及其最终结果，更大程度上是由具体的教学情境以及教师因学生因事件而异、灵活处理问题的方式决定的。不同的行为组合构成了不同的教学情境，不同的教学情境又决定着教学行为的选择与变换。教学活动可以预设，可以有教学计划，但从来不是一成不变的行为流程，而是根据不断变化的教学情境而转换的。正如苏霍姆林斯基所说："教育的技巧并不在于能预见到课的所有细节，而在于根据当时的具体情况，巧妙地在学生中不知不觉中

① 段作章．论教学行为的内涵与特点［J］．教育科学研究，2015（2）．

做出相应的变动。"① 同时，中小学教师教学行为的选择和使用还受文化环境的制约，因教师个人或群体的价值取向、思维模式、施教场所、教学时间、教育对象和教学内容的不同而不同。例如价值取向决定了教学内容和教学观念，班额大小、学生特性和已有经验水平决定了教师的教学方式，教学媒体决定了教学内容和教学组织形式，教学时间决定了教学呈现方式与组织方式。

（四）实践性

实践性是教师教学行为的获得与实施的基础与基本条件。教师只有通过反复练习、强化训练才能掌握教学活动中所需要的各种教学技能技巧，从而顺利完成教学任务，胜任教学工作。教师又必须通过实践才能解决教学活动中发现的问题。教学实质上是以实践为中介的师生对世界的认识和改造（主要是通过以认识教学内容为基础来认识客观世界），即先用实践认识教学内容，然后从实践出发处理学生与教学内容的关系。

（五）创新性

165

教学行为的创新性，是由教学活动的对象——儿童成长的复杂性决定的。儿童经常在变化，今天同昨天就不一样。在教育教学过程中，教师面对各种突发情况必须做出及时而智慧的反应，教育教学行为必须因各种"突发情况"的性质、特点、强度而变化。教育是一种心灵的呼唤和撞击，是情感的交融和呼应。在师生的交互作用中，教育情境往往是难以控制的，意料不到的情况随时可能发生。教师必须善于捕捉教育情境的动态变化，迅速机智地采取恰当措施，化不利因素为有利因素，将问题平复于萌芽之中。教学行为的创新性，还体现在对教学内容的加工上。教师只有不断吸收社会、生活中各种新的素材，才能创造出具有时代特色的教学行为，才能提高教学质量。教学行为的创新性，还体现在教学技术与手段的不断更新与发展上。以"粉笔＋黑板式"的传统教学行为在"互联网＋"时代显然远远落后于时代要求，如果教师不主动进行教学行为创新，就不会有翻转课堂与慕课等具有时代气息的新教学行为出现。

教学行为的创新性需要教师的大智慧，但这并不意味着教师的一切教育教学行为必然具有创新性。教师要想卓有成效地开展教学活动，就必须

---

① 苏霍姆林斯基. 给教师的一百条建议［M］. 杜殿坤，编译. 北京：教育科学出版社，1984：227.

追求教学行为的创新。而要做到如此，教师必须在遵循教学基本规律的基础上，以掌握教学行为的一般规则与要求为基础，经历艰苦的探索和长期的磨砺与积累。正所谓"万丈高楼平地起""不积跬步，无以至千里"。教学行为的磨砺与积累，包括自身专业素养的不断优化，深入地亲近、了解学生，善于反思与探究，积极尝试新的教学行为，提高教学行为的艺术魅力。

三、区域文化对区域教师教学行为影响的相关研究

区域文化是一定区域范围内的人们在长期实践过程中形成的，并体现该群体的价值观念、思维模式、生活制度与行为模式的综合体。区域文化是特定区域内人们的行为规则，直接塑造该地域内人们的行为。而教学行为作为一种特殊的人类行为，是以一定的文化背景为基础的文化行为。有学者采用实证研究，发现不同层面地域文化对不同维度教学行为的影响也不相同。[①] 这里就研究的主要内容做一介绍。

（一）研究对象与方法

本研究以宁夏固原地区和银川地区文化与中小学教师行为的关系为基础进行。宁夏固原地区是我国宁夏回族自治区回族聚居地，它历史悠久、文化源远流长，曾是历代经济重地、交通枢纽和军事要地。该地区自古以来就是古遗址文化、中原农耕文化、边塞军旅文化、西方文化与穆斯林文化的交汇处，加之该地区处于西安、兰州和银川三省首府城市所构成的三角地带中心，受秦陇文化影响，形成了以官话方言中的中原官话秦陇片为代表、以秦陇文化和穆斯林文化为主导的地域文化特点。被誉为"塞上江南"的宁夏银川地区是宁夏回族自治区首府，是一座历史悠久、风光秀丽的塞上古城。该地区自秦汉以来，以内地汉族群体为主体的移民大量迁入，他们的文化价值观念和生活方式与当地原有的地域文化相互碰撞、渗透和融合。尤其是新中国成立后，全国各地的一些工厂及其支边人员相继迁入，加上改革开放以后大量流动人口的涌入，导致这里"五方杂居，五俗不纯"，融合了黄河文化、西夏文化、穆斯林文化的贺兰山岩画等文化形态，并形成了以西夏文化和移民文化为主导、以兰银官话为主、多民族语言共处、多汉语方言融合的地域文化特点。

本研究采用问卷调查法和访谈法，对宁夏固原地区和银川地区的 20 所

---

① 咸富莲. 地域文化对中小学教师教学行为的影响 [J]. 教育理论与实践，2014（29）.

中小学的 500 名教师进行了问卷调查，对其中的 40 名教师进行了访谈。本次研究共发放问卷 500 份，回收有效问卷 456 份，问卷有效回收率为 91.2%。其中，被调查对象中有男教师 154 名，女教师 302 名。银川地区教师 286 名，占 62.7%；固原地区教师 170 名，占 37.3%。

（二）研究结果

宁夏固原地区中小学教师教学行为量表得分均值约为 140.82，宁夏银川地区中小学教师教学行为量表得分均值约为 146.40。将宁夏固原地区和银川地区中小学教师教学行为量表在七个维度得分进行 T 检验，结果如表 5−1 所示。由该表可知：第一，宁夏银川地区中小学教师教学行为各个维度的得分均高于宁夏固原地区中小学教师。具体而言，宁夏固原地区中小学教师教学行为得分均值由高到低依次是教学呈示行为、教学管理行为、教学评价行为、教学指导行为、教学组织行为、教学反思行为和教学准备行为；宁夏银川地区中小学教师教学行为均值由高到低依次是教学呈示行为、教学管理行为、教学指导行为、教学评价行为、教学反思行为、教学组织行为和教学准备行为。第二，宁夏固原地区和银川地区中小学教师的教学组织行为、教学管理行为、教学呈示行为、教学指导行为和教学反思行为存在极其显著性差异，教学准备行为和教学评价行为不存在显著性差异。研究还发现，不同层面的地域文化对不同维度教学行为的影响也不相同。

表 5−1　宁夏固原地区和银川地区中小学教师的教学行为各维度 T 检验

维度	固原地区（N=170）		银川地区（N=286）		T	P
	M	SD	M	SD		
教学准备行为	19.29	3.15	19.72	2.94	1.459	0.145
教学组织行为	19.96	3.03	20.75	2.64	2.932	0.004**
教学管理行为	20.50	3.22	21.34	3.03	2.791	0.005**
教学呈示行为	20.62	3.22	21.67	2.76	3.686	0.000**
教学指导行为	20.03	3.33	21.13	2.91	3.709	0.000**
教学评价行为	20.46	5.25	20.94	2.88	1.240	0.216
教学实施行为	101.57	15.78	105.83	13.16	3.098	0.002**
教学反思行为	19.95	3.29	20.77	3.01	2.731	0.007**
教学行为	140.82	21.39	146.40	18.16	2.968	0.003**

注：**P < 0.01。

（三）讨论与分析

1. 地域文化对教学准备行为的影响

教师教学准备行为是教师授课之前基于特定文化背景对教学预期目标、课程标准及教学内容、教学方式方法、教学媒体、教学内容、教学情境和教学时间等诸多方面预期准备的行为过程。一般来说，不同地域文化背景下的教师教学准备行为理应存在差异性，但研究发现，宁夏固原地区和银川地区中小学教师的教学行为不存在显著差异。这是因为：第一，不论是宁夏固原地区还是宁夏银川地区，中小学教师的教学准备行为都在无形中以"应试文化"为准绳，具有相同的教学目标追求；第二，尽管两个地区中小学教师生活的地域文化存在差异性，但教学准备行为一般是基于统一的课程标准和教材，是对后续教学的一种预设；第三，在终身教育理念和可持续发展理论指导下，宁夏固原地区和银川地区中小学教师已经意识到地域文化对其教学行为的影响，已开始反思教学准备行为的差异性，着手提高教师教学准备的操作能力。

2. 地域文化对教学实施行为的影响

教师教学实施行为也受特定区域文化的影响。这是因为：第一，教学组织行为的整体性和情境性使其依附于特定的文化环境和组织氛围。研究发现，宁夏固原地区和银川地区中小学教师在教学组织行为维度得分存在极其显著性差异（$T = 2.932$，$P = 0.004 < 0.01$），这一研究结果与已有研究结果一致。其原因在于，中小学教师教学组织行为是其他教学行为的根基，教师作为组织中的个体，其教学组织行为离不开教师个体的职业情境、文化氛围和工作环境。第二，教学管理行为实施的基础是了解被管理的对象和内容。基于特定教学情境的教师教学管理行为，首先需要考虑学生的文化心理和行为特点，既要创建适宜的课堂文化氛围，又要注意课堂文化的生成、师生关系的处理和教学智慧的生成。研究发现，宁夏固原地区和银川地区中小学教师的教学管理行为存在显著性差异。究其原因，宁夏银川地区以移民文化为主导的地域文化使得中小学教师的教学行为更具多样性和灵活性，而宁夏固原地区地域文化的保守性则使得中小学教师的教学管理行为趋向于遵循常规。第三，教学呈示行为受地域文化的影响很大。以方言为例，方言作为人们情感交流的工具和地域文化的载体，反映着该地域特定的文化、该地域居民特殊的心理素质和精神追求。宁夏固原地区的中小学教师受陇东方言的影响，影响了学生对教学呈示内容的准确理解；而宁夏银川地区兰银官话更加接近普通话。第四，教学指导行为是

教师帮助特定文化影响下的学生成功达到课堂练习目标的重要途径，它既有助于教师了解学生对教学知识、技能的理解与掌握程度，又有助于教师了解当地学生文化的价值倾向性，并且能够有针对性地加以指导和点拨。第五，宁夏固原地区和银川地区中小学教师的教学评价行为总体上没有显著性差异，并不是说两个地区的中小学教师教学行为完全一致。通过访谈发现，二者在教学评价的观念、教学评价方式和教学评价内容方面存在显著差异。两地大多数中小学教师尽管已经意识到教学评价行为对学生身心发展的影响，但是受"应试文化"影响，其教学评价仍倾向于甄别和选拔，只关注知识和技能目标的达成。

3. 地域文化对教学反思行为的影响

教学反思是针对教育教学实践活动及支持这些活动的理论、假设进行的分析与思考。由于不同地域文化背景下，教师有着不同的教学任务并面临着不同文化的文化群体，因此，其反思行为必受特定地域文化的影响。研究发现，宁夏固原地区和银川地区中小学教师的教学反思行为存在显著差异，尤其是教学反思观念和教学反思形式方面差异较大。宁夏银川地区的中小学教师面对激烈的竞争和开放的文化环境，为了满足家长需求，不得不注重反思意识的培养和反思形式的多样性，教师的反思自觉比较高。

根据该研究的结论及分析，我们认为客家区域文化对于教师教学行为，与其他广府文化或潮汕文化中的教师行为相比，在教学组织行为、教学管理行为、教学呈示行为、教学反思行为等方面应该存在较大的差异。限于篇幅，这里不再赘述。

第二节　客家区域教学习惯及其变革

区域教学习惯是在区域教学活动过程中表现出的行为和思维方式，它隶属于习惯的范畴，具有习惯的特征。但由于教学活动的特殊性，区域教学习惯又具有独特性。本节重点分析客家区域教学习惯的内涵与特性、如何改变客家区域教学习惯等有关教学习惯的基本理论问题。

一、客家区域教学习惯的内涵与特性

教学习惯普遍存在于教师的课堂教学生活中。近代英国唯物主义哲学

家、思想家培根曾经说过，"人们的思想多是依从着他们的愿望的，他们的谈论和言语多是依从着他们的学问和外面得来的见解的；但是他们的行为却是随着他们平日的习惯的"①。因此，教学习惯对教师的教学行为具有极其重要的决定作用。然而，现实教学生活中的教学习惯却并不总是好的，还有些是坏的、起反向作用的，甚至会严重影响教师的教学生活、阻滞教师的发展。再加上教学习惯大多是极其微小的，它常常潜在地散落与弥漫于教师的教学生活中，难以被察觉，因而也极易成为教师和研究者关注的盲点。鉴于此，深入认识教学习惯的基本内涵与特性，对优化教师的教学行为和促进教师的发展具有重要意义。

（一）客家区域教学习惯的内涵

客家区域教学习惯就是客家区域内的教师个体或集体在长期教学实践活动中逐渐养成的、不能轻易改变的自动化的行为模式。客家区域教学习惯的存在具有多种形态，国内学者依据人的活动方式②，将客家区域教学习惯大致分为三种类型：其一，外在形体习惯。这是指无意识的身体姿态举止，主要表现为教师的站姿、走姿、手势和表情等日常教学姿态。如教师在教学过程中习惯于站在讲台上还是站在学生中间，教师在课堂提问中是习惯于以食指指点式来命令学生还是以手掌面向学生等，这主要是纯粹个人生物学意义上的惯性使然。其二，行为活动习惯。这是指习以为常的无意识行为，主要表现在教师对师生关系的处理，对教学方式、方法和手段的选择等方面。如教师在教学中是采用"一言堂"的灌输式授课方式还是以启发诱导为主，教师在与学生交往时是以鼓励为主还是以批评和惩罚为主等。又如，有的教师平时沉默少言，不善于表达，但只要站在讲台上，不仅声音洪亮，而且思路清晰，侃侃而谈，著名教育家魏书生就是这样的人。此类教学习惯主要与教师个体的教学观、教师观和学生观等密切相关，是教师理性选择的结果。其三，精神心理习惯。这是指无意识的精神心理活动，主要表现为教师的批判、质疑与创新的精神和意识等。如教师是习惯于固守教材还是灵活创生课程，是以标准答案规范学生还是鼓励学生进行发散性思考等。这些客家区域教学习惯主要受教师教育思想、教学观念和价值观的影响，是教师最深层的精神与灵魂、教育信念的表达。可以说，正是这三类教学习惯的相互交织，才共同缔造了客家教师区域惯

① 弗兰西斯·培根. 培根论说文集［M］. 水天同，译. 北京：商务印书馆，1983：143.

② 高兆明. 论习惯［J］. 哲学研究，2011（5）.

常化教学行为的存在样态。

（二）客家区域教学习惯的特性

关于教学习惯的特性，目前有许多不同的观点和看法。有人认为教学习惯的基本特征是稳定性、自动性、准备性、经济性和适用性①；也有人认为教学习惯具有保守性、自动性和二重性等特点。② 综合上述有关教学习惯特性的分析及客家教学实际，我们认为，客家区域教学习惯应具有如下基本特性：

1. 自动性

教学习惯是教师的自动化的教学行为。在教学实践中，教学习惯往往表现为教师在某种特定场合不经意间自然流露出的固定的和相同的行为方式与思维模式，这些行为方式即教师行为自动化的展现。教学习惯的自动化可以使教师摆脱意识和理性的支配而达到无须注意力分配的、难以言说的状态。因而，教学习惯一经形成，便"深深砌入灵魂的存在中去"，成为教师的"第二天性"，使教师的教学行为以某种不自觉的、非反思的和不证自明的方式展现出来，从而在自动化中达到身体行为与灵魂精神的融合。教学习惯的自动性可以使教师不假思索地选择教学行为，凭直觉展开教学，而无须为下一步的行动做过多考虑，这主要是由于"习惯简化了为实现一个特定结果所需要的运动，它使这些运动变得精确，并且减少了疲劳"③。同时，"习惯的重要性并不止于习惯的执行和动作方面，还指培养理智的和情感的倾向以及增加动作的轻松、经济和效率"④。因此，教学习惯的自动性可以帮助教师减轻新动作所带来的阻力，减轻教学负担，使教学行为变得更为经济有效。然而，教学习惯的自动性也容易引发"功能固着"的消极心理定式，这实际上是思维的一种惰性。如客家区域长期流行的讲授教学习惯由来已久，并且经历封建社会的科举考试的证实，是行之有效的方法，因而今天的教师依然坚守这一习惯。一般而言，教学动作的熟练化达到何种程度，其脱离智力和理性的控制达到何种程度，习惯变得

① 阳泽. 新课程条件下教师的教学习惯创新［J］. 天津教育，2005（4）.

② 肖正德. 教学习惯的意蕴、特质与改变路向：教学文化变革的视觉［J］. 华东师范大学学报（教育科学版），2012（3）.

③ 威廉·詹姆斯. 心理学原理［M］. 田平，译. 北京：中国城市出版社，2003：153.

④ 约翰·杜威. 民主主义与教育［M］. 王承绪，译. 北京：人民教育出版社，2008：54.

呆板、封闭就达到何种程度。尤其是当教学遭遇外部的危机与转变时，教学习惯更是难以赶上改革的步伐，丧失了应变性和适切性，呈现出一定的封闭性和滞后性，成为阻滞教师发展、抑制教学进步的落后力量。

2. 稳定性

由于教学习惯的形成是教师在教学生活中以难以察觉的方式不断调整与抉择自己教学行为的过程，因此，教学习惯一旦形成，便具有一定的生命周期，展现出相对稳定的特征。可以说，教学习惯的稳定性是教学活动顺利进行的有力保证，它可以帮助教师在复杂多样的教学活动中得到秩序感和安定感，使教师得心应手地应对千变万化的教学情境。其消极作用表现为：要想改变或者被中断已有教学习惯，教师就会在心理上产生不愉快的情感体验，从而使教学行为走向呆板和僵化。黑格尔对此具有深刻的认识，他指出："在习惯中我们的意识在同一时间既出现在这件事情中，对这件事情感兴趣，而反过来又不在它那里，对它漠不关心；我们的自身同样地将这事物占为己有，就跟反过来从它那里撤退一样，灵魂一方面完全渗进它的种种表现里，而另一方面又把它丢开不管，因而赋予它一种机械性的东西。"①

客家传统教学文化底蕴深厚，当教学改革倡导的许多新型教学文化入侵时，它仍然显示出强大的文化阻滞力。这种严重的稳定性迫使它很难吸收新型教学文化，一直以极其闭守自我的文化特质而发展着，面临教学改革时想方设法阻抗着。当下，尽管一直强调课程教学改革，但旧的教学习惯中那些与当今时代精神和价值追求不相符合的文化元素形成了现实中对教学改革的文化阻滞力。这种旧的教学习惯带来的种种负面影响，束缚着教师的教学观念，固化着教师的教学行为方式，阻抗着教学文化的变革，成为客家区域教学改革进程中的一块绊脚石。故此，客家区域教学改革必须以改变旧的、坏的教学习惯为基本前提。

3. 二重性

习惯的二重性是指习惯的特征不是孤立单独存在的客体，而是相互联系、相互作用的统一体，具有多种表现形式，如自动性与机械性的统一、稳定性与可塑性的统一、经济性与功能固着性的统一、差异性与标准性的统一等。本书重在以习惯对人们生活的影响为依据，把习惯分为好习惯和坏习惯。好习惯是对人的学习、工作和生活等起积极作用，适应人的正常需要，且对人具有正向价值的一类习惯。坏习惯是指对人的学习、工作和

---

① 黑格尔. 精神哲学 [M]. 杨祖陶，译. 北京：商务印书馆，2006：195.

生活等起消极作用，不能适应人的正常需要，且对人具有负向价值的一类习惯。良好的习惯使人终身受益，不良的习惯则对人终身贻害。因此，我们要在积极培养良好习惯的过程中自觉抵制不良习惯的滋生。

客家区域教学习惯同样具有互相对立的两种属性，就教学习惯对教师和学生生活的影响而言，它可以分为好的教学习惯和坏的教学习惯。好的教学习惯是指对教学起积极作用，适应教学改革的需要，且对教师和学生的发展具有正向价值及正能量的习惯。在客家区域教学文化活动过程中，我们发现，有的教师习惯于欣赏与赞美学生，习惯于尊重与关怀学生，习惯于帮助与激励学生；有的教师习惯于甘于奉献、严于律己，习惯于与同事相互理解与支持，习惯于与同事交流与合作；有的教师习惯于拓展教材，习惯于引导学生在接受知识的基础上尽可能开展合作、探究、体验、交往、实践等学习活动；有的教师习惯于勤读书、勤思考、善积累、重反思。所有这些，无疑是优良的教学习惯。坏的教学习惯就是指对教学起消极作用，阻滞教学改革的进程，且对教师和学生的发展具有负向价值与消极作用的习惯。在客家区域教学文化活动过程中，我们也发现，有的教师习惯于"填鸭式""满堂灌"，习惯于仅仅关注学生的学习结果与分数，而不顾学生的学习过程与个性差异；在处理与同事的关系上，有的教师习惯于单打独斗、闭门造车，习惯于不当竞争；在处理与学生的关系上，有的教师习惯于讽刺挖苦，习惯于批评惩罚；面临教学改革，有的教师习惯于从经验出发，墨守成规、消极应付；面对教学困境，有的教师习惯于抱怨、伤感和忧愁，习惯于放弃心中的目标、理想和追求，习惯于远离与逃避。诸如此类，便是坏的教学习惯。由于教学习惯具有上述互相对立的两种属性，作为教学行为习惯主人的教师，在教学改革的进程中要尽量改掉坏的教学习惯，努力养成好的教学习惯，以促进教学文化朝着良性方向变革。

二、客家区域教学习惯

教学习惯具有两面性，对教学活动既具有积极的作用，也有消极的作用。有人对我国当代特级教师的优秀教学习惯进行了总结，主要是：①提前三分钟进教室；②巧用课前三分钟；③第一印象很重要；④上课时要充满激情；⑤给学生一个期望；⑥课堂管理要管放有度；⑦要有一个平和的心态；⑧要有一颗包容的心；⑨把爱给每一位学生；⑩保持亲和力；⑪赏识你的学生；⑫让学生在幽默和笑声中学习；⑬尽量多给学生发言的机会，成为眼睛会说话的老师；⑭注意语调；⑮恰当地使用肢体语言；⑯把

握好课堂提问的时机；⑰让学生在课堂上有"问题"；⑱让生成成为课堂的亮点；⑲经常梳理自己的课堂；⑳表扬和批评要适度；㉑榜样的力量是无穷的；㉒控制好课堂的"活"；㉓善待学生的错误；㉔帮助学生赢得信心；㉕慎用课堂语言；㉖课堂的每一天都应该是新的；㉗"课堂"管理功夫在课外。认为这些教学习惯是促进特级教师教学获得教学成功的基本因素。① 也有人对教学中的不良教学习惯进行研究，认为现在教师有许多不良的教学习惯，如过分依赖教学参考书的习惯；教师在课堂教学中存在牵引学生的习惯、课后缺乏反思习惯等，这些习惯是制约教学活动的重要因素。②

这里根据我们对实验学校的调查及走访，把当代客家区域主要的教学习惯做一说明。

（一）讲授的习惯

我们知道讲授是中小学最基本的教学方法，是教学顺利进行的必要方式和技能。可以说，没有讲授的教学是很难有效的。但我们这里所指的讲授的习惯并非不要讲授，而是指在教学中，由于教师已经形成教学讲授的习惯，因此，无论面对什么样的教学内容，较少顾及学生的感受与教学的需要，下意识认为讲授的作用总是积极的与正面的，总是不自觉地讲起来。③

教学讲授的习惯在教学中的主要表现：一是"满堂灌"。长期以来，"满堂灌"作为一种落后的教学形式一直受到教育革新者的反对，他们认为"满堂灌"把学生看作一种知识的"容器"，忽视了学生的主动性，束缚了学生的自由与个性。这样的教学是目中无人的教学，没有生机与活力，应该在教学中祛除。但认真分析这种现象，我们发现这种观点本质反对的是课堂上教师一味地"灌"，但从教学的角度来说，在学生知识从无到有的过程中，适当的灌输是不可少的。二是对内容的讲解过细，没给学生留出思考的空间。讲透、讲细致是讲授的基本要求，也是许多教师教学的追求，这不容置疑。但学习是学生自己内化的过程，在教学过程中，如果对内容或问题讲解过细，其实就成为给学生知识，而不是学生自己思考与内化知识，两者的区别比较大。实际上每一个问题，学生都有自己的思

---

① http://blog.sina.com.cn/s/blog_5cc149a20102dzr2.html.

② 万荣根，郝林晓. 不良教学习惯：新课程实施的阻力因素［J］. 当代教育论坛，2005（14）.

③ 王彦明. 论教学习惯［D］. 南京：南京师范大学，2012：107－123.

考，讲授的作用可能就是找到突破口，其他的事情应该交给学生自己处理。这样的教学既有教师的引导，又有学生的参与，更能取得最佳效果。讲授要具有"不愤不启"的作用。三是不分对象，泛用讲授方式。教学所培养的是学生多方面的素质与能力，这不是讲授可以囊括的。讲授的作用从某一方面说就是引导，而且也需要区分不同的对象。对不同的教学内容可能需要讲授的时间与详略程度不同，如对某个数学题，可能教学需要讲清楚思路与过程；而对于语文来说，对某一诗句的理解可能就不需要过细地讲授，如"空山松子落，幽人应未眠"，就需要学生自己体悟那种意境，过多的讲授则限制了想象的深度与广度，将束缚学生的能力发展。

（二）追求标准与统一的习惯

追求标准与统一的教学习惯是指在教学中，不分学科与内容，不区分学生的具体情况，都以标准答案、标准模式、统一的形式、统一的内容和统一的要求为目标，也就是整齐划一。这种习惯的具体表现：一是教学中追求标准答案。在现实的教学中，许多教师对于答案习惯于追求标准甚至是完美。在实验学校的教学中我们常常听到教师这样的话语："回答很好，但答案不够标准，应该这样说……""你的回答应该也是对的，但标准答案是这样的，请按照标准答案来回答"。而且教师常常会特别叮嘱学生在考试时尽量按照标准答案来回答问题，只有这样考试才能取得高分。这样的习惯使得教师在教学中往往局限于答案的标准性而忽略了思维的发散性。二是拘于某种统一的教学模式。教学中的这种统一有两种情况：第一，沿袭长期以来的教学方式；第二，盲目学习先进的教学经验，改变自己的教学。当前，每当一个教学模式取得成功的时候，就是大家蜂拥而至、纷纷学习借鉴的时刻。为什么会有那么多的学校、教师希望学到这些教学模式？除了追求成绩与质量之外，另外一个原因就是对统一的追求。至于这种模式是否符合所在学校或区域条件，则较少考虑。因此，有人就发出了"明天将流行什么教学方法"的感叹。[①] 跟风从众心理比较浓厚。三是用一个标准评价学生。在教学中，教师习惯于对学生掌握知识的情况和理解教学内容的情况做出评价，往往用学生考试分数这一把尺子、一个标准来评价不同学生。追求标准与统一的教学习惯深层次的原因就是对教学效率的追求，就是对以考试为目的的教育的追求，其危害不言而喻。

---

① 王俊霞. 一名教师的困惑：明天将流行什么教学方法 [N]. 中国教师报, 2008 - 04 - 18 (2).

（三）信赖与依赖教材的习惯

信赖与依赖教材的习惯是指在教学中，教师对教材盲目地崇拜与信服，严格按照教材的要求进行教学，以教材作为教学、测验的唯一标准，不敢越雷池半步。这种习惯的主要表现：一是照本宣科。在教学中，教师严格按照教材的编排体系进行教学，教材中没有的内容一般不属于教学范围，教材怎么说的就怎么教，按教材的要求规范教学。这种照本宣科不是不懂或不会，而是基于对教材的依赖与信赖。二是较少或不敢质疑教材。由于教材的编制者是本学科的权威，而且教材的发行者和管理者也是权威或上级主管部门。因此，人们习惯于认为教材应该是正确的，而对于质疑之声往往采取制止的态度。三是教辅依赖症。"由于教辅资料的存在与泛滥，为现行教学提供了各种教学参考资料，使多数教师课程开发能力弱化，离开教辅就不能较好地进行教学、完成教学各环节任务的现象。"[①]

教师信赖与依赖教材的教学习惯形成的主要原因与当今的标准化考试制度有较大关系。考试的内容以教材为主，考试的形式是标准化的，而以成绩论英雄的评价机制使得教师对于考试不得不相当重视，必须按照考试的要求进行教学，考什么就教什么，教学无法或不愿脱离教材进行。同时，中国传统文化中的"文字崇拜"，认为教材皆是圣贤之言，是信赖与依赖教材的习惯的另一根源。

（四）控制教学过程的习惯

控制教学过程的习惯是指在教学中，教师习惯于成为课堂教学的主宰者，控制教学的每一个环节，控制学生的每一方面的表现与反应。其具体表现如下：一是教师控制教学。教师控制教学过程的诸环节，使得教学按照既定的路线进行，不允许出现偏移。教什么、怎么教都由教师决定，对教学中的生成性采取抵制心态。二是教师控制学生。在教学中，教师对学生的控制几乎是全方位的，从学什么、怎么学到学习的过程，再到教学过程中学生的反应与思维的方式等都在教师的控制与引导之下，学生成为被牵着鼻子走的对象。比如教学中的提问，我们往往看到的是教师对学生提出问题，而这些问题是已经设计好的，答案也是标准的，学生的回答必须走标准路线。

这种教学习惯产生的原因：一是对教师身份传统认识的误导。既然教

---

① 杜德栎. 现代病态教学文化现象及其危害［J］. 教育文化论坛，2011（3）.

师是传道授业解惑者，那么就应该有较高的水平，而学生作为学习者，应该虚心向教师学习，应该按照教师的指引进行学习。其实这里面的问题就是忽视了学生的主动性，缺乏对学生个体积极性的认同与信任，把学生仅仅看成接受者，而把教师的控制看成理所应当。二是现在的测评制度及考试使得学生不得不依靠教师。标准化的考试往往需要丰富的应试经验和应试技巧，教师由于投身其中，经验丰富，其指导具有针对性，当然要接受教师的控制。

（五）各自为政的习惯

各自为政的教学习惯就是指在教学中，教师往往依靠个人的力量单打独斗地进行教学，把自己置于教者的上位而不是学者的下位，习惯于闭门造车，鲜有真正的合作。这种教学习惯的核心就是教学中的个人主义，于是我们看到教学是教师一个人的战斗，是一个人与一群人的交流。其具体表现如下：一是教学准备的闭门造车。许多教师课前设计、课后反思等环节喜于把一个人关在办公室内苦思冥想、孤军奋战，不愿意与同事、同行进行切磋及交流，缺乏合作与共享。教师在教学中，失败了不能及时查找原因，成功了又不能与其他教师分享其成功的经验，不便于教师成长及教学共同体的发展。二是课堂教学成为一个人表演的"独角戏"。教学是教与学的结合，是师生共同完成的活动，但无论是在常态课上还是在公开课上，我们所看到的是：教学就是教师一个人表演的"独角戏"。教师掌控教学的各个环节与过程，而学生的参与也只有在教师允许的情况下才有可能发生。而这样的参与也受到教师的干预，学生缺乏应有的课堂主动性，更不要讲教学自由。三是教学的伪合作。教学中的交流与对话合作是我们一直强调需要积极践行的教学行为，因为这不仅是对学生主体地位的尊重，而且对改变教师各自为政的教学习惯，真正使教学成为双边活动，实现教学目的具有积极的意义。但当教师习惯于表演"独角戏"的时候，教学合作也就只是作为一种形式的伪存在，师生的合作、交流、对话在教学中的表现就是问答，只要认真审视这些问题我们就会发现，许多问题缺乏深度，甚至有些就是诸如"是不是""行不行""对不对"等不是问题的问题。

造成教师单打独斗习惯的原因，主要源于教师对教学的认识与对师生地位的界定，认为教学就是教师教、学生学，学生必须在教师主导下进行学习。对师生关系的认识不全面也是造成单打独斗教学习惯的原因之一。毋庸置疑，现代教学极力倡导建立民主、平等、合作的师生关系，把它作

为优化教学的基本策略。但有些教师就是放不下架子，不肯到学生中去与学生交往，致使教师成为"孤家寡人"。

三、客家区域教学习惯改变的文化策略

"我们生活在形成习惯的过去之中，不断形成和打破习惯是我们此在生成的坚实基础，没有习惯为底蕴，我们精神的每一次进步将是不可能的。"① 区域教学习惯的两面性，使我们在发挥教学习惯积极作用的同时，必须不断打破原有的、旧的教学习惯的消极作用，对原有教学习惯进行改革，从而推动教师教学行为的发展。同时，由于区域教学习惯的形成是多方面因素相互作用的结果，是一个系统工程，因而要改变教学习惯，就必须有整体改革的思路，才能达到预期的效果。

（一）以教学观念的转变为前提，确保教学习惯变革

习惯作为一种时代精神，是对那个时代的记忆。因而，习惯总是以那个时代、一定区域的社会价值精神为前提。随着社会价值精神的变化，人们的习惯会相应地发生变化。因此，要改变既有的习惯，就要改变形成习惯的价值观念。区域教学习惯首先是区域教学精神文化的体现，反映的是时代教学价值的追求。不同时代由于教学价值与精神不同，因而具有不同的教学习惯。如上述控制教学过程习惯产生的原因，其实质就是忽视了学生的主动性，缺乏对学生个体积极性的认同与信任，把学生仅仅看成接受者，而把教师的控制看成理所应当，其信奉的教学价值就是以师为本。因而，要想改变旧的、落后的教学习惯，就必须转变教学观念，实施系统变革工程。

（二）以教学生活的变革为基础，渗透教学习惯变革

每个人都生活在一定区域的社会文化环境中，是一定区域的社会文化环境的产物。习惯是人们在长期的区域社会文化环境生活中形成的共同的、相对稳定的、自觉的行为方式，是以一定区域的社会生活方式为内容。习惯在一定的社会生活过程中形成，并在一定的社会生活过程中变迁。习惯作为一种时代精神的体现，总是以那个时代、一定区域的社会生活方式为前提。随着社会物质生活方式与技术手段的变化，人们的精神生

---

① 雅斯贝尔斯. 什么是教育［M］. 邹进，译. 北京：生活·读书·新知三联书店，1991：15.

活方式也必将或迟或早地发生变化，习惯同样如此。习惯作为被组织起来的行为，是次生的、获得的，而不是自然的、天生的。要改变既有的习惯，就要改变形成习惯的生活方式、价值观念与环境条件。① 一个人既生活在既定的社会风俗习惯之中，又在不断打破既定的社会风俗习惯中前行。生活在社会风俗习惯中的人们，在改变自身日常生活的现实活动中改变着既有的风俗习惯。

教学是教师的一种专业生活方式与存在方式，一定区域的教学习惯是在一定区域的教学生活文化场域中形成的。由于教学生活本身的复杂性、多样性、专业性，教师形成的教学习惯也具有多样性特质。在这种多样性的教学习惯中，隐含着新与旧、好与坏的矛盾。在教学改革的进程中，这些教学习惯的矛盾剧烈斗争着，最终导致既有的旧的、坏的教学习惯随着区域教学文化的变革逐渐失却其存在的合理性，而那些适合教学变革的新的、好的教学习惯却逐渐获得自身存在的合理性。生活在区域教学习惯中的教师，在改变自身日常教学生活的现实活动过程中，改变着既有的区域教学习惯。区域教学改革的主旋律对教师的教学生活方式提出了新的要求，对教师的区域教学习惯提出新的挑战，需要教师对既有的教学习惯进行相应的改变。

由于对教师区域教学习惯变革的任何要求都需要建立在现实生活的基础上，因此，要改变过时的教学习惯，就必须从变革教师的教学生活开始。

一是从教学生活的点滴细微处着手改变教学习惯。由于习惯是在个体对某一行为反复、重复的过程中形成的，因而，要改变旧的、坏的习惯，养成新的、好的习惯，起点是从日常生活的点滴细微处做起。教学习惯渗透在教学文化活动过程的每一个细小环节。教学习惯相对于教学观念文化来说，它是一种潜意识、无意识状态。它无明确的意识倾向，但又无时无刻不顽强地表现自己。所谓习惯成自然，便是此意。当一种教学习惯成了自然存在着的东西时，它的能量就可想而知了。它往往潜伏于教师的日常教学文化活动之中，不仅具有极强的渗透力，而且极其顽固。它在教学文化活动过程中无孔不入、无处不在，更常常在细微处显示力量。教学习惯的养成是具体的、微观的，是一点一滴的积累，这就要求教学习惯的改变得从教师的备课、阅读、讲授、辅导、作业批改、教学评价等一言一语、

---

① JOHN DEWEY. Human nature and conduct［M］. New York：Henry Holt and Company，1922：p. 89.

一举一动着手。要改变教学习惯，就必须从教学生活的细微处着眼，细致深入到教学生活的每一方面；否则，教学习惯的改变只能是一句空话。

二是在长期的教学生活实践陶冶中改变教学习惯。每位教师在教学文化活动中会养成各种各样的习惯，这些习惯一旦形成，不会因一时一事而改变。故此，教师要改变旧的、坏的教学习惯，养成新的、好的教学习惯，就需要长期的教学生活实践的陶冶。陶冶法不是直接对教师提出明确的改变教学习惯的要求，也不是直接向教师进行关于教学习惯改变的说理引导，而是寓于一定的教学文化情境之中，让教师在不知不觉中，在有意识和无意识的相互作用过程中，经由长时间的反复熏陶，渐渐达到改变教学习惯的目的。具体而言，就是学校应该注意选择与设计陶冶教师的教学文化环境，加强教师人际环境、语言环境、心理环境建设，用它们内隐的因素对教师进行潜移默化的影响。它虽然不像示范引领和惩戒堵塞那样立刻产生效果，但其一旦形成就具有很强的生命力和持久性。

（三）以优秀教学文化示范作用为核心，引领教学习惯变革

我们知道，习惯渗透于生活的各个方面，习惯的样态多彩多姿。尽管一个社会会有多种风俗习惯，但是它却有一种占主导地位的风俗习惯，正是这种风俗习惯决定了这个社会风俗习惯的基质及其样式。在一个积极向上、充满正能量的社会中，这种占主导地位的风俗习惯应当是具有时代精神、代表社会发展方向的。而能够担当起这种新社会风俗习惯之历史承负者，首先是社会先知先觉者的先进分子。一种行为习惯、风尚习俗的变迁，总是需要先知先觉者的引领。① 因为在行为习惯、风尚习俗的变迁中，旧的、坏的风俗习惯不会自动消失，新的、好的风俗习惯的形成需要有榜样的激励、鼓舞、鞭策与示范。因此，占主导地位的新的、好的风俗习惯需要在具有时代精神、代表社会发展方向的社会先知先觉者的引领作用下，方能引起社会风俗习惯的变迁，才会促进社会文化的进步。

在教学过程中，也会呈现多种多样的教学习惯，其中必定有一种占主导地位的教学习惯，也正是这种教学习惯决定了教学习惯的基质及其样式，它在优秀教师或特级教师的引领下，引起教学行为的变革和教学文化的重构。亦即当优秀教师或特级教师的新的、好的教学习惯被传播与泛化，延伸到教学文化活动的各个环节，并存在于各种教学文化场域之中时，它就会成为教师群体普遍遵从的教学范式，引起教师群体教学行为方

① 高兆明. 论习惯［J］. 哲学研究，2011（5）.

式的变革，形成一种群体性的新型教学文化。在当下教学改革的浪潮中，就要充分发挥这种站在改革潮头浪尖的优秀教学文化的示范引领作用，使得教师群体养成善于反思的习惯、善于观察的习惯、善于倾听的习惯、善于合作的习惯、善于科研的习惯、善于创新的习惯。概言之，教学习惯的变迁是一个需要先进教学文化引领的过程。在教学习惯变迁过程中，我们应该充分发挥优秀教学文化的示范引领作用，大力营造学习先进、争当先进、赶超先进的教学文化氛围，努力改变旧的、坏的教学习惯，养成新的、好的教学习惯。

（四）以教学制度文化为保障，推动教学习惯改变

习惯是一个人反复练习与适应环境而形成的特定行为模式的固化。其一旦形成，就具有一定的稳定性，要改变它绝非易事。因为人要摆脱自己的既有秉性模式，放弃既有的意志，开始一种新的生活程序和人生规定，这是一种根本性的转变，常常需要一种强大的外在规范力量的促使、逼迫；否则，这种从一种生活程序跳跃到另一种生活程序的转变，依靠个体自身的力量往往无法奏效。因而，要实现这种生活方式、生活程序的根本性转变，就必须有一种外在强制规范力量的存在。这种外在强制力量通过制度文化的规约，通过生活实践告诉人们"必须如此""不得不如此"。用说服教育的方式，改变人们既有的生活习性、道德精神，这仅仅是改革人们习惯的一种方式，但并不是唯一的也不是最根本的。为了使一定区域的社会成员养成文明习惯，社会必须有某种强制性的生活价值及其规劝教育，对旧的习惯发挥惩戒堵塞作用。总之，在社会习惯、风尚习俗的转变过程中，示范引领和法制规范二者缺一不可。示范引领是疏、生，法制规范是堵、禁，二者配合一体，方可促成社会习惯、风尚习俗的定向转变。①因此，改变旧的、坏的习惯，养成新的、好的习惯，既要有先进文化的示范引领，亦要有制度文化的惩戒堵塞。

教学制度文化是人为制定的、要求师生共同遵守的一种教学思想准则和行为规范，通常表现为教学规程、教学纪律和教学仪式。教学制度文化就其本性属性而言，具有正式的强制力和约束力。无论是教学规程、教学纪律还是教学仪式，均蕴含两个方面的意义：依教学制度文化行动，就会获取肯定、赞许，而违反教学制度文化则会受到惩罚、批评。当一种与教学改革精神背道而驰的教学习惯成为教学改革的文化阻滞力时，就需要一

---

① 高兆明．论习惯［J］．哲学研究，2011（5）．

种发挥强制作用的教学制度文化，并使之内化为教师的教学习俗，实现习俗化发展，从而养成新的、好的教学习惯。

然而，使教学制度文化内化为教师的习俗，实现习俗化发展，也需要一个不断深入的过程。这个过程中的关键就是教学制度文化要首先为教师所认同与遵从。这就需要教学规范的濡化，即教育管理者或组织凭借权力、权威和资历等方面的优势，对教师施以相关教学规范要求的训化与规约，以此求得教师在情感和意志上的服从的过程。那些不符合规范的教学习惯，通常被称为坏的教学习惯，并被给予负强化，被中止、纠正，甚至受到惩罚。也正是通过如此这般的负强化而间接地实现对符合教学规范的教学习惯的间接强化，从而保证教学规范的内化程度。① 对那些违反一定教学制度文化的教学习惯，则采用一定的惩戒模式进行堵塞，使得教师在情感和意志上逐步遵循与服从，从而达到改变旧的、坏的教学习惯，养成新的、好的教学习惯之目的。如在杜郎口中学教学改革中，对课堂教学时间的分配做了"10＝35"的硬性规定，即课堂教学45分钟，教师讲授的时间小于或等于10分钟，学生自主活动时间不少于35分钟。为了让教师养成这一习惯，杜郎口中学采取了"一谈二警三停"的警示措施。他们之所以实施这样"非人性"的措施，是因为一个新的、好的教学习惯形成，"光是靠说服教育是无法把课改进行下去的，因为旧的教学方式的习惯势力太强大，不当头大吼一声，有些教师是无法清醒的"。②

第三节　客家区域学习行为文化

一、客家区域学习行为文化的含义及组成

（一）客家区域学习行为文化的含义

客家区域学习行为文化是指客家区域学习者及其群体在主客观因素的

---

① 郭华. 论教学规范的习俗化［J］. 教育科学研究，2006（8）.

② 崔其生，邱学华，谢金国. 崔其生与杜郎口经验［M］. 北京：首都师范大学出版社，2011：69.

影响下，在学习过程中表现出来的运动、动作、反应及其习惯的总和，是学习者的思想、情感、情绪、态度、动机、能力等内在心理素质的外在表现。它是客家区域教学行为文化的主要组成部分。

（二）客家区域学习行为文化的组成

根据我们对实验学校学生的调查与访谈，包括对近年梅州获得广东省高考状元学习方法的调查，我们将客家区域有效学习行为概括为如下方面：

1. 有效阅读

阅读能力是学习者的一项基本技能，无论在哪个阶段的学科教学中，阅读都是较为重要的部分，因而培养学习者的有效阅读能力至关重要。在英语学科里，因有效阅读主要体现在阅读理解题上，所以学习者从以下几个方面入手：①整体粗读，领略大意；②贯彻整体原则，进行细读；③整体重读，深层理解。在语文学科里，学习者把提高语文的阅读理解能力方面的阅读步骤概括为以下几点：①巧用信息整体把握；②确定区域圈点勾画；③注意摘取原文。在数学学科里，则是通过阅读题目理解其意思，不理解错题意。同时，我们还在一些实验学校进行了数学阅读教学实验，这项实验的开展对学生提高学习数学兴趣具有促进作用。

2. 有效预习

预习，即课前的自学，指学生在学习某一学习任务之前进行自学准备以达到更好的学习效果。学习者对有关问题加以认真思考，把不懂的问题做好标记，以便课上有重点地去听、去学、去练。以语文学科举例，学习者一般分四个步骤逐步把握预习方法：①掌握课文中不会的生字，通过工具书解决生字；②理解不懂的词语；③提前阅读课文三遍，做好整体感知；④写下预习中的收获和不理解的地方。

3. 课前准备

课前准备指学习者在上课前做好与上课内容相关的心理和物质准备。学习者课前会自觉准备好学习用具，提前一分钟进入课室，以便更快进入上课的状态。不同学科上课前的物质准备都大同小异。上数学课前，学习者会准备好课本、演草纸、学具盒，还有笔、尺子、作业本、练习册。上语文课前，学习者会准备课本、笔记本、笔、工具书。而上英语课前，学习者会准备好课本、笔记本、笔、作业本。

4. 有效复习

复习是强化和巩固记忆痕迹、防止产生遗忘的主要途径，是使人们获

得知识、技能必不可少的手段。客家区域的中小学生认为，通过以下几个方面可以达到有效复习的效果：①及时复习。学生认为他们有效复习的第一要点就是及时复习。这种复习方法是符合心理学家艾宾浩斯的遗忘发展规律的。艾宾浩斯的遗忘发展规律认为：遗忘先快后慢，即学习初期遗忘较快，而后遗忘速度逐渐放慢直至稳定到一定程度。②重视基础知识的复习。首先，客家区域中小学生注重对课本基础知识的复习，不盲目地复习一些难题和复杂的题。其次，在完成基础复习后，会适当精选一些课外题作为补充练习，进一步巩固已经取得的复习成果。③合理安排时间。复习是否有效不是看时间的长短，而是看质量。中小学生通过分步复习与集中复习结合，以分步复习为主、集中复习为辅的方法达到合理安排时间的目的。中小学生有效复习的具体方式各有不同，但都有效果。通过对梅州东山中学优秀毕业生的访谈我们得知，东山中学的学习者就是通过饭堂读书文化的建设、两人学习小组互相提问等方式，复习与巩固所学知识点的。

5. 有效作业

《教育大辞典》把完成学习任务的作业分为课堂作业和课外作业两大类。课堂作业是教师在上课时布置学习者当堂进行操练的各种练习，课外作业是学习者在课外时间独立进行的学习活动。客家区域的学子对待作业的态度是认真且严肃的，主要表现在回家就写作业、独立思考完成作业、只有不知道怎么写才去请教老师或同学、按时完成作业、按时交作业、做完认真检查作业等。

6. 书写工整

客家区域中小学生都有书写工整的汉字的主观愿望和客观需求，因而书写工整也是客家区域学习行为文化的组成之一。以梅州市大埔县为例，《振兴发展大埔县基础教育的策略研究问卷》（学生卷 1 368 份）的调查结果显示，在回答"我坚持的最好的三个学习习惯"的问题中，24.02% 的学生写有"书写工整""练字"等学习习惯。

7. 有效听课

上课不仅是教师教的过程，也是学习者学的过程，是教师与学习者双方的活动。因此，消极地等待教师传授知识还是积极地去获取知识就成为中小学生获得知识深浅不一的原因之一。客家区域中小学生一致赞同的有效听课的表现是：主动做笔记、上课积极发言、不开小差、不做小动作、保持安静、不过座位等。

8. 考试管理

考试不仅是考核学生掌握知识程度如何的手段，也是学生获得知识的一个过程。因此，客家区域中小学生普遍重视考试管理，将它视为有效学习的重要行为之一。考试管理分为考前管理、考时管理和考后管理。考前管理即学生在考前的自我管理，例如减少或杜绝对电子产品的接触、做好心态调整等。考时管理的重点在于学生对试题的时间分配，不要在一道难题上费时太多。考后管理即学生在考试完后要记得分析自己的不足之处，以便不再犯相同或类似的错误。

9. 自我反思

自我反思亦叫总结，即学习者在每次接受完新知识或考试结束后对自己的学习程度和学习方式方法的自我评定。凡是能够做到有效的学习的学生，一般都比较注重在学习过程中进行自我反思。广东省 2004 年十大状元之一的钟海旺在介绍自己的学习经验时，说："每次期中、期末考试后我都写自己的《考试分析》，总结自己在此次考试中的失分点，找到自己在上一阶段复习中的缺陷，提出一些针对性的措施，不断地对计划进行科学合理的修正，使其更趋合理化。这样，便不会在一个'高原'上徘徊，成绩会有很大的提高。"①

10. 师生互动

良好的学习氛围需要师生共同营造。客家区域的学习者不仅在课堂上积极回答教师的问题，和教师互动良好；在课下常会围绕在教师身边询问问题。比如梅州市东山中学 2011 届理科提高班的学习者，除了上课认真，与教师常因某些问题探讨交流外，还会在下课后围在教师身边，提出自己不懂的问题。

二、客家区域学习行为文化的特征与问题

（一）客家区域学习行为文化的特征

在研究客家区域学习者学习行为时，我们发现，任何学习行为在学生中都有以下的基本特征：

一是学习行为的两极性。它是指同一种学习行为在学生中具有两种完全相反的表现。好的学习行为，如独立完成作业、上课专心听讲可以使学习者终身受益；坏的学习行为，如上课扰乱秩序、作业让其他人代写则会误人终身。以学习者对待考试的态度为例，学习者对待考试也有两种态度：一种是平时努力，抓紧复习；一种是平时不努力，临时抱佛脚。前者

① 钟海旺 . 1 000 个成功的理由 [J] . 广东教育，2005（2）.

使学习者取得优良学业,后者导致学习者学业荒废。

二是学习行为形成的后天性。学习者学习行为的形成并不是先天就有的,而是在后天环境影响和教育下形成的。特别是良好的学习行为,没有一定的教育培养是无法形成的。如课前预习、上课专心听讲、及时复习、独立作业、改正错误、系统小结、字迹书写工整等,都是学习者在学习过程中,在教师、同学乃至家庭成员的影响和教育培养下逐渐形成的。

三是学习行为的自动性。任何一种良好的学习行为一经确立,大脑皮层就会根据刺激物的特点,依照稳定的先后次序和固定的强弱位置而自动化地进行一系列的条件反射活动。学习者如果建立了检查订正作业的良好学习行为,他在完成作业后,就省去了家长、教师的提醒,便会自觉地把自己的作业从头到尾地检查一遍,并把做错的地方改正过来。

四是学习行为的操作性强。无论是有效阅读、有效预习、有效复习、有效听课还是其他的学习行为,都是可操作的并在现实生活中能够反复实现的。

五是学习行为的稳固性和可变性。学习者多次重复某种学习行为,其稳固性也会得到提升。一旦学习行为趋向定型化、稳固化,那么想改变它就非常困难了。但也不是绝对不能改变,学习者如果接受良好的教育和拥有坚强的意志,持之以恒,经过长时间的强化训练也可改变。

(二)客家区域学习行为文化的问题(以梅州市大埔县为例)

为了研究客家区域学生学习行为的特点、规律及存在的问题,项目组做了《振兴发展大埔县基础教育的策略研究问卷》(学生卷)的调查。本次调查共发放问卷 1 460 份,收回问卷 1 460 份,其中有效问卷 1 368 份。下面以问卷中统计出来的大埔县中小学学习行为存在的问题为例,对客家区域学生学习行为存在的主要问题做一说明。

1. 独立思考能力弱,学习依赖性强

《振兴发展大埔县基础教育的策略研究问卷》(学生卷)的调查结果显示,在回答"我坚持的最好的学习习惯"的问题中,只有 19 个学生回答"独立思考",仅占到总数的 1.39%,还没达到 2%;只有 1.97% 的学生写到"遇到不懂的问题就请教老师或同学"。调查显示,学习者对自己学习行为的认知较差,学习积极性较多受到外部因素的影响,学习计划需要在老师或家长的监督下进行,甚至没有制订学习计划的习惯;独立学习能力不高,对教师有很大的依赖性,课堂笔记一般在教师要求下进行、课堂发言有大约一半的学习者想说但不敢说、在教师叫到时才起来回答问题等;

互助合作意识淡薄，没有主动帮助他人的习惯；小组活动的参与程度和积极性不足，有很多学习者都是在教师的要求下参与。通过独立样本检验和单因素方差分析得知，学习者的学习行为因性别、年龄、学校所在地、班内学习水平、班级职务等的不同而不同，特别是受到班内学习水平、班级职务等影响更大。

2. 不重视培养学习习惯

调查结果显示，在回答"我坚持的最好的三个学习习惯"的问题时，只有0.51%的学生注意在课堂上保持良好的学习行为习惯，如"上课坐好""上课坐姿端正"等，说明目前中小学生普遍存在不重视培养学习习惯的行为。

3. 不擅长考试管理

调查结果显示，在回答"我坚持的最好的三个学习习惯"的问题时，无论是"考前复习"（0.95%）还是"考后总结反思"（0.95%），所占比例均在1%以下，可以看出该区域学生不擅长考试管理，这也是有效学习行为需要解决的主要问题之一。

三、客家区域学习行为文化产生的原因

187

客家区域学习行为文化的形成，是客家区域崇文重教的文化传统、教师的教学行为、家庭教育、学生个体的学习认同等多种因素综合作用的结果。

（一）客家崇文重教的传统

客家地区自古以来都有着崇文重教的优良传统，梅州各县区内的中小学更是如此。广东省梅州市2015年高考的文科状元林展说："学习方法固然是一个因素，但更重要的是因为兴宁崇文重教的传统风气，而且兴宁一中本来就是一个人才的摇篮。"随后她很顺溜地背出了一组数据：兴宁一共出过114位将军、5位院士、62位大学校长、1 324位大学教授。"这是一组铭记在我心里的数据，激励我作为一名一中学子应该做什么，我觉得这很重要。"①

（二）客家名人的榜样作用

客家区域自古人杰地灵，不断涌现一批批人才，远如宋代的蓝奎、明

---

① 对话梅州学霸 2015高考状元心得交流会2日举行 ［EB/OL］. 梅州时空网，http：//bbs. mzsky. cc/thread - 1967686 - 1. html.

朝的张显宗，近如丘逢甲、丘成桐等。为了纪念这些名人的伟绩，同时也为了激励后人，客家区域的人民会以各种方式来彰显，竖立石楣杆就是一种典型的方式。如广东省梅州市大埔县茶阳村邹鲁先生故居"敬爱堂"门前竖立着的五座石楣杆、在嘉应学院留馀堂竖立的七座石楣杆。除石楣杆外，还专门以这些名人的名义建立公园、广场，如广东省梅州市的院士广场、叶剑英公园等。同时，定期修缮和开放名人的故居，如黄遵宪故居、丘逢甲故居等，也是彰显方式之一。在这些名人和教学物质文化的激励下，客家地区的学子都有"要做就要做到最好""自古圣贤勤奋出，人人皆可为尧舜"的信念与自信，持有力争上游的学习态度与勤奋好学的学风。

（三）教师教学行为

就如同林展同学所说："在一中这么个崇文重教的学府里，跟着老师的步伐，跟着老师的节奏来调整自己的作息很重要。"教师的教学行为对学习者的学习行为有着一定的影响。如果教师的个人教学风格是单一的、固定的，可能造成部分学习者长期得益，而另一部分学习者长期受损，产生两极分化。如果教师的个人教学风格是多变的，能根据学习者的要求而转变的话，学习者就会找到适合自己的学习方式，提高学习兴趣。

（四）家庭教育

家庭教育对学习者的学习行为的影响很大。民主的家庭能调动学习者的自主性和积极性，如2014年广东省高考状元刘德斐的家庭就充满着民主氛围，有什么事都是一家人一起商量，给了她很大的自由发挥空间。专制、狭隘的家庭教育会限制学习者的思维，压抑学习者的行为，从而使学习者对学习反感，导致厌学。① 又如2015年梅州市理科状元闫菽灵的家庭教育模式。闫菽灵的父亲为嘉应学院经济学教授，在子女教育问题上有很多方法，注重培养孩子"坦率、真诚、不自私"的品格和人文教育。比如，看电影时将看到的道理讲述给孩子听。

（五）个体内因

学习者的个体因素不同，其学习行为也不同。个体因素对学习行为的

---

① 对话梅州学霸　2015高考状元心得交流会2日举行［EB/OL］．梅州时空网，http：//bbs．mzsky．cc/thread－1967686－1．html．

影响主要体现在个体智力因素与非智力因素两个方面。

1. 智力因素

智力因素包括五项能力：观察力、注意力、想象力、记忆力和思维力。智力因素的差异使学习者的学习行为不尽相同，如记忆力强的学生在对概念、知识的掌握方面就优于记忆力弱的学生。

2. 非智力因素

主要包括以下几个因素：

（1）学习动机。学习动机是指引发与维持学习者的学习行为，并使之指向一定学业目标的一种动力倾向，与学习者设定的目标相关。学习者树立的目标不同，所产生的学习行为就不同。如果目标是明确的、中等难度的、近期便可达到的，那么便会加强学习者的动机和完成目标任务时的持久性；如果目标是模糊的、较难实现的、长期才能达到的，那么便会影响学习者的学习积极性，学习问题行为也会相应产生。确定目标后就会制订计划，计划制订得好，学习者学习的激情就会提高；计划制订得不好，则会有截然相反的效果。2004 年高考状元钟海旺在总结自己的学习经验和方法时用一个公式概括，即良好的心态＋健康的体魄＋科学的方法＋执着的信念＋计划与总结＋良好的习惯＝高考成功。他通常以星期为单位为自己制订学习计划，按照这个计划，他每天的学习生活秩序井然，不会有一团乱麻、不知所措的感觉。

（2）学习兴趣。从教育心理学的角度来说，学习兴趣是一个人倾向于认识、研究获得某种知识的心理特征，是可以推动人们求知的一种内在力量。学习者对某一学科有兴趣，就会持续地专心致志地钻研它，从而提高学习效果。杨凯彬，梅州市 2015 年高考英语科状元，虽是个不善言辞的学生，但基础非常扎实，很有钻研精神。他曾坦言自己常为学习上的一些题目跟老师争执，"但还是老师吵赢的次数多"[1]。

（3）学习情感。情感对学习者学习会产生影响，其影响表现如下：首先表现在学习者对学习任务的选择上，也就是说情感能够影响一个人对客体选择的倾向。如当学习者学习时会把更多的时间和精力放在有好感的学科上，在上课时会把更多的注意力集中在有兴趣的内容上。其次，情感能够提高学习者的学习积极性，即情感具有内在的动机力量，对学习者的学习活动具有增力或减力的作用。再次，情感能够优化学习者对学习操作活

190

---

① 对话梅州学霸　2015 高考状元心得交流会 2 日举行［EB/OL］. 梅州时空网，http：//bbs. mzsky. cc/thread－1967686－1. html.

动的组织和瓦解，这是因为情感是各种非智力因素中一个直接影响智力因素的心理因素，它能直接打开非智力因素和智力因素之间的通道，对学习者的认知操作活动施予直接影响。最后，情感有利于提高学习者对教师教学行为的接受程度。如学习者对教师的言行持积极情感，就会自觉将其内化，并自愿接受学习任务；反之，则会拒绝或不愿接受学习任务。2003年广东省高考状元许庆晖有着充沛的学习情感，他热爱数学，第一志愿就是清华大学数学与应用数学专业，喜欢华罗庚、高斯等数学家，"觉得数学家很有智慧"，对学习数学很有热情，并多次在数学竞赛中获奖。梅州市东山中学2011届高三理科提高班的廖颖在回答学弟学妹"你学习的动力是什么"这个问题时答道："热爱知识。"获得知识的喜悦和乐趣使她对书本爱不释手，因而不觉得学习是一件多么令人疲惫的事情。带着这份喜悦和对知识的渴望，她一步步前进并最终被清华大学录取。①

（4）学习意志。学习意志是指学习者自觉确定学习目的，有意识控制和及时调节学习行为，努力克服学习困难，以实现预定学习目标的心理过程。有无学习意志或是学习意志的强度差异都对学习者的学习行为产生一定影响。学习者意志薄弱、经不起挫折、遇难而止都会产生不良的学习行为。而那些意志强的学习者，常常能够克服自己智力上的某些不足而实现学习目标。张语珊，广东省梅州市2015年高考总分第三名，她就有着较强的学习意志，在谈及自己的"备考经"时就表示自己"从高二起，制订好每一科、每一天的学习计划；数学需要一定的题量并从中寻找各类题型的解题办法；英语在于多读多背保持语感，每天坚持一套题以及每周完成两篇作文并交由老师批改；文综更侧重于拉开考题线索，寻找所覆盖的知识点"。她风雨无阻地去执行这些计划，从未间断过。

（5）学习性格。拥有不同学习性格的学习者其表现也不大一样：外向型的学习者在学习上有以下几个特点：第一，性格爽朗，考试不怯场，遇到问题善于向别人请教。第二，学习缺乏计划性。无论干什么，大多从兴趣和感情出发，即使制订了学习计划也难以切实执行。第三，行动果断，只要个人认为是好事就想立刻去办，所以也善变。第四，愿意参加学习兴趣小组活动，但不能很好地遵守组织纪律。

内向型的学习者在学习上有以下几个特点：第一，遇事沉着，善于思考。第二，制订计划时考虑周全，能注意细微的地方，能按计划进行学

---

① 广东省9考生高考考得满分900分［EB/OL］. 搜狐网，http：//news. sohu. com/20/87/news210548720. shtml.

习，容易养成良好的学习习惯。第三，思想狭隘，当学习未达到预期的目的或者遇到考试成绩很糟时，容易思想波动，有自卑感。第四，不愿参加集体学习。

智力因素与非智力因素对学习行为的作用不是绝对的。现在在中小学常听到"智商高，情商低"的说法，说明在养成学生学习行为时要注意两者的互补，做到相得益彰。

四、客家区域学习行为文化的变革与创新

在"互联网＋"时代，有着深厚客家文化的客家后代，应该如何面对时代的挑战，振兴发展客家优秀的学习传统，是客家中小学生应该共同回答的问题。对此，笔者在这里提出以下几点意见供参考。

（一）在学习目标上由"学而优则仕"向"学而优则诺"转变

"学而优则仕"是客家区域的传统学习文化目标，曾经激励了无数客家儿女勤奋读书，发挥了巨大的导向作用，书写了 30 名院士、340 名大学校长、473 名将军的文化辉煌。在进入教育现代化的今天，为了实施创新驱动发展战略及形成大众创业、万众创新的时代新文化，如何培养中华民族的创新精神与创新能力，培养其成为具有世界眼光的高端创新人才和幸福公民等成为时代赋予教育的新使命，是建设新学习文化的本质追求。为此，作为现代客家区域学习文化重建的内核是：以"学而优则诺"为目标，即学习的最终目标是把自己培养成具有社会责任感与创新能力等核心素养的高端人才，实现折桂"诺贝尔奖"，为民族争光，谱写客家教学新的辉煌，关爱和谐合作生态的学习精神，形成以自主合作探究为中心的学习文化，发挥客家儿女不畏艰险，勇攀科学高峰的表率作用。

（二）在学习方法上由"控制性学习"向"生成性学习"转变

1. 由被动学习向自主学习转变

我国的课堂教学模式大多数是灌输—接受，学习者处于被动接受的状态，但真正意义上的学习是学习者主动建构的过程。在新课程改革的背景下，学习者的角色被重新定位，更为强调其成为一个自主的学习者，自觉地担负起学习的责任，不断挖掘潜在的独立学习的能力。

2. 由接受知识向探究知识转变

探究，即探索、研究，意为多方寻求答案，解决疑问，探求事物发展规律等。"知识探究"与"教师讲，学习者听"这一经典教学实践活动相

对立。在传统教学中，学习者采取题海战术加深印象；探究学习则强调在掌握学习方法、锤炼思维能力、培养探索精神上下功夫。学习者围绕一定的问题或材料，在教师的指导和帮助下，通过观察、信息搜集与处理、表达等活动，自主寻求或建构答案。

3. 由个体学习向合作学习转变

在新课标的背景下，学习者的学习方式逐渐偏向合作学习。如梅州市梅江区的金山小学、人民小学，梅州市大埔县的田家炳小学，梅州市蕉岭县人民小学等的学习者都是采取小组合作的方式学习。课前预习时，小组成员会根据教师布置的任务在课下另找时间讨论交流并解决，然后在课堂上向全班汇报成果。通过小组同学的互相合作、互相交流，优等生的才能得到发展，中等生得到锻炼，后进生得到帮助；同时，学习者的创新意识得到培养，不同的学习者在教学上都得到了不同的发展，提高了课堂教学质量。

4. 由关注课本向关注生活转变

迫于升学压力，许多学习者所学的内容往往只限定在课本和考试范围内。针对这一状况，新课程突出强调加强课程内容与学习者生活以及现代社会和科技发展的联系，沟通学校教育和社会生活。随着新课标的出现，学习者的行为也正在悄然变化。他们开始关注书本以外的知识，并且不局限于单一形式获取知识，如课外书籍、新媒体等。在《振兴发展大埔县基础教育的策略研究问卷》（学生卷）中，学习者阅读课外书籍的比重占14.40%。不难看出，学习者不仅有这个意识，还有行动。在此基础上，学习者更加深刻地理解所学知识的生活意义和社会意义，提高运用所学知识解决实际问题的能力。

第四节　客家区域教学思维文化

一、教学思维方式的含义

思维是人脑对客观现实的间接的和概括的反映，是借助言语实现的、能揭示事物本质特征及内部规律的理性认识过程。思维方式就是定型化的思维形式和方法，是比较稳定的思维模式。① 思维方式的基本要素是知识结构、观念和习惯。知识结构是基础，观念决定思维指向（路标）、出发点、思维空间及对知识的取舍；习惯是在知识、观念的参与下反复按照一定的思维方法从事思维活动的惯性，带有很大的固守性。思维方式具有时代性，体现着一个时代潮流的知识成果和思想观念，并直接支持着人们对客观事物的认识和行为指向。人们的思维能力可以经过后天的教育和学习得到提高和增强。

教学思维方式是教学行为文化的重要组成部分。在一定意义上说，思维方式是文化较深层的内核，是文化之"本"与"纽带"，是一种文化区别于其他文化的质的规定性，因为它要解决的首要问题就是教学中师生"如何思维""为什么要思维"的问题。把握一种教学文化的本质，根本就在于掌握蕴含其中并决定其品质的思维方式。从认识论的角度，可以"把思维方式看作人的认识定式和认识运行模式的总和"。文化一方面是历史形成的产物，但文化，特别是深层文化中的思维方式，一经形成则具有相当的独立性、稳定性和相当的影响力。正如埃德加·莫兰所言："文化不仅具有认识的维度，而且也是进行认识实践的认识机器"，"文化印记从幼儿时期起就通过神经突触的选择性稳定作用记录在人的大脑中，这些最初的记录不可逆转地影响着个人的认识模式和行为模式"，使我们"只能看到它让我们看到的东西，而看不到任何别的东西"，也"决定着我们的选择性疏忽和淘汰性压抑"，"甚至对我们的视觉本身也产生影响"。作为认识机器的文化会以隐而不显的方式弥散性地渗透到社会实践活动的所有领域并影响着它们的发展方向、方式、速度等，成为进一步活动的决定因子。思维方式在文化中较深层的内核地位，确定了它在教学文化发展中处于重要的地位，需要教师在教学活动中给予充分关注。

文化不同，区域教学思维方式也不同。文化心理学研究表明，文化对于人们的思维结构与进行有很大的作用。要思考不同区域教学的思维，首先必须关注文化背景对思维方式的影响。文化背景，特别是传统文化，是人们长时间的生产、生活的沉积，潜移默化地影响着人们的观念、知识的取舍、思维的习惯、行为的表达等。首先，从一个国家与民族文化背景看，东西方由于文化背景不同形成了不同的教学文化。梁漱溟先生认为中国文化是以意欲自为调和、持中为其根本精神的，注重思维的整体性；西

---

① 中央人民广播电台理论部. 现代思维与改革［M］. 北京：中国广播电视出版社，1986：11－12.

方文化则意欲向前，注重思维的分析性；而印度文化则是反身向后要求。这实际上表现了三种不同的文化思维形态。由此观之，西方教学注重批判、独立、合作思维，中国教学偏于传递—接受性思维，实乃文化差异之使然。

吴若增曾撰文《人才是棵树——兼谈中国人的思维模式》，对东西方思维之别做过一个全面对比，有利于比较这两种思维的优缺点：

许多年前，读过一本外国人写的哲学著作，那个外国人批评中国人研究问题不讲究逻辑。记得当时读了，甚感诧异，不理解那个外国人为了什么要这样说，甚至还觉得他这是对于咱们中国人的污蔑。因了这个批评太过刺激，后来碰到什么事情时，就常常会想起那个批评，再用那个批评去思考这个事情，就发现那个批评实在是太对太对了。

咱们中国人的思维，的确是不讲究逻辑，讲究的只是一种判断。而这个判断，又常常只是一种固有的道德判断。这就使令咱们的思考总是浅尝辄止，难以深入下去，也就难以找到问题的症结，难以把问题给以彻底解决，难以防止悲剧以后再次发生。

就比方说钱学森先生的这句话吧，咱们中国人一般的思维是这样的：一，钱学森先生说得对。二，咱们的高等学校过去是长期受到极"左"路线的干扰，现在则系教育当局无能。三，完了，没戏了，好不了啦。

似这样的一种思维，能够解决问题么？然而，倘若能够讲一点逻辑，来一番推理，就起码应该是这样的：一，钱学森先生的这个看法是正确的。二，钱学森先生的这个看法为什么正确？有没有统计数字或其他？三，什么是大师级学者？大师级学者是怎样产生的？哪些条件是必需的？四，咱们的高等学校为什么没有培养出自己的大师级学者来？认真地罗列起来的话，具体的原因有哪些？其中哪个原因是最最关键的？五，这个最最关键的原因，为什么会出现？六，应该怎样防止这个最最关键的原因再次出现？七，其他的那些具体原因怎么解决？八，如何建立大师级学者培养体制？九，怎样保证这个体制不受干扰地顺利执行？有何相应奖惩措施？是否需要立法给以保障……①

其次，学科不同教学思维模式也不同，如人文（文学）思维与科学思维的区别：人文思维模糊，科学思维确定；人文思维具体，科学思维抽

---

① 吴若增. 人才是棵树——兼谈中国人的思维模式［J］. 人民公安，2010（21）.

象；人文思维定性，科学思维定量；人文思维求美，科学思维求实；人文思维在于塑造典型，科学思维在于寻求规律。如："月上柳梢头，人约黄昏后"，"举头望明月，低头思故乡"，这是人文思维的结果。科学思维的结果则是：月亮是地球的一颗卫星，在月亮与地球之间的引力作用下，做周期性运动。月球的表面没有水和空气，它不发光，是反射太阳的光。这是知识结构对思维方式作用的结果。

教学思维就是人们基于一定文化场域（个体或群体的知识结构、观念和习惯）与思维结构关于教学活动的一种认识和反映行为。

二、客家区域教学思维方式的基本特点与不足

（一）"天人合一"整体思维是客家传统思维方式的基本特点

客家文化的基本特质是中国传统的儒家文化。因此，客家区域教学思维方式在本质上与中国传统思维方式如出一辙。"天人合一"的整体思维是中国传统思维方式与客家区域教学思维方式的基本特点。

关于中国传统思维方式的本质与特点研究是一个非常庞大的课题。不同学者有不同的观点。简而言之，中国传统思维方式是一种以"天人合一"为基本思维背景、以"取象比类"为基本思维方法的整体性思维。"天人合一"是中国的根本隐喻。所谓"天人合一"，就是通过对人类的内心世界与外部的世界进行类比性联想，运用人的感性生命来解释外部世界并赋予它们人的情感、生命、价值、意义，然后再从外部世界的变化中反观人事。所谓"人法地，地法天，天法道，道法自然"，自然是人生的延伸，人生又是自然的延伸，人与自然浑然一体，也即"天人合一"。以"天人合一"为基本思维背景，"取象比类"是中国传统的基本思维方法。"取象比类"包括"观物取象"与"据象归类"两个层面，所谓"观物取象"是指对事物的认识注重于事物的可见之象、事物的功能属性，而对事物的内在之质、本质属性相对忽视；而"据象归类"则是指对事物的分类是根据事物的外在之象而不是事物的内在本质进行的。通过"据象归类"这种形式，将以"观物取象"所获得的局部的有限的整体扩大为无限的整体，并由此建构一个认识上的整体世界。

客家人在不断迁徙的移民过程中，由于大多选择在赣闽粤等山区定居，受自然条件的限制，这种"天人合一"整体思维模式得到了进一步强化。

（二）"天人合一"整体思维的不足

客家人的认识活动、实践活动无不烙上"天人合一"整体思维方式的深刻印记，客家基本价值追求"和"、尊重社会制度的"礼"、客家人崇文重教的教育追求与教育活动等都是这种思维方式的产物。至近代，为了摆脱民族危机与实现富强，客家人在价值追求上虽然发生了从"求和"到"求强"的根本性转变，客家近代教育也从人文教育转向科学教学，如黄遵宪、丘逢甲等倡导西学等，但是，这些转变本身都是传统思维方式的产物。我们承认，近代是中国文化（包括客家文化）的转型时代，也是中国教育的转型时代，但是这种转型仅仅局限于价值层面，思维方式本身并没有自觉实现转变。可以说，直到今天，中国文化也还没有实现思维方式全面的、彻底的转型。因此，有人认为"导致中国落后的根本原因是传统的思维模式"，呼吁进行思维模式的转变。①

"天人合一""取象比类"的整体思维方式虽然也有积极的意义，但其负面意义也不容低估。首先，这种整体思维的负面意义集中体现为理性精神的欠缺。从认知层面来考察，理性精神的欠缺就是求真精神的不够，就是对事物的认识往往不是着眼于"事物自身""它与其他事物的内在联系"，而是着眼于物的表象和事物关系的表层。因此，对事物的认识往往会停留于形式，停留于表面，容易割断事物的深层联系，看不到事物属性及事物间的复杂的内在的联系，并容易陷入简单全盘否定或全盘肯定的泥潭。而从实践层面来考察，理性精神的欠缺就是对实践活动的工具合理性的关注不够，即是说，对具体的社会实践活动的展开，着眼的主要是其目标本身的完美性、合理性，而对其现实的制约条件考虑不足，体现出一种浪漫的激进主义色彩，容易做出两极化的选择。在教学文化中表现为：重视教学本质的实体性思维，忽视关系性思维；重视教学过程的预成性思维，忽视生成性思维；重视教学目的的工具性思维，忽视价值性思维。②

其次，这种整体思维在一定时期容易造成将社会放在个人之上，忽视人文关怀。反思我国改革开放前一个时期，由于秉持将社会放在个人之上的整体思维，我国教学文化中出现了思维的倒立模式："社会高高在上（在人之上），人被湮没在社会中，人消失在社会代言者的眼里。有许多观念，它们作为一些子模式而为这一基本的倒立模式构成了骨架，这些子模

---

① 楚渔. 中国人的思维批判［M］. 北京：人民教育出版社，2010：1.
② 李森，石健壮. 教学思维变革三题［J］. 大学教育科学，2010（5）.

式至今还隐约耸立在那里。"① 例如，当我们想要学生树立正确的观念时，模式或程序是这样的：世界观、人生观、价值观；思考问题的顺序和价值大小顺序是：国家、集体、个人；强调学生先有"主义"而后生成"观念"等。这种倒立模式给我国教学活动与课程设置带来了不小危害。

针对客家区域教学思维方式的上述不足，我们要做到：大力推进各教育阶段课程改革和教学改革，优化学生知识结构，注重培养学生的科学思维能力和创新精神；把"思维科学"纳入大学人文素质教育通识课程中，提高当代大学生的科学思辨能力；科学普及和文化建设并举，促进公民科学思维习惯的养成，提高公民素质。

---

① 张楚廷．课程与教学哲学［M］．北京：人民教育出版社，2003：342－348.

第六章　客家区域教学物质文化

　　教学物质文化是客家区域教学文化的组成部分，它以实物形态显露于外，是能被人们直观感受，并能反映教学活动特点的物质实体及生态条件。根据组成教学活动的基本因素可以分为校园教学景观文化、教学手段及技术文化、文本文化、师生服饰仪表文化、教学馆匾文化等。本章重点就客家校园教学景观文化、客家教学馆匾文化做一说明。

第一节　客家校园教学景观文化

一、校园教学景观文化的含义和功能

（一）校园教学景观文化的含义

　　景观是一个具有多种含义的概念。北京大学俞孔坚教授认为，景观是指由土地及土地上的空间和物体所构成的综合体。它是复杂的自然过程和人类活动在大地上的烙印。① 从不同角度来阐释，景观也可被理解和表现为：可审美的风景、可体验的栖居地、有机的生态系统，以及记载历史、表达未来的符号。同样，景观文化也具有多重属性。一般认为，景观文化是指人类在营建景观和使用景观的过程中所产生的一切物质和精神产品，以及人类进行与景观相关的物质生产和精神生产的能力，它既包括内在的隐性的意识领域的东西，又包含外在的显性的物质形态的产物。因此也可

---

　　① 俞孔坚，李迪华. 景观设计：专业学科与教育［M］. 北京：中国建筑工业出版社，2003：6.

以说，景观文化实际上就是人类价值观念在景观营建过程中对象化时所获得的能力和景物，是作为人类活动创造的价值实物（包括物质方面和精神方面），一方面体现在景观实物直接反映的价值，另一方面体现在凝聚于实体形态中的语言文字、图形等特殊的"符号媒介"。景观文化作为一种外在的产物，它是人类文明的结晶。

具有目的与赋予意义是人类活动的基本特征，校园是人类以德润心、以文化人的活动场所，因而必须做到以景育人，加强校园景观文化建设和研究。校园景观文化是以学校办学价值为基础，以校园文化为核心，表现为由校园内的土地、景观构筑物、水景、植物、校园雕塑、景石、铺装、校园设施小品等造景要素所构成的综合体，这种文化是通过景观场所自身的文化特征或景观场所与校园文化融合等途径表达出来的。① 校园景观文化是一所学校办学价值和理念的物质载体，是学校精神文化的外在表现形式。校园景观文化根据其自身的性质和特征，主要包括校园教学景观文化、校园历史景观文化、校园品德景观文化等。校园教学景观文化是以教学文化为核心、以校园教学景观为载体、以校园教学价值和精神为底蕴，由教学主体、学习主体、学校共同创造和享有的群体教学景观的总和。它是教学文化外在的物质表现形式，是校园景观文化的重要组成部分。

199

（二）校园教学景观文化的功能

校园教学景观文化作为一种特殊的景观存在，它存在于校园空间中，反映了一个历史时期、一个地区范围的教学价值观念、精神风貌以及审美情趣，具有一定的规范力量，呈现出多种功能。除了具有教学文化的一般功能外，还具有价值导向功能、环境美化功能、知识启迪功能、情感激发功能、道德陶冶功能和制度规约功能等，其中环境美化功能和知识启迪功能尤为鲜明。

1. 环境美化功能

学校是一个人口相对密集的特殊场所，人口的压力必然导致环境的压力。为了实现校园环境中人与自然的生态和谐以及符合在校生人均面积的规定，现今许多学校已将园林化、景观化和生态化的校园环境建设理念提上议程。这些理念的提出不仅有助于指导校园环境建设，而且也为学生在学校学习和生活提供舒适、和谐的环境。此外，这些理念打造的美丽校园

---

① 李震. 也谈现代大学校园设计中文化氛围的营造［J］. 建筑与设计规划，2002（5）.

不仅达到人与自然环境的生态和谐，也让学生感到校园优美、和谐环境的弥足珍贵，意识到环境保护、环境建设以及人类与自然生态环境和谐的弥足重要，从而自觉保护和维护校园的一草一木，珍惜校园优美的环境。所以说，校园教学工作与景观文化的融合也是进行校园环境保护、珍惜足下一草一木的无声教育；由小及大，更是引导学生对区域自然环境乃至整个自然环境保护意识的教育。同时，校园景观文化从某种程度上可理解为一种有形化、视觉化的美学教育，有文学美、艺术美、形象美和意境美等。①校园教学景观文化就是将这些"美"与教学相结合，以一定的造景要素表达出来，让学生将课堂学习与校园景观结合认识并理解教学美、景观美，给予学生获得美的享受和熏陶，提升学生的美学意识和对美的欣赏能力，使学生在教学过程中收获"美"的教育，从而实现打造学生精神家园的理想。

2. 知识启迪功能

校园教学景观文化与商业景观文化、工业企业景观文化存在很大不同，它需要融合学校历史、教学理念与教学内容等，展示本校教学特色、学科特色以及学生学习的特色。其要素由校园的空间布局（地理位置）、景观布局、景观小品、建筑名称、雕塑与碑记、山水景、植物景观、教学理念及核心知识物现、学习行为物现等构成。这些要素都是打造校园教学景观文化的现实教学资源，既可作为新生入学的直观教育内容，也可让新生和其他社会人员了解学校的历史变迁、基本概况与人文景观，增强认同感及爱校之情，又可作为地理与人文学科、建筑学科、植物学科、环境学科、景观学科、园林学科等相关专业的实践教学的重要教育内容。② 这些作为校园教学景观要素的优点是有形化、视觉化、近距离化，节约教学实践的经费，完善校园教学景观的布局，丰富学生对校园教学景观文化的认识，激发学生学习和探索的兴趣。

二、客家校园教学景观文化的主要内容和特色

客家校园教学景观文化作为区域教学物质文化中"可视、可感知"的内容部分，是客家区域教学文化的载体和外在表达，是客家校园文化的重要组成部分。主要包括校园的规划和构筑物、环境布置、校园雕塑、纪念馆、学校标志、山水景、植物景观、教学理念及核心知识物现、学习行为

---

① 方凯伦. 校园景观设计中的教育化探究［J］. 现代园艺，2016（5）.
② 方凯伦. 校园景观设计中的教育化探究［J］. 现代园艺，2016（5）.

物现及教学现代化程度等校园实物的客观存在。

当然，客观物质本身并不能直接认定为文化，但从某种程度上说，这些实物的文化性主要体现在：这些物质都是人的主观基于客观对象而创造出来的，是人的精神世界的物化实体，任何一个人化的物质实体都是主观之于客观，蕴含着人们传承的习俗、思想、情感等精神内容，因而这样的物化实体具有浓厚的文化性，它能对其他人的精神、行为产生潜移默化的影响。① 生活在客家区域校园中的广大师生也无时无刻不接受客家校园教学景观文化的熏染，例如兴宁市兴民中学校园内的兴宁学宫、康熙二十年（1681）颁授的"万世师表"匾额，蕉岭县人民小学的状元桥等具有教学文化象征及标志的景观，无处不体现着客家校园文化用无声的语言影响着广大师生。客家区域校园教学景观文化是客家区域教学文化的物化表达，其内涵和作用是深远而重大的。要深入揭示和理解客家区域教学文化的本质，就必须研究校园教学景观文化。

（一）客家校园教学景观的历史景观文化

"历史景观"是一个外来词，在国外，历史景观属于文化景观的范畴。正如美国俄勒冈大学风景园林系罗伯特教授（Robert Z. Melnick）认为："历史景观可被定义为景观文化的一个类型，这一类型的景观与特定的人物、事件及特别重要的历史时期相关联。"② 客家区域校园内的历史景观，是指那些经历历朝历代并传承下来且具有厚重文化底蕴的景观。这些景观往往与学校的发展史密切相连、一脉相承，是学校历史进程的重要组成部分，对学校过去、当前和未来的发展具有重要的指导性作用。

梅州市有许多历史景观，例如梅州市梅州学宫（即现在的孔庙）、五华县长乐学宫、兴宁市兴宁学宫、梅县东山中学内的东山书院、梅州师范学校附属小学内的大觉寺、蕉岭县蕉岭中学内的桂岭书院等。兴宁学宫坐落于兴宁城区兴民中学校园内。据旧志记载，兴宁学宫始建于南宋嘉定年间；学宫，古称文庙，民国后改称孔庙。兴宁学宫历经重修和扩建，至万历三十年（1602），知县史懋文改建尊经阁于大成殿北，明代大文学家、戏剧家汤显祖应史懋文之请撰写《惠州府兴宁县重建尊经阁碑》。清朝有七代皇帝（康熙、雍正、乾隆、嘉庆、道光、咸丰、同治）的御书匾额，悬挂于大成殿内。现存古建筑有大成门、大成殿、东西庑、泮池、棂星

① 王坤花. 高校新校区校园文化建设中文化景观的传承研究 ［D］. 济南：山东建筑大学，2011.

② 薛亮. 大学校园环境文化景观研究 ［D］. 南京：南京农业大学，2010：33.

门。现仅存康熙二十年（1681）颁授的"万世师表"匾额置于大成殿内，殿内以石为柱，以玻璃为瓦，金碧辉煌；殿前雕刻有龙腾云海、蝙蝠翱翔、琴棋书画、才子佳人、帝王将相等图案；构图严谨，工艺精美，美轮美奂。宣统三年（1911），县令茹欲可用尊经阁楼宇创办本县第一所图书馆。兴宁向来崇文重教、文风昌盛、人才辈出，素有文化之乡称誉。学宫是封建科举时代各级地方政府的官办学校，兴宁学宫就是兴宁县的官办学校。历史悠久的兴宁学宫自创建至清以后，县内代出名宦学人，对兴宁文化教育发展的推动起着极其关键的重要作用。据史籍记载，自宋出探花罗孟郊以来，兴宁共出进士20人，举人140人，举人副榜28人，武进士10人，武举人80人。他们的功名、业绩均与学宫有密切的联系。① 由此可知，不论是学宫建构、历史变迁、雕刻、图案、名人还是牌匾，皆无声无息地讲述着客家崇文重教的历史和重视文化教育的意境，饱含厚重的文化气息，体现了客家区域教学文化对传统文化的认可与传承。

（二）客家校园教学景观的纪念景观文化

纪念景观是人们将纪念情感通过客观物化实体与具体历史事件、人物之间的关联而得以寄托，以激励来者、回忆或记住为目的而构筑的景观要素，它具有物质和精神双重文化功能属性。简言之，纪念性景观是人类纪念性情感景观的物质化表达，它与其他景观的明显区别在于它是为满足人类纪念内涵的精神文化需求而存在的。因此，纪念景观具有独特的文化底蕴或内涵，即体现为纪念的事件、人物的意义和价值。

校园内的纪念景观是为了纪念对学校、社会发展有重要贡献的人或事，因其纪念意义而成为校园"有故事、有文化、有意义、有价值"的地方。如嘉应学院田家炳博士纪念馆、文祠楼，梅州市曾宪梓中学校史馆内的曾宪梓博士事迹展厅，黄遵宪纪念中学附近的黄遵宪纪念馆，兴宁一中反映母校百年历程的浮雕和雕塑群，梅州中学院士纪念大道等。梅州中学坐落于梅州市梅江区，由清末著名外交家、爱国诗人、教育家黄遵宪所创办（1904），其校园内的院士纪念大道竖立了许多从梅州中学走出来的中国科学院或中国工程院院士的纪念性雕像，以激励来者奋发进取。自新中国成立以来，梅州这片崇文重教的土地孕育出了30名院士，其中就有8位毕业于梅州中学，为祖国各条战线培养出了大量的优秀人才。如共和国元帅叶剑英，军事家黄琪翔、谢晋元；文化艺术教育家林风眠、李金发；学

---

① 何日胜. 胜游梅州·兴宁篇 [M]. 广州：广东旅游出版社，2014：27－29.

界泰斗、中国科学院和中国工程院双院士李国豪，中国科学院院士黎尚豪、吴佑寿、黄本立，中国工程院院士江欢成、张楚汉、廖万清，台湾"中央"研究院院士陈燊；全国人大常委、全国工商联副主席曾宪梓，都曾在这里接受中学教育。纵观梅州中学院士纪念大道及校史变迁，见证了梅州中学昔日的辉煌及艰苦卓绝的岁月，而院士纪念大道的人物、故事也将永驻每一位梅州学子的心中。这种景观设置集中体现了一所学校对人才培养价值的追求。

（三）客家校园教学景观的价值景观文化

育人是学校的根本任务，即学校不仅要传授学生专业的知识和技能，以获得学业上的成就；还要培育学生的人文素养和健全人格，以适应日常生活、人际关系的需要。价值教育的途径多种多样，包括课堂内教师的传授，还包括课堂外各种教育形式和途径。而校园价值景观更多的是课堂外的教育呈现与表达，是校园内具有明显的教育教学性的景观要素，对广大师生树立正确的人生观、世界观和价值观，陶冶昂扬精神，能够产生直接或间接的影响作用。这些景观内容具体包括学校的办学理念、校训、校风、教风、学风景观及人文精神宣传景观（本书所探讨的主要为名人名言）等。

为了使学校、教师、学生有共同遵循的行为准则及追求方向，办学理念、校训、校风不仅是学校历史变迁和文化传统的沉淀，也是学校办学价值的直接表达，可以直接感触到学校自身最为核心的灵魂和特质。因此，校训、校风、办学理念不应只停留在学校形式化的宣传口号，更多的是融入学校整体环境之中，物化为办学理念、校训、校风的价值景观。

从各个学校的差异性和独特性来看，各个学校都有各自的办学理念、校训、校风，也应当有彰显自己的办学理念、校风、校训景观。比如：广东五华水寨中学以"面向全体，人人成才"为办学理念，以"勤朴、弘毅、博学、笃行"为校训，以"民主、团结、勤奋、活泼"为校风，以"爱、勤、谦、实"为教风，以"明、勤、钻、实"为学风；广东梅县东山中学以"勇俭爱诚"为校训，以"团结进取"为校风，以"严勤细实"为教风，以"勤奋好学"为学风；梅州市梅州中学以"以人为本，不求人人升学，但求人人成才"为校训，以"笃诚、奋发、求是、创新"为校风，以"勤教善导、为人师表"为教风，以"学会生存、学会生活、学会求知、学会做人"为学风。这些均赫然撰写在教学大楼的四周，使其成为"可视、可感知"的教学文化实体，时时刻刻唤醒师生的内心觉悟，是校

园教学景观文化的亮点之一。

校园内的人文精神宣传景观主要通过名人名言而呈现，如碑记、题字、寄语等。校园内设置这样的人文宣传景观具有重大教育意义，可使学生感到心灵的触动及思想洗礼，也寄托了前贤对今人的期盼、激励和传承，同时也能提升学校自身的文化底蕴。如兴宁一中在学校校道两侧设置了文化石，左边是由广东省省委原书记、省老区建设促进会常务理事林若先生题词"再创辉煌"，右边是省委原副书记、原省长、一中校友黄华华先生题词"百年树人"。文化石与不远处的"先贤高风""源头活水"一道昭示着兴宁一中是报效祖国的"圆梦"之地；还有叶剑英元帅所题写的"广东梅县东山中学"校名，大埔县大麻中学有田家炳先生所书写的校训等。

（四）客家校园教学景观的艺术景观文化

艺术景观是一种塑造空间形态或要素与周围环境、底蕴相结合的艺术表达。不同于其他文化景观，艺术景观本质上是造型艺术，传达出一种美的感受、美的思想及美的价值，使欣赏者通过艺术造型领略美感、艺术思想及其底蕴。校园艺术景观是以表达美为要素，师生之间在欣赏的同时，受到真、善、美的熏陶和感染，引起心灵的触动和深入思索。客家校园艺术景观应是艺术美和客家文化相融合的表达，包括客家精神、客家人物雕像、客家建筑风格、客家名人碑记碑刻等。这些景观能够使客家文化得以挖掘并传承下去，也能陶冶师生的艺术情操，彰显客家校园艺术品位及品牌特色。如梅州市嘉应学院叶剑英骑马铜像形象地概括了叶帅一生"剑气凌云精忠社稷叱咤风云铁马啸，英才盖世满腹经纶匡扶政局国基安"的丰功伟绩和高尚品格；大埔县田家炳小学的田家炳博士铜像则形象地寄寓了香港企业家和慈善家田家炳博士一生履仁崇义、博施济众、爱国兴教、大爱无疆、臻于幸福的人生追求和至善境界。

（五）客家校园教学景观的标志景观文化

标志景观是指与历史环境、文化或某种底蕴共同凝练而成的标志物，它们在某个方面具有唯一性、标识性或在整个环境氛围中让人思索与回想。比如北京大学的未名湖，清华大学的清华园，武汉大学的樱花，梅州人祖屋和祠堂门前竖立的石楣杆，蕉岭县人民小学的状元桥和棂星门等。校园内的标志景观，是学校最具有标志的景观文化，不仅是学校整体空间布局或环境的焦点，也是校园教学文化的核心引领者。它是世代莘莘学子对母校情结的向往和寄托，是关于母校内心最深刻而又最难忘的印记，也是校外游子或其他人士对学校最深刻的印象。校园标志景观就好比学校名片，犹如一提到清华大学就自然联想到清华园，一说起清华园就知道是清华大学。如蕉岭县人民小学校园内的棂星门和状元桥，棂星门位于蕉岭县人民小学内状元桥前。据石坊碑刻记载，棂星门建于乾隆二十年即1755年，距今有260多年历史。据史志记载，棂星门是中国传统建筑中门的一种形式，由唐代的乌头门发展而来。到清代只有棂星门名称。中国孔庙建筑中轴线上的第一座门是棂星门，传说棂星是天上的文星，又称文曲星，把孔子比作文曲星，寓意天下英才汇聚于此，统于儒家。由此可见，棂星门反映了古代梅州客家人崇文重教的传统理念，时时刻刻提醒着我们的老师要爱岗敬业，教育学生要勤学奋进，立志成才。状元桥位于蕉岭县人民小学内，棂星门后。据《蕉岭县志》（1992）记载，建于康熙十一年（1672），南北走向，由泮池、石拱桥组成，为横联式砌建券拱石拱桥。状元桥横跨泮池南北两端，桥长 11.5 米，拱跨 2.2 米，宽 2.92 米，拱矢高 0.7 米，占地面积 236 平方米，建筑占地面积 42 平方米。桥拱用麻石砌筑，桥墩沙灰批荡，桥面左右两侧设栏板望柱。泮池为半月形，四周设栏板望柱。该桥结构独特，造型美观，是蕉岭县境内仅存的一座反映古代客家人崇文重教和人文发展历史的代表性建筑，对于研究当地崇文重教的传统客家文化和石拱桥建筑工艺具有一定的参考价值。[①] 又如兴宁一中标志性景点——蟾宫折桂，这一景观时刻提醒着一中学子"蟾宫折桂日，金榜题名时"，体现了一中一直致力于培养学生积极向上的人生观和价值观，塑造学生完美人格，让学生以积极的态度去面对人生的教学价值追求。这种景观的教学意义就在于不仅激励教师要做名师，育英才，也激励学生要自强不息，成为国家栋梁。

三、客家校园教学景观文化发展

文化是一个民族和国家强大的血脉和魂魄，只有强大的文化才能孕育强大的民族和国家。学校文化是人类文化的基础，今日的学校文化就是明日的人类文化。因此，无论我们怎样强调加强学校文化或校园教学景观文化建设，都是正确的和富有远见的。我们应该努力使学校成为人类活动最有魅力、最有文化的精神家园和智慧天堂。

---

① 资料来源于中国梅州市蕉岭县人民政府网 ［EB/OL］. http：//www. jiaoling. gov. cn/fll/News_ View. asp? NewsID=20616.

205

在肯定客家区域教学景观文化建设成就的同时，从教学文化发展的视觉来审视，我们认为，客家校园教学景观文化建设还存在一些不足，需要我们不断完善。

（一）客家区域校园教学景观文化存在的主要问题

1. 校园教学景观功利性色彩浓厚，科技知识景观不足

纵观古今中外，校园教学景观皆存在功利性思想的痕迹。客家教育文化是中国传统教育文化的重要分支。客家区域教学文化是客家教育文化重要组成部分，也是其具体的表达形式。众所周知，科举制度统治中国教育上千年，而传统的"学而优则仕"的官本位思想对中国读书人的影响甚巨，他们往往把读书视为改变人生命运的唯一途径，这恰是教育功利性的外化呈现。而客家区域传统教学文化也深受其影响，形成"知识—记忆性""学而优则仕"的教学信念。从某种程度上说，它有促进梅州客家区域教学的发展及人才培养的积极因素，也有制约梅州区域教育现代化发展及全方位培养人才的不利因素。如东山中学及蕉岭县人民小学校园内的状元桥，据当地记载，明清科举入选者，均着盛装，胸前戴花，绕泮池一周，跨过状元桥，然后由县官致辞表示祝贺。梅州城区东山教育基地中央矗立着三根粗壮的石楣杆，石楣杆在旧时是客家人崇文重教的象征，但对其赋予的文化内涵和外延价值太单一，仅仅是考取功名者才可在祖屋和祠堂前竖立石楣杆，以光耀门楣、激励来者。由此可窥视石楣杆所带来的现实功利性、炫耀性、形象性。学校本质在于育人，育人必须以德为本，以知识技术为基础。如果我们将上述的客家校园教学景观的主要内容集中在对学生的励志和育德等方面，那么，客家校园教学景观文化最大的不足就是缺乏科技知识景观，将教学理念及核心知识物现、学习行为物现及教学现代化水平物现的景观较少。

2. 校园整体的布局不能体现校园文化的一贯精神和价值

校园教学景观文化建设应是一个长期且不断发展的过程，而校园文化应是学校各个时期发展的主线。正如我国第一代建筑师杨廷宝所说，学校应是宁静而有文化的地方，注重学校历史底蕴对学校发展进程的引领作用，使新旧建筑有较为统一的格调并与学校文化、变迁进行很好的融合和传承。正是在这样的思想指导下，北京大学延续了中国古典园林建筑风格，清华大学延续了中西合璧建筑风格，形成独领风骚的校园建筑风格。从校园的发展史及传承性来看，客家校园内的历史景观文化应是教学物质文化的内核，也应是整个客家校园景观文化的引领。但实际情况却是，部

分客家校园历史景观文化传承不够，整体布局与历史景观文化不够协调，各个时期的校园建设缺少有效的联系，不能体现校园文化的一贯精神和价值。比如坐落于梅州市梅江区月影塘居委大觉寺1号梅师附小内的大觉寺，原名"祝圣大觉寺"，始建于南北朝梁普通三年（522），距今近1 500年历史，是梅州创建最早的寺庙之一。现保存中、后殿，均坐北向南。中殿为重檐歇山顶、灰瓦面、穿堂式布局；面阔三间，进深三间；殿四周辟廊，20根方形明柱支撑檐部；殿门正立面石柱刻楹联，上有卷棚；殿内方形、圆形石柱支撑梁架。中、后殿用廊相连，后殿设两堂：下堂为牌坊式大门悬山顶；上堂为单檐歇山顶，为两层高阁楼式布局。但在大觉寺周围，尤其是近几年的教学建设，却是完全现代建筑风格，无法与大觉寺建筑风格和底蕴相协调。校园内现代教学楼的建筑风格与大觉寺建筑风格、低层的大觉寺建筑与高层的现代教学楼群形成鲜明的对比，破坏了校园的历史空间和整体空间。正是由于未能在校园整体布局中考虑校园历史景观文化，以及未能很好把握校园文化这一条主线，以致影响校园整体布局的协调性、合理性、传承性。

3. 校园教学景观文化标志不突出、特色不鲜明

校园教学景观文化标志不突出、特色不鲜明，也即我们常说的"千校一面"。究其因是没有深入挖掘客家区域校园文化及恰当运用，未能与学校历史、办学特色、客家文化进行充分融合，不能彰显出客家区域办学特色。例如高校校园内经常可以看到孔子的雕像，孔子作为中国古代教育的圣贤，烘托与其一脉相承的教育追求也是可以的，但也要视具体学校而定，也要有学校特色或区域特征。如嘉应学院作为客家地方高等师范院校，在校园内竖立孔子的雕像也是符合的，也能体现自身的师范教育对圣贤文化的传承。但在中国近现代史上，梅州客家区域出现的教育家也不少，比如黄遵宪、丘逢甲等，这些梅州客家区域典型的名人教育效应，不仅能影响且激励广大师生，也会使嘉应学院与梅州客家区域教学文化更加充分地融合及彰显特色。

4. 校园教学景观文化中缺乏教学行为互动

校园教学景观文化在满足师生学习、生活的过程中起着重要的作用，尤其是学生，他们读书阶段的大部分时间几乎都是在校园环境中度过的。在这个意义上说，校园教学景观对于他们不再是一个单纯的物质环境，而是一个物质与精神的复合体。这种复合体正是通过"景观—行为"之间的教学行为互动表达出来的。

在优秀的校园教学景观文化中，不同的行为往往有固定的场所，如北

207

京大学未名湖畔的晨读，武汉大学珞珈广场上的漫步，这是一种长期建立起来的稳定的行为与环境之间的关系。另外，校园教学景观文化也会通过特殊的构筑物，例如具有历史意义的浮雕墙、名人雕塑、纪念碑等，营造特殊的景观氛围，从而影响人们的行为。然而，在一些客家新建的校园景观中，或为了配合布局，或为了适应形式，大尺度的广场、空旷的草坪、漫长的道路取代了亲切的休憩空间、生态的绿色氛围、宜人的林间小道，偌大的校园找不到一个可以供师生静坐的地方，人的行为需求被冷落、忽视，"以生为本"的初衷被理性主义的功能分区、空间结构、形式美学所异化，师生真正的心理、行为需求被生理化、简单化、抽象化而得不到满足，从而使得整个校园的空间环境存在着严重的生理缺陷，不能满足教学主体与教学景观之间的行为互动。

（二）客家校园教学景观文化的发展策略

1. 树立正确的教育思想，克服教学景观文化的功利性倾向

观念是实践的先导。客家区域教学文化的功利性是由多种因素形成的教育问题，是一种思想认识的固化，要解决客家区域教学文化的功利性问题，最为合理的措施是从教育的内外因素入手。一方面，重塑教育观念。育人是教育的本质，教育的宗旨在于开发个人潜能，促进人格的完善和品质的发展，而非其他外控式目的。正如美国实用主义教育家杜威所说，教育本身就是其目的，除此别无其他教育目的。① 鉴于此，要纠正当前存在的种种教育问题，首要措施是重塑教育本质观，还原教育的"育人"宗旨。另一方面，注重教育实践的人文性和工具性的统一。实践是观念的落实和具体化，仅有观念的重塑还是不够的，教育本身就是一项实践性很强的活动。因此，在具体实践中即教育内容的选择上要做到恰适性，教育方法（手段）上要多元性、人文性，教育评价上要全面化、科学化、生态化，教育管理上要民主化等。加强科技知识景观建设，根据中小学不同学校性质，增加将教学理念及核心知识物现、学习行为物现及教学现代化水平物现的各种景观，激发学生学习兴趣，启迪智慧。

2. 将校园教学景观文化的建设纳入校园整体布局中

将校园教学景观文化的建设纳入校园整体布局中，要充分挖掘校园教学物质文化的价值，将教学景观文化作为校园整体布局的核心组成部分。在校园教学景观文化的建设中，首先，要明确学校的办学价值和精神追

① 滕大春. 批判杜威的教育目的论 [J]. 学术月刊, 1957（11）.

求，知悉校史，将校园内潜在的教学文化摸清楚；其次，通过景观要素将教学景观规划与校园内其他规划，如建筑风格、植物布置、环境布置、文化延续等融为一体、协调一致；再次，各个类别的景观规划之间要有一定的关联性、和谐共处。只有通过这样的统一布局、统一指导、统一落实，才能确保校园教学景观文化内外的整体协调，才不会呈现一种孤立、零乱的感觉，才能使客家校园教学景观文化的建设在始终如一地贯穿校园文化价值这一条主线背景下，做到校园教学景观文化的延续和创新的统一。

3. 利用校本课程的优势，充分挖掘客家校园教学物质文化

校本课程是国家课程的具体补充，也是激发地方办学活力的重大举措。地方特色是校本课程最大的特点，运用校本课程这一平台，有助于地方教育文化的挖掘和延续，也有助于地方政府找到办学方向、办学特色。

梅州客家区域教学文化丰富而又厚重，具体表现在红色文化（苏区文化）、学宫与书院文化、居民建筑文化、民俗文化、乡村特色文化、山水文化、名人文化、寺庙文化等。这些丰富而有特色的文化为校本课程的开发增添了丰富的素材，其作用表现在：一方面实现了客家区域教育文化的显性表达，为地方教育发展或学校办学提供参考；另一方面符合客家学子的成长体验，让客家学子或外来游子了解地域文化特色，扩宽学生视野，增加课堂教学的丰富性。

4. 增加校园教学景观文化主体互动性

校园不仅仅是建筑之间的残留空间，事实上它还是一系列经过设计的场所，一个充满文化内涵的景观环境，这些场所和环境反映了一所学校希望引人注目和超值的价值。此外，校园还应该是让人感到安全、鼓励参与的场所，能够在更多层面上增强社会互动，增加对学生、教职员工和参观者的吸引力。因此，在未来校园环境和教学景观文化的设计中，我们要更多地考虑校园主体之间的互动要素的设计，只有这样才能充分地体现校园景观文化"以人为本"和"精神家园"的深层内涵。我们应尽可能做到：考虑校园环境中师生的户外活动需要，保证师生在校园进行必要性活动、自发性活动和社会性活动所必需的户外公共空间；注意校园环境及景观设计中师生的行为心理，如性别差异、年龄差异、人格发展需要等因素；增加区域文化元素，吸引区域社会人员参与到教学活动中。① 唯有如此，才能克服校园空间环境及教学景观存在的与教学主体缺乏行为互动的缺陷，使师生在互动的共享共生中真正体悟教学景观文化的内在力量和本质。

_____

① 周梦佳. 当代校园景观文化的设计研究 [D]. 苏州：苏州大学，2011：84-89.

209

第二节　客家教学馆匾文化

梅州历来文风鼎盛，教育发达，人文荟萃，蜚声海内外。南宋时即塾学遍布，明清时科甲兴盛，辛亥革命以来出了30名中国两院院士、340名大学校长（书记）、473名将军，盛有"文化之乡"的美誉。梅州以崇文重教著称，在漫长的历史发展岁月中，客家教育发达，培养了大量的人才，孕育了深厚的教学物质文化。2013年9月，梅州被广东省政府授予"广东省教育强市"称号，成为粤东西北12市中第一个省教育强市。① 到2015年实现了教学硬件建设校校达标，即各中小学按照"一校十八室"的要求，基本配齐了各种功能室，按照省的教育装备标准配齐了各种常规教学仪器，如理化实验室、电脑室、语音室、音乐室等。这些优越的教学物质条件（也可称为教学物质文化）为梅州客家基础教育的可持续发展打下了坚实的基础，这里不再赘述。本节重点探讨客家在教学文化形成过程中积淀下来的客家教学馆匾文化等教学物质文化。

客家教学馆匾文化主要指历史上为了表彰和记载历朝历代著名教育家的生平事迹、教学思想与方法而修建的纪念馆，如孔府孔庙、黄遵宪纪念馆、丘逢甲纪念馆等，与此相似的还有各地树立的教育家的雕塑；为了激励学生努力学习，成为社会栋梁之材，为考生科举考中后制作功名匾，如状元府、状元及第等；另外还有当地政府及乡邻家族以考生学业成绩名次命名的状元桥、石楣杆等实体文化。

一、客家区域教育家的纪念馆

在推动客家教育教学发展的过程中，客家区域产生了许多著名的教育家，如梅州八贤黄遵宪、宋湘、丘逢甲、张弼士、姚德胜、丁日昌、罗香林和李惠堂，当代林风眠、邹鲁、丘成桐、潘毓刚、王佛松、曾宪梓、田家炳等，他们均身体力行地为创办客家教育做出过巨大贡献。为了纪念他们的教育教学生平、教学思想等，后人在这些人故居的基础上，均建有纪

---

① 柯鸿海. 梅州：粤东西北首个教育强市［N］. 南方日报，2013 – 09 – 13（1）.

念馆。这里略述一二。

（一）黄遵宪纪念馆

黄遵宪（1848—1905），清代诗人，外交家、政治家、教育家，被誉为"近代中国走向世界第一人"。字公度，别号人境庐主人。广东嘉应州（今梅州市）人。出身于世代经营典当的大商人家庭。历充驻日参赞、旧金山总领事、驻英参赞、新加坡总领事，戊戌变法期间署湖南按察使，助巡抚陈宝箴推行新政。工诗，喜以新事物熔铸入诗，有"诗界革新导师"之称。著有《人境庐诗草》《日本国志》《日本杂事诗》等。1898 年 9 月百日维新失败后，遭到顽固派的拘捕。后在英日等国压力下，被释放后回归故里。黄遵宪回乡后仍热心推进立宪、革命等工作，并潜心新体诗创作。同时，他热心家乡教育事业，创立嘉应兴学会议所，自任会长，积极兴办新学堂。1904 年，集资修复东山书院，在此筹建"东山初级师范学堂"，专聘学问深而思想新者为师，培养爱国兴邦人士，使东山书院进入了一个新的发展阶段。1905 年 3 月 28 日，黄遵宪病逝于家乡梅州，终年 58 岁。

为纪念黄遵宪"明于识、练于事、忠于国、爱于教"的崇高品质及其不凡人生，1984 年春在黄遵宪故居基础上建立了纪念馆。它由黄遵宪书斋"人境庐"以及故居"荣禄第"和民居"恩元第"三处相连的省级文物保护单位组成，占地面积 1.53 万平方米。分为人境庐、荣禄第、恩元第等纪念景区；仿古城楼、黄遵宪纪念馆、黄遵宪纪念广场（含牌坊）、仿古风雨石拱桥、铜像、黄遵宪纪念诗廊、书香园林等人文秀区及客家食肆、古玩街、亭廊、仿真人雕像等服务区。在纪念馆东边还建有以其名字命名的"黄遵宪纪念中学"，以此彰显黄遵宪教学思想，发挥名人效应，激励该校师生继承先贤遗志，发奋读书，努力成才。

211

（二）丘逢甲故居

丘逢甲的故居名为培远堂，坐落在蕉岭县文福镇淡定村（今逢甲村）。建于清光绪二十二年（1896）秋，共计 55 间 2 堂，面积 1 800 多平方米，是一幢坐西朝东，两堂四行，中轴对称，后面半圆形围屋与前面的 5 个门楼形成封闭整体的客家围屋。"培远堂"三字为晚清著名学者温仲和手书，"培远"两个字分别取自丘逢甲的两侧对联"培栽后进，远继先芬"的第一个字，意为精心栽培后一辈并努力继承前一辈的优良传统。故居内陈列有珍贵文物、照片、手稿、文献，向人们展示抗日志士、爱国诗人、教育家丘逢甲光辉的一生。

图 6－1　丘逢甲故居

丘逢甲（1864—1912），梅州蕉岭人。1864 年出生于台湾苗栗县，6岁能诗能文，14 岁获得"东宁才子"印章一枚（清时期，台湾称为"东宁府"），26 岁考中进士，清光绪皇帝授予工部虞衡司主事，相当于四品京官。但他从小就怀着忧国忧民的情怀，看到清朝政府腐败，无心仕途，便告假回台，从事教育工作，先后在台中衡文书院、台南崇文书院和嘉义罗山书院几个书院担任主讲。1894 年中日甲午战争爆发后，清政府签订了丧权辱国的《马关条约》，丘逢甲组建义军，号召全台民众抗日，在新竹一带奋战了二十多个昼夜，终因弹尽粮绝，在部属的规劝下挥泪内渡回到自己的祖籍地。1895—1897 年在淡定村新建了丘逢甲故居。丘逢甲回到大陆后主要从事教育，首先应潮州知府的邀请在潮州韩山书院、潮阳东山书院、澄海景韩书院讲学，在讲学过程中发现旧学太落后，以推崇新式教学为主，受到一些顽固分子的排斥，决定创办新学。1901 年在汕头创办了第一所以新式教学为主的学校——岭东同文学堂。教学除增设算术、格致、生理卫生、化学外，还注重术科兵式体操。在家乡创办了第一所师范学校——镇平师范初级传习所，在圆山创办了"创兆"学校。在教育教学中，他曾先后担任了广东教育总会会长、广东咨议局副议长、广东军政府教育部部长。1912 年终因积劳成疾病逝，终年 48 岁。今天，当我们来到故居瞻仰这位爱国教育家的事迹及教学改革思想时，不得不让我们反思：我们应该如何进行教学改革，培养什么样的人才？

（三）林风眠故居

林风眠故居——敦裕居，位于广东省梅州市梅江区西阳镇白宫阁公岭村，建于清代，占地面积 1 155 平方米，建筑面积 700 平方米，坐南朝北，前拥半月形池塘，后枕老虎岩顶山，主体建筑为四合院式附筑一横屋，悬山式，土木石结构，夯筑夹砌泥砖，灰瓦面平房，属传统客家民居。2013年1月，林风眠故居被公布为广东省第七批文物保护单位。

林风眠（1900—1991），原名凤鸣，擅长油画、中国画、美术教育，中国现代美术家，中国现代美术教育重要奠基人，20 世纪美术先驱者与一代宗师。19 岁时赴法国勤工俭学，先入第戎美术学院，后入巴黎国立高等美术学校，并游学德国。留法期间参与成立霍普斯会，从事现代美术活动。1926 年任国立北平艺术专科学校校长兼教授，1927 年任国民政府大学院艺术教育委员会主任，1928 年创立杭州国立艺术学院并任校长兼教授，1938 年任国立艺术专科学校主任委员兼教授，1960 年任中国美术家协会上海分会副主席。"文革"期间遭受迫害，1977 年定居香港。作品有《春晴》《江畔》《仕女》《山水》《静物》等，著有《中国绘画新论》，出版有《林风眠画集》等。①

林风眠故居主屋厅堂为林风眠纪念室，堂壁挂祖联"彰祖开基年百代，焕公垂统亿千秋"，堂前左右有新联"心灵美行为美语言美皆为上品，思想好品德好工作好乃是英豪"。厅内悬挂图文介绍，分林风眠简介、石匠之子、启蒙学画、文祠留映、求艺西行、婚姻家庭、香江唱晚、光前迪后篇，展有林风眠寄赠中学恩师梁伯聪及转赠母校梅州中学之画作复件。纪念室虽显简朴，然以此可纵观一代宗师之风骨，感受客家人之精神。

林风眠青少年时期在"敦裕居"度过。庭院东端靠南倒数第三间房为林风眠少时习居室，靠窗壁处展有其书桌及箱形小书橱等用品，展示了他耕读求学、富有理想的生活。

二、石楣杆与父子进士牌坊

"耕读传家、崇文重教"是客家人传承千年的优良传统。据《梅州进士录》一书统计，唐宋至明清千年间梅州市各类进士共 283 名，其中会试殿试产生的正榜进士 247 名（含寄籍进士 8 名）、钦赐进士 15 名、明通进

213

---

① 何日胜. 参观林风眠故居［EB/OL］. http：//blog. sina. com. cn/s/blog_5a663f0a0102e0j9. html.

士 21 名。在梅州各县区作为教学文化象征意义的另一类物质文化，就是记载在科举时代求学成功、取得功名的文化符号，如状元桥、石楣杆、父子进士牌坊等。这类文化具有标识求学者获得成功的功名，如状元、榜眼、探花等名次，对于他人主要体现为激励儿童青少年发奋学习的激励功能等。

（一）石楣杆

石楣杆是古时客家地区崇文重教特有的象征，是客家区域教学物质文化的特殊符号。凡考取功名者均可在祖屋和祠堂前竖立石楣杆，以光耀门楣、激励来者。

石楣杆（也称石桅杆、石旗杆或石桅樯），是用花岗岩石条凿成方形、圆状石柱，柱上雕刻各种图案，分若干层竖起，像一支笔故称为"石笔"，又貌似船上的桅樯，故名为"石桅杆"。旗杆有石制和木制两种，一般高5～6米。木旗杆比石旗杆要长一些，它镶嵌在两块石柱中间。石楣杆一般有 3～4 节：第一节为一支石笔，第二节柱体一般雕刻有"双龙盘柱""鱼跃龙门"等吉祥图案，第三、四节则用两块石头固定，石上刻有"某人，某年，某科，中试第几名进士（或加官衔）"等铭文。功名越大，柱子则越高，花饰也越多越精致。在科举时代，客家地区有人考取了秀才、举人、进士，不管出在哪家都被视为全村、本宗族人的荣耀。中了科举的人可在庙前或屋前或陵墓前竖一对旗杆，把姓名、生平和主要事迹雕凿在石旗杆上。因等级不同，秀才底座为四角形状，举人为六角形状，进士和四品宫以上为八角形状。木旗杆则把主人的生平事迹和官阶、学位等雕刻在底座的两块石柱上。有些地方把石楣杆称为"石笔"。在封建社会，文人要经过科举考试才能步入官场，笔被认为是科举应试的象征，文人又以笔为晋升的阶梯，因而受到客家人尊崇。

客家人竖旗杆的目的在于光宗耀祖，激励子孙后代成才立业，流芳千古。这旗杆是旧时功名的象征，它告知后人在历史的长河里，这个地方曾有人中过科举或当过官，后人为他们歌功颂德而树碑立传。现在虽然时过境迁，已看不到昔日的景象了，但许多老祖屋的门前，如梅县区丙村镇芦陵村、大埔县茶阳镇饶氏堂、丰顺县建桥镇建桥村等的宗祠或老祖屋门前，还能看到石楣杆的遗迹。石楣杆成为客家教学文化的一大特色，格外引人注目。远近闻名的梅县区丙村镇芦陵村被称为"举人村"，在村中叶氏祖屋门前小水塘左右两边各竖有一排该村清朝期间 13 名科考中举者的石楣杆，远远望去即给人一种悠久的历史文化感；又让人感觉像穿越时空，同13位叶氏先祖共同探讨学问、人生与理想，充满了无限的遐思。如图6-2所示。①

图6-2 丙村镇芦陵村树立的石楣杆

（二）·大埔父子进士牌坊

大埔县父子进士牌坊位于大埔县茶阳镇大埔中学校门口，建于明朝万历三十八年（1610），距今407年，系当时朝廷为褒奖饶相、饶与龄父子进士所建。整座牌坊为花岗石预制件叠架而成，高12.5米，宽4.65米，共有三层檐顶，十二石柱承撑，结构严谨雄伟，雕刻精湛雅致。如图6-3所示。

饶相于明朝嘉靖十四年（1535）中进士，曾任江西按察副使、中书舍人等职。他的儿子饶与龄于明万历十七年（1589）中进士，任试政都察院、中书舍人。中书舍人，职掌帝后诏令，宣命朝廷德政，日记纶音，染翰理文，侍于

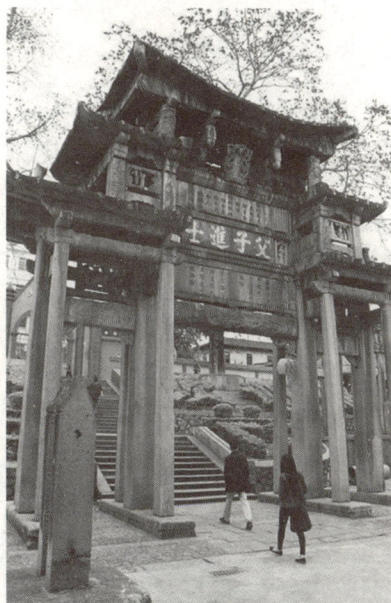

图6-3 父子进士牌坊

---

① 何日胜. 胜游梅州·梅县篇［M］. 广州：广东旅游出版社，2013：66-69.

君侧，官贵名高，世有美誉。"丝纶"是皇帝圣旨、诏书的代名词。故牌坊题名"丝纶世美""父子进士"。

父子进士牌坊是客家区域教学物质文化的又一胜景，它不仅是对读书人学习业绩的肯定与赞誉，也是对客家"耕读传家，诗书继世"良好家风、祖风的表彰。现在，这里每年都引来全国各地专家学者考察研究、游客参观，还有大量海外侨胞前来寻根问祖，追思先人功德。

（三）状元桥与探花书院

梅州状元桥坐落于梅城下市东山书院前，是双孔拱形之石桥，异常坚固。该桥始建于宋代，桥长约 34 米，宽约 5 米，周溪水经此流入梅江。据《光绪嘉应州志》载，起初以石梁建造，后因年久失修而毁坏，明永乐年间（1403—1426）用木板架造，明弘治年间（1488—1505）改建成石桥。由于不够完善，相隔不久，乡人于正德间再加修建，后为洪水所毁，再架木桥。约过了 200 年，木桥已腐烂不堪，过往行人提心吊胆。迨至清乾隆十一年（1746）王者辅任嘉应州知州时，创办了嘉应州最高学府东山书院。往书院视察时状元桥是必经之路，因觉其已危及行人安全，于是主持重建成石桥，下辟二洞，上筑石栏，更名为"灵济桥"，并请城内翰林李象元为之作《重建状元桥题名簿序》。此桥后又复名为状元桥。"状元桥"之得名，传说有二。一说为宋王象之《舆地纪胜》程乡景物百花洲下有旧谶云"百花洲尾齐洲前，此地出状元"，故以名桥；一说为宋状元宰相文天祥于南宋景炎二年（1277），率勤工师抗元经福建漳州来梅州，曾过此桥，后人为纪念他称此桥为状元桥。如图 6-4 所示。

图6-4　梅州东山书院的状元桥

据考证，客家先民大多数是出身于"书香门第"的读书人，历来有重视文化教育的传统，文化底蕴深厚。据统计，自宋代到清末，仅梅县就有举人 681 人（仅清代就有 623 人），其中进士有 112 人（仅清代就有 90 人）。① 状元桥是梅州城区内始建年代较早并保存较为完整的古代桥梁，既是客家区域教学物质文化的重要象征，也是梅州难得的历史文化景观。随着梅州市创建教育现代化与发展广东梅州文化旅游特色区，状元桥与东山书院、中国客家博物馆已成为侨乡梅州千百年来崇文重教的符号。②

探花书院位于兴宁市神光山南麓的墨池寺，是为纪念罗孟郊宣和六年考中进士，为一榜第三名探花而建。罗孟郊（1092—1153），字耕甫，号休，广东循州府兴宁县刁坊镇罗坝村人。罗孟郊早年丧父，侍母很孝顺。少时家贫却聪颖好学，精通经史。二十岁时，他在兴宁神光山附近的罗岭草舍里，勤奋攻读，留下了"神光映读"的一段佳话。宣和五年（1123）他考中举人。宣和六年（1124）考中进士，为一榜（亦称一甲）第三名探花，始就太学博士职。后累官至谏议大夫、翰林院学士、掌制诰。

（四）客家功名匾额

功名匾额是客家区域教学物质文化的组成之一。

据《说文解字》记载："匾，署也，从户册。户册者，署门户之文也。"匾额是中国古建筑中的重要组成部分，相当于古建筑的眼睛，是中华民族独特的民俗文化精品。匾额集合了书法、篆刻、雕刻等艺术的精华，是一种集收藏性、观赏性和艺术性为一身的特殊文化载体。据客家匾额馆陈列分类看，匾额可以分为功名匾、寿庆匾、商号匾、门楣匾、堂号匾、功德匾、综合匾七部分。每一种匾额都代表着独特的客家文化，如"门楣匾"彰显了宅主的家世家风、政治地位、文化修养和精神面貌；"堂号匾"是客家人寻根意识与祖先崇拜的体现；"功名匾"是中国古代科举制度的见证，充分体现了客家人崇文重教、耕读为本的精神；"商号匾"则是匾额世俗化的一种标志，反映了客家人在崇文重教的同时亦官亦商或亦工亦商等。③ 在客家众多的匾额中，体现教学评价与考生学业成绩的是

---

① 梅州市政协文化和文史资料委员会编 . 梅州进士录 ［M］. 梅州市委党史研究室，2012：4.

② 杨草原，邓广敬，周涛 . 岭南写真："状元桥"侨乡梅州崇文重教的符号 ［EB/OL］. http：//www. chinanews. com/qxcz/2012/05 - 02/3859936. shtml.

③ 梁小玲 . 租屋珍藏"三国"兵器 ［EB/OL］. http：//news. xinhuanet. com/collection/2003 - 03/13/content_774414. htm.

功名匾。在这些匾额中有的是当朝皇帝御赐，如 1889 年，丘逢甲考中进士，光绪皇帝就钦授"进士"牌匾；有的是当地官员或当代名人贤达所书写。据统计，梅州共有进士 283 人，举人 1 783 人，秀才 16 479 人。高中状元者的居第匾额为"状元及第"，榜眼者为"榜眼及第"，探花者为"探花及第"，其他为"进士"。在乡试中名列第一者，宅邸可以挂"解元"。会试考中的考生被称作"贡生"，宅邸可以挂匾额"贡元"。

"状元及第"，是乾隆三十七年（1772）为广东五华县华城镇黄埔村的武状元李威光所有。李威光（1735—1795），字作楫，号韬序。广东长乐县（今五华县）华城镇黄埔村人，于清雍正十三年（1735）出生在山区农村一个小康家庭。其父李资始是前清廪生，知书识义，对其子从小学书习武管教颇严，其母才思敏捷、性格开朗。乾隆三十七年（1772）李威光束装上京，参加壬辰科会试。殿试一举成名，钦点为该科状元，御赐"状元及第"金匾一块。这一历史珍贵文物，在"文化大革命"中被毁灭了。

宋湘（1757—1826），字焕襄，号芷湾，嘉应州（今广东梅县）人。清代中叶著名的诗人、书法家，政声廉明的清官。他出身贫寒，受家庭影响勤奋读书，年轻时便在诗及楹联创作中崭露头角，被称为"岭南第一才子"。《清史稿·列传》中称"粤诗惟湘为巨"。乾隆四十三年（1778）考取秀才，乾隆五十一年（1786）中解元，嘉庆四年（1799）中进士，授翰林院庶吉士，嘉庆五年（1800）还乡并主讲惠州丰湖书院，嘉庆十年（1805）授翰林院编修，嘉庆十二年（1807）钦点丁卯科四川乡试正考官，嘉庆十三年（1808）任戊辰贵州乡试正考官，至嘉庆十八年（1813）这段时间，历任文渊阁校理、咸安宫总裁、国史馆总纂、文颖馆总纂、教习庶吉士等职。嘉庆十八年（1813）五十八岁起，出任云南省曲靖府、广南府、永昌府、大理府、莫南府等诸府太守，领迤西、迤南篆事。清道光五年（1825）七十岁，迁升湖北督粮道。道光六年（1826）七十一岁卒于湖北观察署任上。位于梅县白渡镇创乐村象湖村小组的宋湘故居，始建于明嘉靖年间（1522—1566），共有三堂二厅二廊二十六间，面积约 300 平方米，为客家民居建筑之一。在宋湘故居院内，为一门坪，以照墙围护，正大门额署"解元"（缘于 1786 年，在乡试中获得第一名）。进入大门，在大门后门额挂"进士"匾，表明他在嘉庆四年（1799）殿试中二甲第十一名进士（全国第十四名），授翰林院庶吉士。[①]

---

① 邓晋东. 亲民清官宋湘［J］. 嘉应学院学报，1998（4）.

图6-5　宋湘故居正大门额署"解元"
（图片来源：http：//www.meizhou.cn/2016/1015/473417.shtml）

嘉庆十年（1805），嘉庆皇帝做寿，翰林院要悬匾志庆。宋湘不假思索，首先站出来挥毫疾书"顺穆康宁，雍焉乾德嘉千古；治平熙泰，正是隆恩庆万年"，横书"上大人"。这一对联，把清朝几代皇帝的帝号串联起来，且配置得体、平仄协调，表现了他过人的才华，加上那潇洒传神的书法，使嘉庆皇帝龙颜大悦，点头赞许，即称宋湘为"岭南第一才子"。

"贡元堂"位于五华县玉水村村北的村中祖屋。贡元堂乃因有两位清朝贡元而出名。贡元堂为堂横式建筑，屋前左右各有楣杆夹，已是斑驳迷离，斗门及中堂高悬清朝光绪四年（1878）及十八年（1892）、嘉应州官题赐之"贡元"牌匾各一块，均为浮雕细刻，红底金字，十分醒目。①

走进客家区域，功名匾额几乎村村可见，上到钦赐"状元及第"，下到普通人家的"秀才"府。这些匾额涵盖了封建社会教育的所有层次，从匾额中能解读出梅州客家区域崇文重教的厚重传统与辉煌成就，探寻传统教育教学评价方法及科举制成功的秘密，鉴赏精湛的书法篆刻，感受社会—学校—家族—家庭四位一体的教育机制的魅力，是不可多得的宝贵财富。

---

① 何日胜．盐道古镇玉水村［EB/OL］．http：//www.meizhou.cn/news/0910/16/09101600100.html.

三、客家区域教学物质文化的保护与传承

客家区域教学物质文化是客家区域人才辈出、教育发展的重要标志。现存的客家区域教学物质文化既是封建社会客家区域教学发展风貌的客观再现与历史记载，也是传统文化促进教学发展的智慧及策略的高度浓缩。通过考察与解读客家区域教学物质文化，我们看到了昔日客家区域教学文化的繁荣景象，与教学精神文化、教学行为文化、教学制度文化等有机结合形成了一个良好的生态系统。明确客家区域人才辈出的社会根源，对于我们今天如何进行教学改革、建立长效的教学激励机制、提高教育质量具有借鉴意义。

（一）客家区域教学物质文化是区域教学文化的重要组成部分，是推动教学发展的重要因素

教学物质文化是教学文化的重要组成部分。教学文化是由教学精神文化、教学制度文化、教学行为文化与教学物质文化等多种因素组成的整体，不同因子具有不同的作用。客家区域教学文化在重视教学精神文化、教学制度文化、教学行为文化建设的基础上，也特别重视区域教学物质文化建设，形成了教育家纪念馆、状元桥、探花书院、父子进士牌坊、科举考生功名牌匾等一系列景观，产生了强大的教育教学推动力，取得了显著的教学效果。重视区域教学物质文化建设是客家区域教学发展的原因之一。这一事实充分说明教学物质文化建设对于教育教学发展具有极大的促进作用。

（二）反映了封建社会客家区域对教育高度重视的客观现实

客家区域教学文化向我们展示了我国封建社会对教育的高度重视。钦赐"状元及第"、进士匾额，授予"岭南第一才子"等教学事件，是封建社会国家最高统治者——皇帝对教育的关心，尊重人才的体现；状元桥、父子进士牌坊、教育家纪念馆的出现，说明了各县区、各村当地政府对教育的重视及采取的激励策略；各家竖立石楣杆、悬挂功名匾额，说明了各个家庭对子女教育的高度重视。由此我们可以得出，我国封建社会客家区域把教育放在社会发展的头等重要地位，十分重视人才的培养。建立了社会—学校—家族—家庭四位一体的教育机制，形成了一个上到最高统治者皇帝，中到各级官员、各个家族，下到各个平民百姓家庭，全社会都重视教育的立体网络。在这里我们不仅真正感受到了古人所说的"建国君民，教学为先"的重要性及价值，同时还体会到了"客家千载家家重教，梅州

万里人人尊师"的优良传统。

（三）教育可以在落后地区优先发展

贫穷并不可怕，因为教育文化建设具有极大的社会生产力量。梅州土瘠民贫，"男读女耕"以维系生计，实是时势使然。恰如宋人所言："梅人无植产，恃以为生者，惟读书一事耳。"① 客家俗语则称："子弟不读书，好比没眼珠。"为此，才有著名诗人冼玉清"学舍最多文教盛，满城儿女挟书囊"这句赞美客家人兴学办学之风的诗句。客家区域教学文化盛行及区域教学发展的事实再一次证实了"穷则思变""教育改变命运，知识创造财富"，教育可以在落后地区优先发展的观点。

综而概之，客家人不畏区域经济落后、高度重视教育、加强物质教学文化建设等举措是客家区域教育教学获得大力发展、取得成功的重要历史经验。新中国成立后，梅州市人们政府传承了客家区域重视教育、注重教学物质文化建设的这一优良传统，兴建了客家院士广场，将26名客家籍院士的形象、生平与主要贡献雕刻出来树立在客家广场，让后人瞻仰，这是对传统客家教学物质文化的时代继承，此乃功德千秋之举，值得称赞。但从民国废除科举制以后，家中出了进士在家门前竖立石楣杆的做法与风俗已经不存在了，并且历史上许多家庭树立的石楣杆也因房屋拆迁而被毁掉，或因年代久远失修倒塌等原因，这一教学文化遗产越来越少了。如何保护石楣杆，尤其是保持客家人家庭参与教育教学的积极性，重视子女教育，使传统的石楣杆文化保存下来，这是值得我们深思的问题。

在肯定客家区域教学物质文化具有积极的历史意义的同时，我们也应该认识到，封建社会的教育目的与家庭重视教育的原因主要是培养统治阶级所需要的各级官员，是"学而优则仕"的客观反映，具有强烈的教育功利性与阶级性。在客家人参加科举以来的800多年中，据统计秀才共16 479人、举人共1 783人、进士共283人②，这只是客家总人口中很少一部分人接受教育取得的成就。更多的家庭与儿童，迫于生计被排斥在学校之外，无法接受教育，这与普及义务教育及一切为了儿童的全面发展为基本宗旨的教育现代化是远远不能相比的。

---

① 温昌衍. 客家"山居稻作"文化及其相关文化事象［J］. 华南理工大学学报（社会科学版），2005（3）.

② 梅州市政协文化和文史资料委员会编. 梅州进士录［M］. 梅州市委党史研究室，2012：6.

第七章 客家区域基础教育教学文化的重建实践

有太阳升起的地方，就有客家人创造的奇迹。梅州市被称为"客都"，是客家人聚居集中的区域。这里自古教育普及，人才辈出，其教育发达之水平处于全国之冠。清乾隆年间广东督学的吴鸿称"嘉应之为州也，人文为岭南冠"，其学校密度之大，为国内少见。① 到二十世纪七八十年代，梅州基础教育仍处于整个广东省前列。但进入 21 世纪后，由于区域经济发展制约了教育发展，梅州基础教育的水平滑坡到全省中下水平。如何借深化课程改革和广东省进行教育现代化建设，重建教学文化，振兴发展梅州客家区域教育，这不仅是振兴发展梅州的客观需要，也是落实建设南方教育高地、深化课程改革的需要。教育发展是一个系统工程，是系统内外多种因素综合作用的结果。本章重点就梅州客家区域基础教育教学文化重建问题做一说明。

第一节 梅州客家区域教学文化的生态建构

客家区域教学文化生态化是指以生态学的基本原理与方法，来解决客家区域教学文化发展与"环境"的关系问题，构建优质的区域教学文化生态系统，促进区域教学生态化发展。梅州是客家人之首善，自古崇文重教，教育发达，具有良好的教学文化生态。改革开放后，梅州客家区域教学文化生态恶化，急需生态化建构。

---

① 何尚武．科举制度对区域教育文化的多重影响分析——以客家梅州地区为主要研究对象［J］．龙岩学院学报，2007（5）．

一、梅州客家区域教学文化的生态化建构的重要性与迫切性

我们认为区域教学文化是在一定时期和区域内，师生为了建构新（有意义）的生活方式，用表意符号或象征符号所形成的价值理念、思维模式、教学制度、教学行为及其外在的物质表现的整合体。它具有教学价值导向、环境美化、制度规约、情感激励和道德陶冶作用，是一种重要的教学资源和资本。因而，构建符合教育规律、体现时代特色、具有区域特征的教学文化，是全面深化课程改革、提高教学水平的必然要求与有效途径，对于全面提高教育质量具有重要意义。

（一）梅州客家区域教学文化的生态化建构是全面深化课程改革、落实立德树人根本任务的需要

一是课程改革的深化必然要由面向全国、整体的统一要求逐步向区域化、具体的实践化深入，必然要与当时当地（区域）的特殊文化环境结合起来。客家区域要全面深化课程改革、落实立德树人的根本任务，就必须与客家精神、客家文化资源密切结合，才能最终完成。

二是为把党的十八大和十八届三中全会关于立德树人的要求落到实处。2014 年 3 月教育部印发了《关于全面深化课程改革落实立德树人根本任务的意见》（以下简称《意见》），为我国新时期推进课程教学改革指明了方向。《意见》就深化课程改革指导思想、工作目标、主要任务、推进关键领域和主要环节改革等问题做了明确说明，提出立德树人、培养学生的核心素养是中小学教学改革的根本目的；要努力调整教与学的深层关系，实现由以教为主向以学为主的转变；扩大教师教学自主权，激发教学改革的智慧；突出教学改革的整体推进；强调教学的实践育人等。教学改革与教学文化建设是课程改革深化的重点，是落实立德树人目标的主阵地。我们只有基于文化视野，从深层上唤醒教师的教学文化自觉，彻底转变教学观念，确立新的教学思想，进行教学新文化的重建，才能真正为全面深化课程改革、落实立德树人的根本任务奠定文化基础。

三是区域教学文化建设的缺失。不可否认，近年我国十分重视学校文化研究与建设，使学校面貌有了很大改变，但大都集中在学校制度文化建设、学校活动文化及视觉形象文化等表面文化的研究与建设，学校文化建设的主体和核心课程教学文化的研究与建设却没有得到足够的重视，出现了教学文化建设缺失的现象。正如成尚荣所说："回望学校文化建设的历程，发现还是有疏漏和缺陷的，最大的疏漏和缺陷，就是没有把课程教学放到学校文化建设的重要位置上去。""文化不是一个'虚概念'，它总要

有个落脚的地方，课程教学是它落脚的最重要的一块基石。"课程教学是学校文化建设的主体，是学校文化建设的核心领域，具有战略意义。① 梅州中小学学校文化的建设也具有同样的疏漏与缺失。因此，进行梅州客家区域教学文化的生态化建构有利于学校文化研究与建设深度建构，将研究与建设直指教育的根本之处和生命发展的源头有利于正本清源。

（二）梅州客家区域教学文化的生态化建构是振兴发展客家基础教育的需要

梅州是世界客都，一千多年来，客家人崇文重教，英才辈出。据《梅州进士录》一书统计，唐宋至明清千年间梅州市共各类进士283名，其中会试殿试产生的正榜进士247名（含寄籍进士8名）、钦赐进士15名、明通进士21名。辛亥革命以来，梅州就产生了30名中国两院院士、340名大学校长②、473名将军。这说明了梅州具有优质的传统教学文化生态与资源。1925年，周恩来第二次东征到梅州时曾说："梅县教育之发达，恐匪特为粤省各处县城，如县立师范、东山中学、县立中学、学艺中学。办理颇有精神，其余各校成绩亦佳，教育尤为普及，即至贫之家，亦令其子弟入学。"这说明近代梅州教育发展水平在岭南依然位于前列。

据对2015年广东各市高考成绩的统计，在广东21座城市中，从第一批重点本科入围率来看，梅州市低于全省9.56%的平均水平，排名居中靠后位置。深圳、广州、佛山、中山、珠海、东莞珠三角六市的重本率均达17%以上，其中深圳以20.1%居全省第一。本科入围率方面，中山、佛山、广州（深圳未公布）以超过60%的入围率组成第一梯队；东莞、珠海以超过50%组成第二梯队；江门、惠州、汕头以超过40%组成第三梯队；潮州、揭阳、韶关、清远、梅州、茂名、肇庆、云浮以超过30%组成第四梯队；湛江、阳江、汕尾、河源入围率仅两成多。

在粤东西北12市中，汕头重本率达12.05%，位列全省第七，是粤东西北唯一一个重本率超过全省平均水平的地级市；潮州重本率9.4%，揭阳7.97%，云浮、河源、汕尾均低于5%，梅州市以6.46%排名粤东西北第六。在本科入围率方面，粤东西北12市中汕头最高，达43.42%；潮州

---

① 成尚荣. 学校文化呼唤"深度建构"［J］. 人民教育，2011（20）.

② 孕育了30名院士、340名大学校长的梅州，是如何成为粤东西北地区首个教育强市的？［EB/OL］. http：//mp. weixin. qq. com/s？＿＿biz＝MjM5MzI4ODUzNg＝＝&mid＝401746184&idx＝2&sn＝cff312dbca4f4590d714206525d48c4c&3rd＝MzA3MDU4NTYzMw＝＝&scene＝6#rd.

39.5%、揭阳 38.71%、河源 25.78%、汕尾 22.34%，梅州市本科入围率为 32.51%，在粤东西北排名第八。①

从这组数字看，梅州客家区域教育质量的排名不仅在全省位于中游水平，而且在粤东西北地区排名也靠后，历史上崇文重教的优势消失了。这说明近年来，在市场经济浪潮的冲击下，大批优质师资流动到珠三角地区，打破了客家地区原有的优质教育生态平衡，梅州基础教育的发展变得滞后。这与昔日客家教育位于"岭南之冠"的地位相比，差距甚大。我们不否认，恢复客家地区原有的优质教育生态是一项巨大的系统工程，涉及许多因素。但教学文化建设是教育文化的主体，它有利于将潜在的教学文化资源转化为现实的教学文化资本，在教育发展中具有重要地位。因此，在新的时代条件下，要振兴发展梅州教育，就必须把传统优质教学文化资源转变为教育发展的动力与活力，重建新的区域教学文化。

（三）区域教学文化的生态化建构是促进教师专业发展的需要

教学文化是教师专业发展赖以生存的文化生态环境，它对每位追求专业发展的教师所产生的影响是不容忽视的。它渗透于教师的日常教育教学工作之中，潜移默化地影响着教师的信念、价值观和对教学工作的态度。教师文化的类型与教师的专业化程度二者在教师职业发展历程中相互促进、相互制约、共同发展。其关系在动态上表现为适应中的共同发展，在静态上表现为制约中的相互促进。专业化的教师文化的形成需要在教师职业专业化的实践进程中，由全社会配合教师群体共同加以培育、生成。

教学文化作为教师专业发展建设的一个新视野，更关注教学行为背后的信念与价值观。不同的教学文化形成了不同的"优秀教师"标准，教师专业成长的过程会深深打上教学文化的印痕。② 客家传统区域教学文化主要是以在传统应试教育背景下产生的师生"满堂灌""填鸭式"的价值体系和记忆教学行为为基础，形成的"传递性区域教学文化"或"控制性区域教学文化"。客家现代区域教学文化主要指新课程所倡导的充分调动学生学习的积极性和主动性，让学生自主探究、自我发展的价值体系和问题思维教学行为，即"探究性区域教学文化"或"生成性区域教学文化"。这是在教学观念、教学行为及教学制度上均有本质区别的两种教学文化形

① 王伟正. 广东高考哪家强？粤东西北汕头独秀［N］. 南方农民报，2015 - 08 - 04（4）.

② 陈芳. 教学文化与新教师专业发展——中美两国的个案比较研究［D］. 南京：南京师范大学，2009.

态。客家区域中小学教师要想适应新课程的基本要求，全面深化课程改革，就必须不断提高自身素质，建构现代区域教学文化。

（四）梅州客家区域教学文化的生态化建构是对目前教学文化建设弊端的矫枉

梅州客家区域教学文化建设，除了上述普遍具有缺失的现象外，目前还存在许多问题，如教学文化的功利性强，为了应试而教，忽视对学生生命的关注；教学方法落后，以"传递性区域教学文化"或"控制性区域教学文化"为主，自主探究与生成性不足，还没有从传统的"师本教学"转变为"学本教学"；教师主体性不强，教学创新意识缺乏；教学制度文化以"权"为本盛行（表现为常规管理僵硬、数字管理流行），具有"非人化"的弊端；教学评价单一，个性化教学缺失等。这些问题的存在是制约客家区域教育教学发展和全面深化课程改革，落实立德树人根本任务的深层原因，急需我们进行教学文化的重建。

二、梅州客家区域教学文化生态建构的基本策略

梅州客家区域教学文化的形成与发展不仅受教学精神文化、教学制度文化、教学行为文化和教学物质文化等自身因素的制约，还受到各种外部因素的制约。因此，进行客家区域教学文化的重建工作是一项系统工程，不仅需要正确的指导思想和科学方法，而且还需要学校、教师、学生、家庭及区域社会各部门的共同参与，形成建设合力，才能最终完成。

（一）正确认识梅州客家区域教学文化建设的意义是前提

其一，要充分认识客家区域教学文化生态化建构对于振兴发展梅州区域教育的意义与价值，是唤醒客家区域社会、各学校、全体教育工作者与学生进行教学文化建设的自觉性与积极性，形成区域教学文化建设新局面的前提。我们必须清醒地认识到客家区域教学文化生态化建构，是客家基础教育全面深化课程改革、落实立德树人根本任务的重要举措，是客家区域教育走内涵式发展道路、实现教育现代化、促进教师专业发展、提高教学文化自觉的必然要求，对全面提高教育质量具有重要意义。要认识到文化建设是强校育人不可或缺的宝贵资源与有效途径，不是可有可无的装饰品。把建设与营造良好的教学文化任务摆到学校教育教学的日常工作之中，使全社会、学校与师生能够具有正确的教学价值观、教学信念和有效的教学行为，让学校、家庭及公众场合具有美好的教学物质文化环境。

其二，要正确认识区域教学文化建设的目标和要求。区域教学文化建

设不是盲目的，它有自己的目标和要求。目标解决是区域教学文化要达到的最终结果，其要求是对区域教学文化建设所提出的具体事项或条件。各县区、各学校由于自身办学条件与发展历程不同，建设的目标与要求也是不同的。如蕉岭县人民小学以生本教育为基础，如何建构生本教学文化是其建设的目标与要求；兴宁市第一实验中学是一所百年老校，如何发挥其百年老校传统教学文化的优势，把过去的记忆性教学文化建设成现代生成性教学文化是其建设的目标与要求。只有首先明确了这两点，区域教学文化建设才能做到有的放矢和有条不紊。

其三，要正确认识区域教学文化建设的矛盾。区域教学文化建设的过程是一个充满矛盾的过程，这是由区域教学文化建设的阶段性和复杂性决定的。在阶段性上，不同阶段的主要矛盾不同，比如最初阶段的主要矛盾是新教学精神文化的确立与旧教学精神文化的矛盾，最后阶段则是新旧教学行为文化互换及新教学价值与信念内化的矛盾；在复杂性上，区域教学文化涉的因素众多，各个因素之间都存在着不同的矛盾，即教学精神文化、教学制度文化、教学行为文化和教学物质文化的各个因素之间都存在不同的矛盾，教学文化自身因素与外部各因素之间也存在许多矛盾。只有对区域教学文化建设中的主要矛盾、矛盾的主要方面及其表现形式有了清醒和科学的认识，才能正确把握矛盾和最终解决矛盾。

（二）树立文化生态化观念是梅州客家区域教学文化建构的基础

生态化本意是将生态学原则渗透到人类的全部活动范围中，用人和自然协调发展的观点去思考和认识问题，并有可能性地最优地处理人和自然的关系。这里是指以生态学的基本原理与方法，来解决区域教学文化发展与"环境"的关系问题，构建优质的区域教学文化生态系统，促进区域教学生态化发展。区域教学文化发展是一种文化生态因子与文化生态环境之间交互平衡的系统生态现象，它具有以下含义：

区域教学文化是一个教学文化生态系统。我们认为，区域教学文化是一个由内外因素组成的生态系统：就其自身而言，它由教学精神文化、教学制度文化、教学行为文化和教学物质文化等因子组成内部系统，而在外部它又与社会文化、师生主体文化、教育政策文化、教学理论文化等密切相连，形成了一个内外交织的复杂的大系统。这个系统是由学校、社区及家庭主动为师生搭建，并逐步优化（办人民满意的学校其实质是办人民满意的优质学校文化）；它强调系统中各因子之间的相互关系、相互作用。区域教学文化生态平衡强调系统中各因子之间通过能量流动、物质循环和

信息传递，以达到高度适应、协调和统一的状态。教学文化生态平衡是衡量生态系统健康与否的重要指标，当生态系统结构遭到破坏，功能受阻，整个系统受到严重伤害乃至崩溃，此即生态平衡失调，生态系统严重失衡必然导致教学文化生态危机。① 生态系统发展的基本方式是各生态因子之间的相互联系、动态相处及共生发展。

区域教学文化发展是区域教学文化生态系统的各因子的主动发展。教学文化的所有主体是构成生态系统的各因子。无论是教师、学生、教学管理者、家庭成员还是社会其他人士，都应该具有教学文化自觉，发挥自主能动性，为建立优良的区域教学文化做出贡献。

区域教学文化发展是区域教学文化生态系统的共生发展。区域教学文化发展不是教学文化自身孤立发展的过程，而是由一个复杂动态的生态系统组成的。教学文化发展与其所处的生态系统（尤其是外部文化生态系统）是积极互动的平衡关系，并在平衡中系统各因子均获得一致的发展。

区域教学文化发展是区域教学文化整体发展的过程。区域教学文化是教学文化系统整体与内外部文化环境积极地发生交互作用的统一体，是区域教学文化发展整体性的特征。我们必须以动态的整体观来思考与处理区域教学文化发展问题，除了注重区域教学精神文化、行为文化的发展外，更要注重区域教学文化的制度文化和物质文化的建设与发展，克服在教学文化实践中的短板行为。要么只重视教学物质文化建设，如把学校教室当作宾馆一样进行豪华建设；要么只重视教学制度文化建设，如有的学校将教学制度汇集成册，却忽视其他各方面的建设，使僵死的制度束缚了教学文化发展的活力等，都无法促进区域教学文化健康发展。

（三）建立具有梅州客家特色区域教学文化建设的运行机制是重点

梅州客家区域教学文化的建设过程，实质上就是新教学文化如何顺利运行，将静态的教学文化资源变成动态的教学文化资本的问题。要实现新教学文化的顺利运行，使教学文化资源转换成教学文化资本，运行机制建设是重点。由于教学文化是由教学精神文化、教学行为文化、教学制度文化、教学物质文化四个基本要素组成的有机体，要形成梅州区域教学文化发展高效的运行机制，就必须考虑制约教学文化发展的各种因素，使其产生生态平衡。为此，我们提出"教学精神内化创新机制—教学制度的主体

---

① 范国睿.教育生态学［M］.北京：人民教育出版社，2000：297－298.

高效机制—教学行为的技术优化机制—教学物质文化的美化机制"四维统一的建设路径。同时，要坚持客家区域教学文化特色，做到与传统优秀教学文化相结合；坚持改革开放，做到与不同区域教学文化的交流融合相结合。

其一，创立区域教学精神文化内化创新机制。只有强大的精神文化才能产生坚定的行为。在教学文化建设中，教学价值认同和精神内化机制是核心。倘若新教学精神文化所倡导的价值观和实质精神得不到教师的认同，在实践中就不可能得到完全落实，甚至遭到抵制，就不能变成坚定的教学信念。教学思想的创新机制是其他一切教学文化的源泉，文化的本质在于创新。教师践行教学文化的过程不仅仅是对某种教学文化的忠实履行，更是一个创生的过程，新教学文化就是在教师不断创生与认同中才逐步确立的。唯有师生大胆创新，才有可能在已有教学文化（教学主流）的基础上，产生丰富多彩的教学之派与新的学习方法。

其二，建设区域教学制度文化的主体高效机制。区域教学制度文化是区域教学文化运行的保障机制，激发区域教学文化行为的主体高效性、实现"制度先行"是教学制度文化的本质属性。① 一是要通过制度建设产生实施新教学文化的强大动力。"制度先行"必须做到以专业实践为基础，具有以教学发展为生命的内生性与人文性为取向的特征。只有这种制度，在实践上才能具有激励和竞争驱动作用，才能调动教师践行新教学文化的积极性和主动性，增强教师践行新教学文化的自觉性。二是确保教学文化建设的可持续。制度是根据教学价值及教学文化主体的需要而人为制定的，对教学文化建设具有强有力的推动与保护作用。一种新的教学文化在推行之初往往与已有教学文化有矛盾，需要克服甚至否定师生长期形成的教学行为与习惯，这时新教学文化要想顺利推行，只有依靠制度作为保障强行推动。新课程教学文化的推行就是依靠政府制定的基础教育课程改革制度强行实施的。梅江区鸿都小学是生本教学的典型学校，他们为了形成生本新教学文化，一开始便从管理、教学、教师培训、教学评价等方面制定了一整套制度来推动。同时，教学文化建设形成成果也不是一朝一夕的事情，常常是一个区域教育者长时间积累的结果。如果没有制度作为强有力的保证，许多文化得不到保护，就会毁于一旦。

其三，形成区域教学行为文化的技术优化机制。教学行为文化是一个

229

---

① 李志超. 教学文化建设中的观念冲突与制度反思 [J]. 课程·教材·教法, 2015（4）.

教学精神文化及制度文化的实现过程，必须有自己的实现机制。其实现机制的本质就是教学活动中教师和学生的活动如何顺利进行的问题。实现机制是展现新教学文化具体操作层面的事，是新教学文化落实的核心环节与关键一步，可以说是新教学文化实现的生命。相同的精神与制度可以产生不同的行为，如以贯彻学本教学精神为例，有的可能采取"先学后教"（如尝试教学法文化）的教学行为，有的则可能采取"先教后学""边教边学"（对于低年级学生）的教学行为。这样，在推行新教学行为时，需要我们对各种教学行为进行优化，使其沉淀为教学习惯。

其四，打造区域教学物质文化的美化机制。教学物质文化是教学文化顺利运行的技术手段和外在形态。没有强有力的技术手段和外在形态作为保障，教学文化的运行是无法落到实处的。一是在教学技术手段文化建设方面要加大教育技术信息化程度，建立适应"互联网＋"时代的教学新文化，突出体现信息化；二是要把美的灵魂与艺术贯穿在教学物质文化建设始终，让师生视觉、听觉、触觉所涉及的教学物质条件都能产生美的感受，催生美的感动。

上述四种机制只有相互联系、相互制约，形成一个有机整体，才能发挥最大功能。

坚持客家区域教学文化特色，就是要用历史发展的观点，尊重与保护客家人历史上遗留下来的教学文化与习惯。如客家人崇文重教的价值信念、教学馆匾文化、石楣杆等具有合理成分的传统教学文化，应该作为区域教学文化遗产给予保护起来，让客家后人能够从自己先祖留下的教学文化遗产中，获得如何进行教学文化建设的启迪，建设具有区域特色的本土的教学文化。同时，要努力采取多种措施将传统的教学文化资源转变为文化资本，增加教学价值在育人中的时间长度，培育更多国家所需要的两院院士、大学校长等高端杰出人才。坚持改革开放，就是要通过与其他区域教学文化的交流学习，不断吸收其他区域教学文化的先进成分，从而为客家区域教学文化改革发展提供有益的借鉴与参考。

（四）形成新教学文化所要求的教师信念是关键

这是由教师在教学文化变革中的地位以及教师信念对教师发展的重要性决定的。区域教学文化的变革涉及许多因素与不同主体，其中最重要的因素与主体就是教师。教师是具体教学文化的操作者、体现者和实现者，教育变革的成败最终取决于教师的所思所为。教师信念是指教师对有关教与学现象的某种理论、观点和见解的判断，它影响着教育实践和学生的身

230

心发展。^① 它是教育场景中应该坚守的基本教育观念、教育的思想和教育的理想，是教师的教学文化行为的动力之源与精神支柱。^② 如果教师不能形成对新教学文化的坚定信念，即使他会采用某种教学手段，会做出某种教学行为，具有很强的教学能力，他也不能真正去展现新教学文化，因为他的所作所为完全是在迎合着某种外在需要或服从着某种外在强制力。这样就不能表现教学文化的本质与灵魂，缺乏文化的生命与灵气。由于教学信念呈现的隐性化及形成的艰难性，师生教学信念危机是当今教学精神文化建设中最普遍、最突出的问题。

为此，我们首先要把培养教师的教学文化信念作为教师专业发展的核心素养，纳入教师教育课程体系，通过提升教师文化意识和素质、增强教学文化自觉、坚守教育思想和理想等方式来培养教师的教学文化信念。其次，要根据新时代培养学生核心素养的新要求，树立新的客家区域教学信念。客家区域传统教学文化从唐宋以来由于长期受科举制度的影响，形成了以传递性文化为主的教学文化。关爱赏识、团结合作、敢于领先及"学而优则仕"是教师的核心信念，它既有促进梅州区域教育现代化发展的积极因素，也有制约梅州区域教育现代化发展的不利因素，需要我们辩证地认识与对待。

（五）创建梅州区域教学文化建设共同体，实现均衡发展是保障

梅州区域教学文化能否进行重建取决于教学系统内部各因素，如教学精神文化、教学制度文化、教学行为文化及教学物质文化的建设情况，但与外部因素，如社会因素、教学政策、家庭对教学的参与与支持等也有密切关系。因此，在进行区域教学文化建设时，建设主体必须有生态系统意识，建立教学文化共同体，加强各系统之间的联系，形成建设的合力。由于客家区域自古崇文重教，社会各界及家庭十分重视教育事业，对发展教育具有较强期望与积极性。因而，我们必须大力弘扬这一优良传统文化，调动各方面的主动性。各学校、各学科要以自我为核心联系社会各界力量，组成学校—家庭—社区—其他社会力量（如华侨）等教学文化建设共同体，把客家区域教学文化建设当成本社区、本区域的重大事情来完成。由于客家人海外华侨有几百万人，他们关心梅州社会发展，支持家乡教育

231

---

① 俞国良，辛自强. 教师信念及其对教师培养的意义 [J]. 教育研究，2000（5）.
② 郭元祥. 教师文化（17）——教师的信念 [EB/OL]. http://www.360doc.com/content/07/0521/09/9787_512174.shtml.

事业且慷慨捐助，如田家炳先生、曾宪梓先生、何侨生先生等，是梅州客家区域教学文化难得的社会因素之一，需要我们珍惜与发挥他们的力量。客家人具有很强的"家族"观念，利用家族及祠堂文化也是教学文化建设共同体时应该注意的力量。

探索区域教学文化一体化，实现基础教育的均衡发展。目前，各县区、各学校的教学发展水平具有极大差别：有的无论是教学条件、师资水平，还是教学管理、教学效果等，在全市、甚至在全省都具有优势，如东山中学、大埔县张云栽实验小学等；但也有学校教学条件不错（梅州是广东省第一个被评为教育强市的山区市，教学条件已经基本达标），但师资水平、教学管理、教学效果等各方面较差，办学不在同一条水平线上。因此，在进行区域教学文化建设时，必须合理配置优势资源，建立校校联手、强弱合作共同体，让所有儿童都能接受优质教育，使区域教学文化能够均衡发展。

第二节　蕉岭县"区域性教学整体改革推进教育内涵发展"的实践[①]

为了及时准确把握基础教育改革的最新动向，提高嘉应学院教师教育的质量，2012年3月23日考察组带领学校学科教学论教师高级研讨班35名学员对蕉岭区域性教学整体改革推进教育内涵发展进行参观、学习。同年6月6日，嘉应学院从事基础教育改革研究的相关教授、博士共6人第二次来蕉岭县，对全县教学改革的典型学校——城镇中学、徐溪中学、人民小学、友邦小学、新铺小学五所学校进行了参观、调研，听取了这几所学校近几年教学改革经验的介绍，并进入课堂听课五节，深切感受到了教改给这些学校带来的生机和活力，受到许多启示，并为以教育局局长古剑清同志为首的教育局领导敢想敢干会干的求真务实精神所感动。

---

① 本节根据嘉应学院蕉岭区域性教学整体改革推进教育内涵发展考察组于2012年6月10日撰写的考察报告改编。参加第二次考察的成员有：杜德栎教授、范远波教授、苑星海教授、何尚武教授、李悦辉副教授、张恩德博士。本节由杜德栎执笔撰写。

一、蕉岭县基础教育的概况

蕉岭县位于广东省梅州市西北部，毗邻福建，2009 年获称广东省"教育强县"。目前，蕉岭县学前教育、义务教育、高中教育、职业教育、成人教育、社区教育均衡协调发展，形成了完整的大教育体系，呈现出以政府办学为主、多种办学体制并存的教育格局。全县现有广东省"教育强镇"6 个，占全县（8 个镇）的 75%。有普通高中（完中）2 所，1 所为国家级示范性高中、省一级学校，另外 1 所为市一级学校，优质普通高中比例为 100%；初级中学 10 所，完全小学 21 所，九年一贯制学校 4 所，现有 31 所学校已按义务教育学校符合建设部和教育部的规定标准整改，符合率为 88.6%；全县共有幼儿园 21 所，其中公办园 10 所，其余为集体或民办园；全县共有市一级以上幼儿园 3 所，优质幼儿园比例为 14.3%；县电视大学、教师进修学校联校 1 所，县成人文化技术学校、职业技术学校各1 所，2006 年被省教育厅确定为省级骨干职中立项学校。

2003 年以来，该县把课改作为提高教学质量，走内涵式发展道路的核心及教育改革的策略来抓。同时各学校还积极开展地方课程，特别是校本课程和校本教材的研究和开发，形成了一批比较完善的校本课程资料。教育科研的深入开展，促进了教育质量的全面提高。2006 年以来，全县中小学生在各学科竞赛中，屡获国际级、国家级和省级奖励。2008—2009 年，全县中考的总分平均分、及格率、得分率和全科合格率均排在梅州市的前三名。高考也实现连续两年跨越式发展，总体成绩和各项指标继续保持全市前列的优势。2008—2009 年全县本科、专科 A 线、专科 B 线三线入围率以及高考录取率均排在梅州市各县的第一位，创了历史新高；两年来共有5 人次总分居全市前 50 名，4 人次获单科全市第一名，61 人次获单科全市前 50 名。

二、蕉岭区域教学整体改革的主要内容

2009 年以来，蕉岭县教育局在古剑清局长的领导下，提出"区域性整体改革推进教育内涵发展"，把蕉岭县建设成"人才大县，品质教育"的发展战略；立足于人才培养模式的创新，以"生本教育"为理念，把推进教育内涵发展的重点聚焦到"课堂"；创立了四环节导学式教学模式，形成了"以培训为基础、整体推进"的实施策略及"严格制度、机制保障"的县域教学管理。这一系列措施极大地推动了教师的主动发展和学生的自主学习，在周边地区形成较大反响。我们把这一现象暂且称为"蕉岭现

233

象"，其主要内容可以概括为四个环节：确立一个理念——以生为本；突出两个维度——教师发展与学生发展维度，生生合作与师生合作维度；融合三个课堂——教室、学校、社会；探索。即"带着'问题'学—对着'问题'动—在活动中看反馈—在反馈中布置作业"导学模式，采取多种措施促进实施。

（一）"以生为本，自主发展"的教育理念

蕉岭县的教育理念是"以生为本，自主发展"，以县域教学整体改革为动力，走内涵发展之路，把蕉岭县建成全国"人才大县，品质教育"的山区教育示范县。

1. "以生为本，自主发展"的内涵

教育以学生为本。首先承认儿童是天生的学习者，立足于全体学生的全面、主动、持续的发展，去点燃、发动和激扬学生生命的潜能和动力，让学习者乐在其中、幸福成长。其次，要以学生的生长为本，把促进人的成长作为教育发展的根本目的。教师的任务就是要创设情境，使学生在一种原生态的学习状态中进行学习，在简单、开放的教学中给学生更大的发展空间，帮助学生立"根"，促使其尽情成长。最后，要以学生的生动活泼、主动学习为本，树立生动活泼的教学观。儿童的天性是活动的、创造的，因此要充分调动学生的积极性，开发学生的潜能，不提倡把课堂设计成过于严谨的流程图，限制学生的自主发展；要改变传统教育漠视学生生命，学生厌学、厌校，个性受到压制的现状。

2. 落实国家教育方针，培养全面发展的人才

培养全面发展的人才，必须把学校、社会、家庭各方面的教育资源整合起来，构建起完善的"三位一体"教育网络，形成目标一致、功能互补的教育合力，使学校教育能取得最佳的效果。为此，蕉岭县提出了"第三课堂"的教育思想，把学生的教育空间延伸拓展到广阔的社会和自然界，形成以乡土教育和人文教育为载体的"第三课堂"。

（二）蕉岭的课堂特色

1. 县域教学整体改革，推进教学内涵发展

蕉岭县在成功创建"广东省教育强县"后，教学设施设备日臻完善，师资水平不断提升，先进的教育理念日益深入人心，构建"区域性整体推进内涵发展"的外部环境已经基本形成。在这种形势下，适时提出建设"人才大县，品质教育"的发展战略，立足于人才培养模式的创新，以

"生本教育"为基础，把推进教育内涵发展的重点聚焦到"课堂"，围绕课程研究、教师培训、教学活动、社会教育等方面来发展学生、提升教师、成就学校，全面推进蕉岭教育走内涵发展之路，是蕉岭教育发展的必由之路。

2. 以小组合作教学组织形式为基础，探索四环节导学式教学模式，建立合作小组

全县中小学的教室座位由普遍的秧田式座位，变成了面对面围坐的座位安排形式，进而把班级授课组织形式改变为由 4~8 人组成的合作学习。合作学习兴起于西方20世纪末的中小学，它试图将社会学、团体动力学的合作原理用于课堂教学。这种理论认为，在班级中的学生群体有合作的、竞争的、不相关的三种表现形式，只有群体合作的分组结构才能最大限度地发挥不同学生之间相互促进作用的效果。为此，蕉岭县在实践探索过程中，为了克服秧田式座位安排方式中学生厌学、教师厌教、师生互动缺乏的现状，对课堂教学进行大胆改革，以小组合作教学组织形式为基础，形成了四环节导学模式，开创了一个学生组内合作、组间竞赛、师生互动的幸福教育新局面，形成了"以问题为中心，以活动为主线"的高效课堂，具体步骤是："带着'问题'学—对着'问题'动—在活动中看反馈—在反馈中布置作业"。

带着"问题"学，"问题"是指备课与教学活动中的共同要素，主要指知识点、分层设计练习、分层展示、学法指导、小组合作学习等，指课前或课中教师结合教材重难点，集体研究"导学案"，提前下发给学生，让学生进行自学。

对着"问题"动，是教师备课与课堂教学两者结合的过程，"动"是课堂教学活动中师生的活动。对于问题，学生经过讨论，可以诵、讲、唱、读、演、画、辩、赛等多种形式进行展示活动，倡导个性化学习方式和全体参与体验，激发学生对问题的理解、巩固、升华。

在活动中看反馈，在学生的展示中要注重"预习反馈""学中反馈""学后反馈"三个环节，掌握学生的学习动态，及时调整教学策略，改进教学方法，使之更适合学生的实际。这里要关注"潜能生"的学情反馈，通过多种方式帮助他们达到学习的基本要求。

在反馈中布置作业，根据学生的课堂表现，设计和布置适宜不同层次学生的分层作业，培养学生巩固和灵活运用所学知识、发展分析问题和解决问题的能力。

这些教学改革的具体研究均以文件形式收集在《蕉岭县教育教学管理

235

工作指南》中，其对全县每个教师教学有统一的可操作的说明及规范。

（三）以培训为基础，整体推进的实施策略

1. 培训先引，提高教师素质

为了扎实推进"生本教育"模式的新课程改革工作，全县确立了"全员参与，分层培训"的培训方针，将管理人员和教师的培训作为课改的引领保证。一是外引。几年来，该县采取"走出去，请进来"的办法，先后聘请郭思乐等专家前来对教师做专题讲座，积极组织教育管理人员、中小学校长、骨干教师分批赴广州以及山东杜郎口中学、江苏洋思中学等名校观摩学习，提升他们的教学理论水平。二是内培。县教育局专门在各学校的教学骨干中聘请了19位"业务培训专干"，深入各乡镇中小学教学第一线，把生本教育的教学理念精髓及四环节导学式教学模式，通过开展各种形式的教（科）研活动、业务讲座、学术交流等形式贯穿教师的整个教学行为，引领教师更新教学理念。通过培训，进一步提高了教师实施教学改革的水平，为学校扎实开展生本教育奠定了思想基础。

2. 抓住关键，统一实施

为打造原生态、高效的"生本教育"常态课堂，蕉岭县根据规划层层推进，稳步实施，强化校长职责，实施行政推动，着力构建"先学后教""教学合一"的四环节导学式教学模式。一是典型引路。教研员、培训专干和骨干教师开展了"送课下校"的活动，深入基层学校上示范课、研讨课，组织各学校教师观摩研讨，为部分在课堂教学改革中遇到困惑的教师指点迷津，有力地推动课改工作的实施。二是现场推介。县教育局先后组织中小学教师到县人民小学、城镇中学、北礤学校等参加"生本教育"课改现场会，课改中的"小组合作学习""学案导学""四环节"活动式教学、"先学后教、当堂训练"等"生本教育"模式被全县中小学广泛借鉴、学习、应用，增强了各校推进课改工作的信心和决心。三是在全县实行"三推门"督查（局领导推门听课、教研员推门听课、校行政及教师推门听课）与"双下水"制度（教研员、培训专干进课堂上"下水课"制度，校长进课堂上"下水课"制度）。在全县中小学校中强势推进以"三推门"督查为抓手的教学常规评价，尤其是通过组织教研员随机到各学校进行"推门听课"，实地检查课堂教学情况，加强教学常规管理，确保教学改革顺利实施。

（四）制定制度严格，具有机制保障的县域教育管理

1. 有力的行政手段和严格的制度管理

蕉岭县区域教学整体改革是以古剑清局长为核心，教育局统一策划并强行实施的自上而下的举动。全县建立了以教育局领导、教研员、校长、骨干教师为核心的四支专业队伍来指导督查教学改革，实行课改"三推门"督查与"双下水"制度。为了确保教学改革顺利实施，蕉岭县教育局制定了详细的规章制度。教育局先后于 2007 年、2010 年制定下发了《中小学教育教学常规管理手册》与《蕉岭县教育教学管理工作指南》两份管理文件，内容主要包含了"教"的常规、学的常规和管的常规。这两份手册的制定，为全县各学校进行教学改革，落实教育教学常规管理提供了制度保证。

2. 重视过程管理

一是以重在"课题引领，过程奖励"为目标，建立教育教学激励机制。为推进课改工作的顺利实施，有效开展学校教育教学改革的管理和评价，县局重新修订了《蕉岭县教育发展专项课题综合奖励方案》，引导中小学积极开展课堂教学改革的科研。二是以重在"课程引领，自主发展"为目标，实现学生自主管理。三是以重在"专业引领，转型发展"为目标，提升教育教学质量。推行"教研转型，重心下移"的教研战略，教研员要率先垂范，下校蹲点，深入教学第一线，上课、检查和指导学校课改教学和管理工作，为教师、学生和学校服务。校长要树立全面发展和多样化的人才观，全力推进课程改革，做课程改革的引领者。强化局干部的服务意识，构建以课改需求为导向的服务模式，坚持落实调研考核，加强专项教学视导和年度教育教学常规工作检查，对学校实行质量动态监控和阶段达标评估，规范学校管理，优化教师教学行为，促进学生自主发展。

3. 整合三个课堂资源

整合三个课堂的资源，为学生学习提供广阔的学习空间。通过开展学校、家庭与社区共建活动，为家长和学生创造平等沟通的机会，拓宽家庭、社会教育的合力。利用学校布局调整后的闲置校舍，以青年宫为依托，在各镇创办学生培训基地，构建普及、纵向深入的校外教育新网络，形成"课内打基础，课外求发展"的学生课内外协调发展的新模式。

（五）开展反思、教育创新的校本研究

在"生本教育"模式的探索与构建上，县教育局提出"城乡教研一体

237

化"的工作思路。通过建立覆盖城乡的教研共同体，强化城乡教研一体化管理，构架城乡教研互动体系等措施，力促城乡学校教育资源"同质化"。

强化校本教研。有效地开展全县性互动教研、联片教研、网络教研，在城区学校和乡镇学校、中心学校和村小中完善城乡互动、区片联动、校际合作的城乡教育一体化教研模式，采用"校校帮扶"，在教学研究、学校管理等各个层面全面建立以强扶弱、血肉相连的协作关系，让农村中小学教师最大限度地汲取优质教育资源的养分。教师们可以即时即刻地交流教学心得，切实体现城乡学校资源共享、优势互补，有利于加快城乡教育一体化进程。此外县教育局还制定了《蕉岭县关于校本教研工作的规范性要求》《蕉岭县关于教育科研工作的考核办法》等相关文件。

开发校本课程，提高教师的课程开发能力。每个学校结合自身学校的实际情况均编写了校本教材。一些学校的校本教材，如蕉岭县人民小学编写的"恋诗　练字　炼人"学校特色活动的探索与实践，于2010年荣获广东省教育教学成果二等奖。

注重教师反思。为了提高教师从事教学改革与驾驭四环节导学式教学模式的能力，提高教师的研究能力和专业水平，特别强调教师的课后反思，规定课后认真反思，写好课后记（次数不少于总课时的1/2）。

蕉岭区域教学整体改革推进教育内涵发展的经验告诉我们："以生为本，自主发展"的先进教育理念是基础，四环节导学式教学模式是核心，具有鲜明特色，是区别其他经验的重要特点。先进高效的教学模式必须让全体教师运用、转化为教师的教学行为，必须依靠"以培训为基础、整体推进"的实施策略及"严格具体、机制保障"的县域教育管理。教师是实施教学改革最根本的力量，为了让教师掌握先进的教育理念与有效教学模式，就要通过"开展反思、教育创新"的县本研究来提升教师的素质。以上五个方面是互相联系的，组成了一个有机的整体。

三、蕉岭区域教学整体改革特色的思考

（一）关于蕉岭区域教学整体改革推进教育内涵发展特色的思考

1. 以教育局为核心、各学区为基础，进行区域性教学整体改革——参与对象多，改革受益大，管理难度大

近年来，一些学校进行教学改革后推出了不少典型，如洋思中学、杜郎口中学、东庐中学等。但是，全县所有中小学全体参与，大面积进行教学整体改革，初显成效的并不多见。区域教学整体改革比一所学校进行改

革，涉及的因素更多、关系更复杂、管理难度更大，更需要改革者具有坚强的毅力与非凡的智慧。20世纪80年代，曾先后推出汨罗经验、清浦经验等，近几十年这种教学改革的典型鲜有再现。蕉岭区域教学整体改革的再现不仅是大面整体进行教学改革的典型，也是课程改革深化的必然结果。但愿这枝绽放在山区的教改之花能够结出丰硕之果。

2. 立足山区，以课堂教学改革为核心、提高教师素质为基础，推进山区教育内涵发展，破解山区教育的困境

中国农村山区教育与城市教育相比，具有许多不足：办学理念落后、师资水平低、经费不足、办学条件差等。在等同条件下讲发展山区教育似乎永远没有希望。如何在现有基础上实现农村山区教育赶上甚至超越城市教育？蕉岭县立足山区，把课堂教学改革、提高教师素质作为核心，抓住了改革的牛鼻子，破解了山区教育发展的瓶颈，为山区教育发展找到了出路。在这个意义上，我们认为蕉岭县教学改革是山区课程改革的一面旗帜，找到了山区发展教育的优势：山清水秀，空气质量高，这是学生开发大脑、自主学习最宝贵的优质资源。

无数农村学校教学改革成功的经验雄辩说明：教学改革是提高山区教育质量的必由之路，改则活，不改则死。解放学生，将学习的主动权还给学生，把学生的学习天性作为教学的原动力，既是教学改革要解决的根本问题，也是农村山区教师取得成功的制胜法宝。

3. 改革成效显著

在考察中，我们欣喜地看到，许多中小学及广大师生的精神面貌发生了一系列的变化：首先是先进的办学理念深入人心，在所到的学校及学生家长基本接受了生本教育理念；其次是改变了传统教学模式，形成了"先学后教、以学定教"的四环节导学式教学模式，实现了人才培养方式、备课方式、上课方式的转变，这是对延续几千年传统教学模式的挑战与革命；最后是教师的专业素质不断提升。改革最大的变化就是建立了新型的师生关系，学生的生命状态发生了根本性的转变，形成了自主发展的可喜变化。

在理论上，创造了一些新概念，如第三课堂、四环节导学式教学法等，为发展教育理论提供了新的养料与视觉，受到许多专家与参观者的好评。

（二）相关建议

1. 教学模式可以多样化

"以问题为中心，以活动为主线"的四环节导学式教学模式，充分体

现了"先学后教、以学定教"的生本教育理念。但在实施过程中，应该根据不同年龄的学生、不同学科内容而有所区别，教育对象的多样性要求教学模式的多样化。同时，四环节导学式教学模式的具体操作流程也需要在实践中不断完善。

2. 加强学习，提高教师素质仍是重中之重

教师是教学改革的根本力量。要根据改革需要，加强专业培训，继续转变教学观念，提高教师素质，建立有效的反思机制。

3. 取得全社会的支持

教育既是一个民心工程，也是一个系统工程，需要社会方方面面的理解与支持，只有这样才能真正实现教育资源的整合。

总之，上述不足均是改革过程中必然出现的问题，它们的出现为我们今后更好地进行教学改革提供了思考与完善的方向。笔者相信，只要有蕉岭县人民的理解与支持，有政府的正确领导，有校长与广大教师的积极参与和热情工作，全县各中小学发展一定能再上新台阶，蕉岭区域教学整体改革一定能结出丰硕果实，一定能实现"人才大县，品质教育"的目标，成为全国人才培养模式示范县！

第三节　兴宁市第一中学卓越教学文化建设综合实践与探索①

一流学校靠文化，二流学校靠制度，三流学校靠校长。如何用卓越教学文化打造兴宁一中这所百年老校，使其更加充分发挥老校的传统，培育更多卓越人才，这是时代交给新一届兴宁一中领导班子的重任。近年来，学校以卓越教学为理念，以"四不如"教学为抓手，以客家文明为动力进行文化引领，大力推进学校教育教学改革，超越平庸和平凡，取得了显著成绩。

一、树立卓越教学理念，超越平庸

兴宁市第一中学是一所百年老校。学校以现代教育理论为先导，不断

---

① 本节内容由兴宁市第一中学校长张远明撰写。

更新教育观念，确立了"以人为本，塑造高素质的现代人"的办学理念，追求卓越教学，拒绝平庸与平凡，达到出色和更好。在推进普通高中课程改革过程中，学校启动深化课程改革试点基地建设，推动普通高中优质特色发展，大力引进卓越教学模式，加强学法指导，坚持分类分层教学，开展普通高中多样化创新型人才培养实验，大力探索课余自主学习方法，强调"四个卓越"，即过程卓越、方法卓越、目标卓越和课本卓越，从而以自身的努力对全市完全中学、高级中学起到龙头作用和辐射作用，提高全市高中的办学水平和教育质量。

具体来说，卓越教学理念包含有三层基本内容：第一，卓越教学是一种立足于全球化大背景和由这种大背景所孕育的全球新文明——生态文明大视野的教学理念，或者说，它是一种强调以"人—社会—自然"生态系统和谐为前提的教学理念，用生态系统的整体性思维方法来认识解决教育教学系统现象与问题是其基本特征。第二，在对象或者目的上，它是一种关于"人的自由全面发展"的教学理念，或者说，它是一种关于教学共同体即教师与学生共同进步与发展的教学理念。第三，它是一种超越平庸与一般、追求出色与更好的理念，或者说，它就是一种"卓越性"理念。简而言之，卓越教学理念是一种以"人—社会—自然"生态系统的和谐与协调为前提、以教师和学生的共同进步与发展为指向、以超越平庸与一般并达至出色与更好为追求的教学理念。

二、创建"四不如"教学模式，将"以生为本"落到实处

要落实"以人为本，塑造高素质的现代人"的办学理念，促进"人的自由全面发展"，实施卓越教学。在学生层面，就是将学生放在主体位置上，以生为本，要求学生以与教师和同伴共同进步与发展为指向、以超越平庸与一般并达至出色与更好为追求。为此，学校校长张远明在长期的物理教学实践的基础上，于2008年提出创建了"四不如"教学模式，大大激发了学生学习的积极性，将"以生为本"落实到每门课程和每一节课堂，实现了"生生可以成功，事事可以卓越"的教学理想。

"四不如"教学是指在教学中，"会教不如会学，好教不如好学，师动不如生动，师忙不如生忙"。其核心理念就是要变"师本教学"为"学本教学"。

所谓"会教不如会学"，即要求教师在会教的同时，更要注重让学生会学，调动学生学习的主体性和积极性，使学生自己能学，达到既高分又高能，从而超越平庸，实现卓越。事实上，人的知识与能力不完全是依靠

教师教会的，有许多知识与能力主要是由学生自己学会的。

所谓"好教不如好学"，即一方面，从思想上，教师要转变观念，要从方便自己教转化为方便学生学；另一方面，在操作上，教师不能满足于如何教好一堂课，而要提供科学的恰当的方式方法，让学生能很好学、学得好。实际上，学的主体应该是学生，学的效果也是由学生自己去探索。学生掌握了具体的方法，探索出适合自己的"好"方法，也就超越了平庸与平凡，从而实现卓越。

所谓"师动不如生动"，即在教学中要求学生跟着教师的教学内容与活动充分动起来，做到动手、动口、动脑，把主动性发挥出来，把操作技能练出来，把思考的力量发挥出来，从而成为真正高素质、有能力的现代人，达到卓越。

所谓"师忙不如生忙"，即教学中在时间上、学业上、行动上都要让学生主动"忙"起来，即时间要紧张、学业要紧凑、行动要勤紧，要求学生充分利用好各种"时间"——课堂的、课后的、节假日的时间等，忙碌起来，勤学业，做学业，夯实基本知识，提升各种能力，实现全天候、全方位的发展。

兴宁一中以生为本的"四不如"教学模式，浅显易懂，目的意义明确，可操作性很强。其将深奥的生本教育思想简明化、通俗化，用以指导学校的教育教学，从而在理论上提升了学校的层次和品位，必将深远地影响学校办学，为学校更上一层楼提供强大的理论指南。

三、文化引领，全方位追求卓越

卓越教学之目的是追求人的自由全面发展。它是基于生态文明视野而设——一种人与自然、人与社会和谐共生与协调发展的视野而提出来的。尽管"人的自由全面发展"有着无限的空间和可能，但作为卓越教学之目的，它并不是一种不具约束性的追求与发展，而是架构于"人—社会—自然"生态系统的和谐与协调之中。卓越教学就是在"人—社会—自然"生态系统的和谐与协调中，追求"人的自由全面发展"。全面发展，在我们学校的教育教学中表现在"以礼兴校""以智强校""以体健校""以乐美校"等各个方面。在品德教育方面，提出"以礼兴校"，就是大家都能知"礼"、明"礼"、行"礼"，做到以德育为首，培养学生的良好品德，落实立德树人的根本任务；在智育方面，提出"以智强校"，就是以智育为基础，突破传统教学的一般性要求，抓住教育的特殊性，大胆进行教学改革，提升教学的专业水平与学术地位，用卓越的教学理念全面提升教育教学质量；在体育方面，提出"以体健校"，师生全员健身，以强健的体魄和昂扬的精神面貌展示学校风采；在美育方面，提出"以乐美校"，让充满优美风情的客家山歌唱响一中，为每个学生人生发展奠定艺术的底蕴，提升学校人文素养。

（一）"以礼兴校"，在人的自由全面发展中，做到知"礼"、明"礼"、行"礼"，养成卓越品格

兴宁市第一中学以国学经典和客家精神为载体，以现代礼仪教育为主线，致力于用儒家经典文化和现代礼仪文化影响每个人，弘扬我们伟大的民族精神。该校以"学礼、明礼、知礼、乐礼、行礼、达礼"为中心，努力培养具有中国礼仪和世界眼光的现代人，把礼仪教育作为文化传承的重要阵地。

如何让"礼"的教育在校园里广泛推行，让"礼"的美德在师生心中得以生长，让"礼"的品行在师生身上充分展现？学校在追"礼"于源、深挖"礼"根、存"礼"于心、以"礼"育人等活动基础上，大力营造浓厚的"礼"文化氛围，使师生时时处处受到熏陶，受到感染和激励，实现卓越。

1. 以校园环境建设为途径，构建校园礼仪文化

环境文化既是校园文化的物质载体，又是校园文化的重要表现形式。兴宁市第一中学在校园的醒目处，比如宣传栏上、走廊旁、草坪边，科学设计标识出一些浓缩的体现"礼"文化教育的核心理念，诸如"不学礼，无以立""人无礼不生，事无礼不成，国家无礼不宁"等标语，建设"礼"文化宣传栏，让充满生机的校园里处处洋溢着"礼"文化的浓厚氛围；兴宁市第一中学还利用团委的广播台，学生会的《一中学生会报》、语文组的《激浪》校刊等阵地，制造声势，宣传文明礼仪。

2. 以课堂为基础，创建具有鲜明特色的班级礼仪文化

我们特别注重将客家元素注入课堂中。课堂上，教师或带领学生感受客家围龙文化，或是追寻宋湘、黄遵宪、叶剑英等客家文化名人，或是学唱、创作客家山歌。同时，在课堂教学的过程中，讲授礼仪的知识，倡导礼仪的观念，传播礼仪的文化。

我们还积极开设校本课程，使之成为贯彻礼仪文化又一主要形式。我们组织教师编订《兴宁市第一中学文明礼仪手册》，以此为依据，专门开展文明礼仪、行为规范养成教育活动，成立了文明礼仪教育领导小组，让学校领导亲自抓学生的文明礼仪教育，让每一个学生都做到文明懂礼。

3. 以开展多维活动为载体，感受礼仪文化的魅力

学生在校统一穿青春简练的校服，剪端庄大方的发型，让学生明白自己的形象代表着学校的形象；高一新生入学时参加"文明与意志"的军训，让学生在意志磨炼中形成文明礼仪意识；每周一组织升旗仪式，齐唱国歌，激发学生对伟大祖国的崇敬之情。

兴宁市第一中学还成立文明礼仪队和学雷锋志愿者活动小组。文明礼仪队的行礼活动已经成为展示兴宁一中礼仪成果的一个窗口。每天早上7：15—7：25和下午2：15—2：25，学校三个年级的教学楼楼梯入口处，都有英姿飒爽的学子英武整齐地列队两旁为辛勤的园丁道礼："老师好！"

兴宁市第一中学还积极开展"爱与和谐心连心""国学经典在我心中""成人礼"等活动，以及利用班会、校会多样化的形式，不断强化对文明礼仪的认识。学校不定期开展中华经典诵读活动，在诵读活动中，把经典诵读与学生的行为规范相结合，以国学经典矫正学生的行为习惯；把诵读活动与校园文化建设有机整合，形成富有学校特色、实现常态化的传统文化教育机制。

兴宁市第一中学还开展教师的礼仪活动。学校把培养教师的知礼、行礼等意识和行为作为开展礼仪文化教育的基本着力点，在教师中开展了相应的活动，让教师做学生的表率，既全面提升了教师的师德水平，又促进了礼仪文化教育的有效实施。

4. 建立量化管理制度，将日常行为礼仪纳入量化管理

学校建立《学生综合素质量化考核实施细则》，从一日常规、风纪仪表、公物爱护、集体活动、守纪情况、学习成绩、竞赛获奖、做好人好事等方面，对学生日常行为礼仪进行量化管理，通过奖扣分的量化，使学生遵规爱校，具备明礼识礼、拼搏进取的精神，做一个出色乃至更好的一中人。如一日常规，含早操、晨读、上课、作业、课间一歌、晚读、晚修、内宿作息八个子项，每个子项都有具体的行为规范要求，如早操、晨读必须参加，早读不能迟到等，违反则要扣分；而对于好人好事、学业进步等，则相应加分。通过这些一日常规的规范引导，学生普遍能养成守时守纪、当天作业当天认真完成、遵守宿舍纪律等良好习惯，向社会展示了一中人的良好风貌。

（二）"以智强校"，将客家元素注入学科的教学文化活动

1. 大力挖掘"客家人"精神，以"客家人"精神引领学习

客家先民来自中原，多是衣冠望族的后裔，南迁后居于"百越之地，

蛮荒之域"。为求生存，客家人只能信守"耕读传家"，注重文教，力求让子弟"知书达礼"。在客家社会里，读书成为谋生与发展的基础，科举功名成为客家社会衡量人们价值的重要尺度。在客家地区家喻户晓的童谣，如《蟾蜍罗》《月光光》等，则将"读书为荣"的理念，融进了客家孩童的血脉里，镌刻在一代代客家人的心中。厚重的客家文化孕育了灿若群星的俊贤名士。以此，兴宁市第一中学充分发挥客家优秀儿女的榜样作用，对学生进行成功教育，特别是其拥有两位院士的资源优势，学校经常在学生中开展两位院士事迹的宣传活动，让学生感受到院士良好风范的熏陶。

学校还合理地将客家元素与各学科的教学结合起来，收到了意想不到的效果。客家山歌是客家文化的组成部分，用客家口语文字组词，通俗易懂，生动形象，合韵上口，富有浓厚的客家语言特色和地方色彩，非常适合抒发感情和表达复杂的含义。学校语文、数学、英语、物理、化学等各学科围绕激发学生学习兴趣，组织教师和学生将相关学科中的知识点、学法指导和答题规范用客家山歌的形式表现出来，让学生对这些知识有深刻的理解。

2. 开展课余自主学习、竞赛小组活动和纠错性教学

现代教育理论提倡以学生为中心，强调学生"学"的主动性。教师的作用体现在组织、指导、帮助和促进学生的学习上，充分发挥学生的主动性、积极性和创造性，从而使学生最有效地进行学习，达到最优的教学效果。即使学生有了自主学习的意识，教师也要根据学生实际的兴趣和能力不同，采用灵活多样的教学方法，使学生的自主学习意识转化为学生的实践活动。在自主学习的过程中，学生自己最清楚什么样的学习最能满足自己的需要，最清楚自己想知道什么，也最清楚自己糊涂和不明白的地方。

竞赛小组活动是以学生为主体，合理利用升降级的机制，以进一步激发学生的学习积极性，从而达到共同提高的目的。该活动能发挥群体的积极性功能，提高个体的学习动力和能力达到并完成特定教学任务的目的。

纠错性学习不仅将有利于减轻学生学业负担，提高学习效率；也有利于学生增强分析能力，养成良好的学习习惯，形成诚信、自信、细心、恒心等优秀品质，促进学生的终身学习。学校积极倡导学生建立纠错本，充分发挥纠错本的效用，引导教师不断激发学生纠错热情，明确纠错本的建立与使用方法，倡导学生在交流题集、取长补短等方面下功夫。

（三）"以体健校"，师生全员健身，以强健的体魄和昂扬的精神面貌展示学校风采

建设健康向上的校园体育文化，旨在营造团结活泼、气氛浓厚、健康

245

向上的体育活动环境。学校不断培养学生对体育活动的兴趣，促进参加体育锻炼意识的提高。学校还将单一的运动竞赛转变为融健身、娱乐、竞技、文化活动为一体的综合性体育文化。

1. 加强宣传，不断营造人人参与体育的氛围

公平竞争、团结协作、自强不息、自信不只是体育精神的精髓，它以其特有的魅力与作用对学生的身心健康发展有着强大的潜移默化的影响，更成为校园文化对内、对外展示的窗口。学校通过运用宣传标语、黑板报、广播等宣传媒体，向学生灌输了"更快、更高、更强""团结、友谊、进步""重在参与""公平竞争"等奥林匹克精神。

2. 建设体育文化，提升创建体育特色学校的水平

学校每年举行一次大型运动会，到2015年已经举行了49届。学校体育组还开发了足球、篮球校本课程，适当增加了足球、篮球的教学内容，尽量使教材体现科学性、实效性和趣味性。每学期学校组织开展了形式多样的课外体育活动，如全校性的足球、篮球、羽毛球比赛，年级组的跳绳、拔河、踢毽子比赛等，还有大课间活动中的各班级活动项目等，从而吸引更多的师生主动参加体育活动。学校大力开展阳光体育活动，保证学生每天有一小时的体育锻炼时间，以"每天锻炼一小时，幸福生活一辈子"为引领；认真组织好早操、课间一歌、眼保健操和课外长跑活动，精心培养体育专长生；工会和体艺组组织全校教职员工至少参与一项体育运动，每天抽空坚持锻炼。

学校充分发挥团委和学生会的优势，每年定期举办体育文化节。体育文化节逐渐成为校园体育文化的主要形式之一，成为兴宁市第一中学"弘扬体育精神，倡导人文关怀"的窗口，成为广大学子施展个人才华、发挥各自特长的广阔舞台。通过丰富多彩的体育文化活动，在学校范围内营造一种健康文明、团结向上、高雅清新、竞争有序的校园文化氛围。

3. 继续办好足球传统项目学校，让足球成为一中的一张名片

学校从2002年起被广东省体育局、广东省教育厅授予"广东省体育传统项目（足球）学校""全国足球传统项目先进单位""全国群众体育先进集体"等称号。为进一步彰显兴宁一中的足球特色，打造足球品牌项目，提高学生的身体素质和学校运动水平，兴宁一中长期以来将足球作为学校体育龙头项目，树立以足球立特色、以足球创品牌、以足球促发展的工作思路，积极开展形式多样的足球教育活动，培养学生的个性和特长，培养了一批足球国脚，著名的有谢育新、伍文彬、郭亿军、吴伟英等。为了进一步凸显足球特色，兴宁一中还成立了体育特长生招生小组，制定了

足球特长生招生办法，严把进口关，确保将优秀的足球队员招进兴宁一中。

（四）以乐美校，让充满优美风情的客家山歌唱响一中，提升学校人文素养

兴宁一中以艺术教育为依托打造学校品牌，以"多才多艺，做生活的主人"为主题，陶冶学生情操，提高广大学生对艺术美的感受、鉴赏、表现和创造能力。学校充分发挥艺术社团在艺术教育中的作用。艺术社团是学生文艺活动、提高学生艺术素质的重要载体，艺术社团的建立，优化了学生的审美意识，加强了校园精神文明建设，并使学生成为开展课外文艺活动的骨干。各类文艺活动展现了当代学生的精神风貌，使所有在校学生都能直接或间接地参与艺术美的审美体验，以此能够繁荣学校群众艺术生活，吸引与激发全校师生形成积极向上、健康和谐、充满活力的有特色的精神风貌。

充分利用客家资源，让充满优美风情的客家山歌唱响一中，提升素养，美化校园，具体体现在：

（1）寓唱于学。各学科将各自的知识点、学法指导、答题规范等内容编撰成客家山歌歌词，利用课间一歌、班会一歌进行传唱，让优美的山歌放松学生紧绷的心情，激发学生奋勇拼搏的斗志，并从中更轻松地学到、学好知识。

（2）每学期开展"一中好声音"客家山歌大赛，通过比赛弘扬客家特色文化，提升素质。

（3）走出校园，用客家山歌传唱一中，使一中校园文化更具辐射力，在兴宁市乃至梅州市起龙头作用。

四、所取得的成绩与展望

（一）百年名校，英才辈出

学校创办于1906年，历经世纪风云，造就万千英才。学校培养了革命先驱刘光夏、伍晋南；学术俊彦王佛松、汪懋华；教育家、大学校长罗雄才、潘炯华、王越等；军界良将邓逸凡、柳河生；政界要员，原广东省委书记林若，原中共中央委员、广东省省长黄华华；著名球星，原国脚谢育新、吴伟英、郭亿军、蔡锦标、伍文彬、张小文；道德楷模，大型励志电影《孝女彩金》原型彭彩金等。百年的传统和精神，积淀了深厚的文化底蕴，确立了"以人为本，塑造高素质的现代人"的办学理念，形成了兴宁

247

一中"勤奋、求实、团结、进取"的优良校风。

近年来，兴宁一中以"办一流名校，育一流人才"为办学目标，坚持"以人为本，塑造高素质的现代人"的办学理念，坚持"高考重心下移，三年一盘棋"的管理理念，实行部门协调、年级负责、循环教学的管理模式，教育教学质量持续提高。

历年来，兴宁一中高考成绩突出，各批入围人数、入围率均稳居梅州市各县区重点中学第一名。2001 年至 2015 年，兴宁一中共有 20 位学生考进清华大学、北京大学，名列梅州市各县区重点中学第一位，十多年来树起了六座丰碑。2001 年，喜获梅州市理科总分第一、二名；2003 年总分800 分（标准分）以上高分尖子梅州市有 18 人，兴宁一中占 9 人；2009 年，重点本科人数达 449 人，并喜获梅州市文、理科状元；2010 年，戴帼君喜获梅州市文科状元并被北京大学录取，本科人数达到 1 771 人，入围率 79.1%。

2013 年高考，总分尖子突出——梅州市文理科前十名占六名，考取华南理工大学以上 86 人；考取重点本科 410 人，本科 1 864 人。2014 年高考再创新高，高考成绩亮点突出：一是勇夺全省第四名。温馨妮同学以 677 分位居全省文科第四名，被清华大学人文科学实验班录取。二是尖子成群。有 88 人被"985 工程"大学录取；进入梅州市文理科前十名有 7 人，梅州市文理科前五十名有 31 人；梅州市文理科 650 分以上 30 人，兴宁一中有 10 人。三是重本和普通本科上线人数、上线率均创历史最好成绩。2015 年兴宁一中共有 2 481 名考生参加高考，其中重点本科（第一批）上线人数达 497 人，比去年增加 87 人；普通本科（第二批）以上人数首次突破 1 900 大关，达 1 954 人，比去年增加 90 人，上线率达 78.8%；专科（第三批）以上 2 460 人，上线率达 99.15%。各批次上线人数继续稳居梅州市各县（市、区）重点中学之首。四是单科突出。温馨妮以 137 分获梅州市语文科"状元"，语文、英语、文科数学、理科数学、文科综合均获第二名。梅州市单科前五十名共 300 人中，兴宁一中有 100 人。2015 年高考再创辉煌，喜获高质量特大丰收，凸显四大亮点。第一，四金五银：梅州市共 8 个第一，兴宁一中占 4 人次：林展（文科总分 668 分，文科数学141 分）、吴宇凡（理科数学 144 分）、杨凯彬（英语 143 分）。梅州市共 8 个第二，兴宁一中占 5 人次：刘秋君（文科总分 664 分）、彭坤宏（理科总分 681 分）、罗春滢、刘颖（理科数学 141 分）、罗志文（理科综合 285 分）；其中两人被北京大学录取。第二，总尖量大：文、理科总分进入梅州市前十名共 9 人次。文科 4 人：林展（668 分）、刘秋君（664 分）、朱倩倩、钟雯悦（631 分）分别获梅州市第一、二、十名；理科 5 人：彭坤宏（681 分）、杨凯彬（679 分）、吴宇凡（678 分）、罗春滢（677 分）、张新宇（675 分）分别获梅州市第二、三、四、五、六名。第三，首破五百。一本上线人数首破 500 大关，达 570 人（含单考单招 2 人），比去年增加 73 人，增幅 14.7%；应届生重本率 27.00%。第四，全线上升。2015 年兴宁一中共有 2 485 名考生参加高考，其中重点本科（第一批）上线人数达 570 人，普通本科（第二批）以上人数再次突破 1 900 大关，达 1 967人，比去年增加 13 人，上线率达 79.2%；专科以上人数达 2 457 人，入围率达 98.95%，各批次上线人数继续稳居梅州市各县（市、区）重点中学之首。

学校多次被评为"全国先进基层党组织""全国群众体育先进集体""全国足球传统项目先进单位""广东省模范集体""广东省文明单位""广东省普教系统先进单位"等。2014 年 9 月，学校更是荣获"全国教育系统先进集体"光荣称号，这是梅州市教育系统综合性评价中的第一块最高级别奖牌，是含金量很高的国家级奖牌。

（二）今后的发展目标与策略

今后，兴宁一中将以悠久的历史和深厚的文化底蕴为依托，立足学校实际，积极探索，勇于创新，加强校本课程的研究，建立有兴宁一中特色的课程文化和校本课程培训体系。突出学生个性发展，培育学生特长，开展特色教育，走特色化办学之路。加强对外宣传和校际交流，进一步扩大学校的影响力和知名度，使兴宁一中成为粤东基础教育的一张"名片"，成为全国高中教育的一枝新秀。

第四节　蕉岭县人民小学实施生本教学文化的实践与探索[①]

　　蕉岭县人民小学是由原"城北""大成"两间小学于1950年合并而成，1996年12月评为县一级学校，2004年11月通过市一级学校验收。学校现有教学班42个，在校学生2 344人。学校占地面积12 162平方米，建筑面积11 670平方米，绿化覆盖率为66%。校园环境优雅、整洁舒适。学校有一支素质较高、朝气蓬勃、敬业爱岗的教师队伍。现有教职工125人，专任教师121人，教师学历达标100%；近三年来教师获省、市、县奖励的有321人次；在国、省、市、县刊物发表的文章有126篇。近年来，学校以先进的教育理念，正确的办学决策，有效的管理措施及高标准、严要求的工作作风，着力打造五大特色工程：生本教育特色、学会与人相处的德育特色、"恋诗　练字　炼人"特色活动、快乐阅读特色活动和阳光体艺特色活动，取得了令人瞩目的成绩。学校先后获得了"全国红旗大队""全国群众体育先进集体""全国巾帼文明岗""中华诗教先进单位""普及普通话先进单位""广东省实施《国家体育锻炼标准》先进单位""广东省书香校园""广东省德育示范学校""广东省校本培训示范学校""广东省体育特色学校""梅州市师德建设先进集体""梅州市实施雏鹰行动先进集体""蕉岭县德育工作先进单位""蕉岭县法制教育与安全文明工作先进单位"等光荣称号以及"广东省第四届小学语文青年教师阅读教学观摩活动组织奖"；《"恋诗　练字　炼人"学校特色活动的探索与实践》获2014年广东省普教系统教学成果二等奖。

　　学校从2001年9月开始实施生本教育，十几年来，我们从生本教学到生本德育、再到生本管理等全方位践行生本教育理念，打造生本教学文化，取得了丰硕的生本教育成果。本节重点从生本教育理念、生本课堂模式和学生自主管理这几个方面来诠释"生本文化"的精髓。

---

　　① 本节内容由蕉岭县人民小学校长古芹巧校长撰写。

一、生本教育最核心的理念

生本教育最核心的理念是"一切为了学生，高度尊重学生，全面依靠学生"，其教学原则是"先学后教，以学定教"。

生本教育是为学生好学而设计的教育，也是以生命为本的教育，既是一种方式又是一种文化。生本教育是相对于传统的"师本"教育而言的。传统以教师的教为本的教育体系可以定义为师本教育；生本教育则是以学生的学为本的教育理念和教育体系，并在此基础上提出"学生也是学校重要的学习资源"这一全新的教育观点，这个资源包括他们的爱好、情感、性格等，从而提出在课堂上要依靠学生，教师要为学生的"学"而设计"教"的基本理念。生本教育使学生摆脱由教师控制课堂的局面，教师只是作为课堂的组织者、指导者和主持人的角色出现，使学生完全发挥自己的学习潜力。生本教育最主要的形式是注重教学的交流，强调教师尽快地让学生自己活动起来，去获得知识和解决问题。它是一种依靠学生、为学生设计的教育思路和教学方式，而教师"导"的功能是放在设计"先学后教"的过程上。

二、"生本"教学文化的重建

要把生本教育理念变成现实的教学文化，使学生"动"起来、课堂"活"起来、效率"高"起来，就必须进行生本教学文化的重建工作。

近年来，蕉岭县人民小学以满腔的热情、科学的态度对"生本模式"课堂教学进行了不懈的努力和探索，引领全校教师在课改的舞台上扮演角色，在课改的浪潮中不断实践，并结合校情制订了详细的课改方案，坚持以质量求生存、以特色求发展，积极开展新课程的各项实验和推进工作。全体教师在实验中明确了新课程理念，在课改中探索新课程教学模式，在反思中进行理性的提升。课改实施从注重形式向注重内容转变，从感性认识向理性认识转变，给课堂教学带来了新的气氛，课堂活起来了，学生动起来了，效率高起来了。学校现已形成了"以学定教，四步学习法"的"生本模式"课堂教学。正如陆游在《冬夜读书示子聿》中所说"纸上得来终觉浅，绝知此事要躬行"，从最初学习、借鉴别人的经验到形成今天具有特色的课堂教学模式，让"老师闲下来，学生动起来，课堂活起来，成绩提上来"这一目标的实现，已初显课堂变革的乐趣和成效。这里将蕉岭县人民小学聚焦有效课堂，倾心打造"生本"课堂模式的做法介绍如下：

（一）更新观念，形成共识，全面推进"生本"教学模式

生本教育应用于课堂教学，首先就是更新观念，即要更新传统的教学观念，转变教师的角色，让教师从知识的垄断者、传授者释放为学生的指导者、帮助者和参与者。每年的开学初，学校都会组织级、科组长参加"生本教育大家谈"的教学沙龙活动，全面回顾和总结学校上一年生本教育的实施情况。因为是沙龙式的研讨，所以大家都畅所欲言，客观分析总结这一年来生本教学实践的得失，并最终达成了新的共识：生本教育的理念是符合新课程标准要求的，我们必须全面实行以生本理念为指导的"以学定教，四步学习法"课堂教学模式，即"课前个人学—小组合作学—全班交流学—老师点拨学"四步。经过不懈的努力，学校现有的 42 个班级都是采用"生本"教学的课堂模式。各班都组建了学习小组，精心选拔了小组长；课前细心设置了前置性作业；课堂上，小组评价、汇报展示、交流点评等搞得有声有色，学生的个性得到了张扬，学习能力得到了加强。

（二）全面细致地指导和管理老师的常规工作

为更有利地推进"生本"教学模式，学校对教师的备课、教研、上课这四个环节进行了全面细致的指导和管理。

1. 备课

加强了个人备课和集体备课，努力提高广大教师驾驭教材的能力。备课分个人备课和集体备课。学校实行在个人备课的基础上进行集体备课制度，具体要求如下：

在教学前，教师先进行个人初次备课，熟悉教学内容后，把每个知识点的教学策略写在书本上（即注书）。这阶段教学策略包括：①数学科设计课前小研究，语文科设计前置性作业；②预测教学的重难点，准备用什么方法引导学生理解、感悟；③预测学生课堂上会出现哪些问题；④设计基础练习和拓展练习。

集体备课时围绕着以上几点来探讨，由备课人主讲，其他教师结合自己的备课补充发言，最后达成共识。

2. 教研

为保证教研的效果，学校对教研进行严格管理。首先规定教研时间。每周进行两次教研，每周一、二、三下午第三节分别为全校语文、数学、英语三科统一的教研时间，各科组根据年级实际分别设定第二次教研时间并上报学校，学校组织教导处进行不定期的检查。其次明确教研内容。如数学，一是认真研讨好课前小研究。要求教师设计小研究前，先研究学生的知识起点或该知识点在本单元中的位置，然后重在落实"研究"两字，做到简单、根本、开放。二是着重研讨好解决策略。包括汇报的组织形式，学生能够汇报到什么程度，难点应怎样辅助解决。三是详细交流教学情况。比如：学生汇报哪个知识点时，对话怎样精彩；或只能说出哪一点，思维停在哪个地方，教师怎样进行点拨。语文教研时，则要求针对学生的认知特点、教材特点及课标要求精心设计前置性作业，一般由"认字、解词、读文""对课文初步感悟""搜集与课文相关的资料"三大块组成，再重点研讨如何检测学生课前对认字、解词、读文的预习情况，如小组互查、抽号检查等，怎样引导学生品析重点句段，怎样有效地指导学生进行阅读的积累与运用。

3. 上课

首先要求教师课前批改或检查学生完成的前置性作业，用优、良、中进行评价。教师通过批改检查前置性作业，可以掌握学生自学的情况，为课中的有效组织和有效点拨做充分准备。课堂上，要求教师严格按照"以学定教，四步学习法（前置性学习—小组交流—班级汇报—总结巩固）"课堂教学模式进行上课。

例如，数学科一开课，通过简短的谈话，就进入"小组交流"环节。当然有时也会根据教学内容和年级实际创设有趣的教学情境。小组交流时，要求教师参与2~3个小组的交流，了解学生的情况，从中选择汇报的对象。进行"全班交流学"环节时，要求教师认真倾听学生的发言，不轻易打断学生的话，从学生的汇报、补充当中捕捉、生成资源，进行点拨和引导。

语文科则遵循"高度尊重学生""全面依靠学生""以读引读、以读引说、以读引写"等教学理念，从检查预习入手到浓缩理解（主要是对重点句段的感悟和对作者写作方式的认识）到扩大积累。课后除进行必要的基础知识训练巩固外，重在引导学生"以读引读"，要求学生在每天快乐阅读半小时的基础上精选一段话背诵积累下来，实现薄积厚发的目的。同时学校还要求中高年级段的学生达到"以读引写"，目的在于实现阅读积累的运用。

4. 教学完成后，则要求教师对本节课教学情况进行自我反思，写下教学后记

在实施中学校不断摸索和调整，教研组、年级组的教师相互探讨，互相听课、评课，学校领导进行跟踪检查。经过探索，现在蕉岭县人民小学

的全部教师都适应了"四步式"的教学模式，已经开始比较习惯地使用学案对学生予以点拨、释疑，较好地完成了教学任务。学生的学习习惯也逐渐养成，开始能够认真依照前置性作业进行先学，并主动展示，发表自己的见解，在小组间大胆参与讨论、交流。

（三）查找不足，共同提高

在实施"生本模式"教学中，学校注重培养一批骨干教师。学校组织生本班的优秀教师进行公开教学，全体教师参与听、评课活动。学校领导组织教导处加强评课指导，纠正教学模式实施中的偏差和授课中的不足，并加以完善改进，不断推动学校新课堂教学模式的实践工作进一步发展。

（四）展示交流，总结经验

针对教师水平存在差异的现状，学校建立和完善了课堂教学展示制度，定期进行课堂教学展示和交流。在此基础上，推出样板示范课，进一步提升教师的教学能力，提高授课质量，展示交流和纠偏自查，使教师能够按照新课标的理念，更好地组织教学；使学生的学习习惯进一步养成，学习效果进一步提高。

（五）稳步实施，开放课堂

为深入实施"生本模式"的常态课堂，学校要求每位教师开放课堂，实行"推门听课"制度，促使教师在教学实践中不断完善自我。学校还专门制定了各学科的评价标准对教师的常态课堂进行随机评估，力求教师个个达标，学生人人过关，初步实现了"教师闲下来，学生动起来，课堂活起来，成绩提上来"这一新课堂学习目标。

经过十几年的摸索和实践，蕉岭县人民小学的生本课堂教学模式已经取得了阶段性成功，学生自主、合作、探究学习的良好习惯已经形成，学生在学习和交流的过程中积累了自信，课堂教学的有效性大大提高。我们相信，随着课堂教学改革的深入推进，学生的综合能力一定会有更大的提升。

三、打造"生本"管理文化的德育模式

从管理模式上，为了激发学生的积极性，蕉岭县人民小学实施"生本"管理文化的德育模式，形成了"以制度建设为基础、以自主管理为核心，以文化浸染为策略"的学生管理基本框架。学校各个班级在教育活

动、德育培养、身心素质等方面管理和培养都为学生全面的发展创造条件，努力把学生培育成学会做人、学会做事、学会合作、学会学习的孩子，让学生成为真正的管理主体。为达到这个目的，蕉岭县人民小学的做法如下：

第一，全校42个班级都引入了班干部竞争机制，教师不插手班干部的选举，而是让学生采用毛遂自荐和全班公选相结合的方式，让有意竞选班干部的学生上台演讲，然后再让所有学生进行投票来产生班干部。这样产生的班干部合民意、服大众、有代表性，他们管理起班级来得心应手。有些班级则采用了干部轮流制，设立了值周班长，学生轮流坐庄。这些竞选班干部的方法有效地调动了学生的积极性，充分发挥了学生的主人翁意识。如今，各班已培养了一批批敢管、能管、会管的班干部，为教师分担工作，排忧解难。

第二，开展了"集卡争章"，争做"星级少年"的活动。学校结合实际，制订了详细的活动实施方案，并设计了深受学生喜欢的"荣誉卡"以及蓝星、黄星、红星奖章。活动面向全体学生，涉及方方面面的评比，如合作章、学习章、进步章、助人章、环保章等，让每一位学生都有机会获得荣誉卡和星星奖章。学生获得一定张数的荣誉卡即可晋升为"蓝星少年""黄星少年""红星少年"。每位队员都要设立一本"争星记录本"，将自己一学期所获得的荣誉卡、星星奖章认真粘贴于记录本上，每次获得一枚星星奖章，写下自己的感想，期末上交给班主任。学校将根据每个人的"争星记录本"评选"星级少年"。学期末，各队员可根据自己所获得的荣誉卡及星星数量到学校设立的奖品超市自行兑换奖品。各中队将根据学生获卡、获星的数量评选出"星级少年"，由学校进行授奖，并将结果写入学生手册。争章活动的开展，在全校上下掀起了"比、学、赶、帮"的热潮。学生们在充满生机、奋发向上的氛围里感受到了学校生活的快乐，体验到了成功的乐趣，培养了他们的荣誉感，促进学生的全面发展。

第三，为学生的个性展示提供足够多的平台。就"生本文化"而言，它和学生息息相关，它的目的就是让同学们能得到最全面的发展，不仅仅是学业的发展，更重要的是要帮助同学们理解生命，激扬出生命的精彩，让同学们能在学校生活中感悟人生，并能最大限度地获得自身的发展。蕉岭县人民小学实施"以生为本"，那么作为学校主人的同学们就应该激扬出生命的精彩。生命的精彩，表现在平日里就是同学们自信满满的笑容、积极乐观的态度、不畏困难的勇气以及最终取得胜利的喜悦；生命的精彩，表现在课堂上就是活跃的思维、发言时智慧的言语，并最终乐学、勤

学、好学、会学；生命的精彩，表现为同学们在校园生活中所经历的成长。这一种成长是同学们不断克服自身弱点的过程，这一种成长是同学们不断修养自我的过程，这一种成长更是同学们不断完善自我人格的过程。因而为达到这一目的，除了实施生本课堂，让学生激扬其生命的精彩以外，同时学校专门设置了班级文化墙、年级文化墙、学校文化长廊、"三练"展示板、状元桥电视台、校园报等地方。只要是学生自己认为是优秀的作品（如画画、佳作、书法、生活小常识、我的心里话、诗配画等），都可以自己亲手贴上去或投进去，从而把自己最美的一面展现给同学们。这样一来，学生就有了自豪感、成就感，学习的兴趣也就点燃了，素质也得到了全面的提升。

四、实施生本教学文化取得的成就

风雨兼程十九年，春风事业沐蕉阳。十几年的实践证明，山区孩子的发展得到最大化的体现，个性发展得到最充分的满足。同学们在认知上，从不懂到懂，从少知到多知，从不会到会；在情感上，从不感兴趣到感兴趣，从不喜欢到喜欢，从不热爱到热爱。多元思维得以自由展示和碰撞，独特性的学习体验得到尊重，暂时性的学习错误得到宽容，学习个性得以体现和张扬。

学生的学习和生存状态发生了根本的变化。生本课堂"开放"和"温暖"的话语环境，让学生有了更多的表达自由和展示的权利，个性完全释放，课堂生态因子充分活跃起来，实现了（"兵教兵""兵练兵""兵强兵"）自主学习的目的。学生有了随时质疑和争辩的权利，主动探究、大胆假设、积极求证、交流合作、创新生成，课堂上处处是质疑的声音，师生之间、生生之间始终保持对话渠道的畅通。在教师的引领下，学生不断挑战知识和思维的高度。有了自选内容和安排活动的权利，教学内容因学生的个性差异而呈现出不同的样态和层次，打破教师的预设，整个教学过程充满了选择与生成。学生有了偶尔出错的权利，更能在尝试失败之后不断进步；学生有了自我评价和同伴互评的权利，在教师面前、同伴之间随时可以进行评价，学生自评、同伴互评成为课堂交流的一道风景线。学生拥有强烈的求知欲和激昂的上进心，善于思考，敢于质疑，乐于探索，具体表现为：

（一）阅读能力和说话能力得到极大的提升

生本实验教材十分重视阅读的延伸性，坚持以读带读，以读促悟。

"每周快乐阅读两节课，每天读书半小时"的活动，大量增加了学生的读书时间，扩大了学生的阅读信息量，达到教少学多的目的。学生在经过几年的大量阅读后，知识储备量较为丰富，因而时常在课堂上有令人惊喜的厚积薄发之举。生本班的学生在大量阅读以后，他们知识积累多，说起话来口若悬河，头头是道，而且能从多种角度去看问题，彰显了他们的个性。精彩的发言和独特的思维，在生本的课堂上是屡见不鲜的。

（二）写作潜能和思维能力得到激发

"读书破万卷，下笔如有神"，阅读能力与写作能力相辅相成。很多学生怕写作文，谈作文色变，常常为写作文而苦恼。但我们生本班的学生在大量阅读时摄取、储备了很多的写作材料，富有浓厚的写作兴趣，每周一篇作文已经成了全校生本班学生最受欢迎的作业之一。同时，生本课堂主张"无为而为"的原则，给学生尽可能多的自主学习权利，让学生的思维能力得到提高。

（三）与人交往的能力得到加强

一位专家曾说："所有成功的人之所以成功，是因为他的人际关系非常好。"城里的孩子几乎都是独生子女，他们从小娇生惯养，身上普遍存在着任性的特点；他们缺少和伙伴们交往的机会，交往能力相对较差。但是，在生本教育的课堂里，学生的学习、交流、讨论活动，基本上是分小组进行的，天天如此、课课如此。在小组里，每个学生都得到尊重、信任，他们的地位是平等的。他们在交流合作的过程中无拘无束，相互学习、互相帮助，共同体验分享学习的成功与快乐，并合力解决各种难题和问题，与人交往的能力和习惯也慢慢提高了。生本教材的德育积聚的含金量非常高，只要读完了共十二册的语文课本，使人好像回到了自然，返璞归真，人文的感染将学生培养成谦谦君子。

十几年的生本教育的探索与实践，让我们明白了先进的教育理念定能铸就教育的辉煌！如今，随着"生本模式"的纵深推进，生本教育模式和理念已在蕉岭县人民小学深深扎根。放眼蕉岭县人民小学，到处可以看到自信、自强、明理、博学的孩子。今天的"县小人"有理由相信：今天的成就将作为新的起点，在"生本"教育文化里书写更加灿烂的明天！

后 记

　　本书是 2011 年广东省哲学社会科学"十二五"规划项目"客家区域教学文化发展的生态化研究"的主要成果。立项以来，课题组成员与实验学校进行了大量的调研与实践工作，在此基础上形成了本书。需要说明的是，原计划写一本《区域教学文化论》，这相对是比较容易些。但"区域教学文化"一词概念太宽泛，所有与教学有关的问题均可以罗列其中进行思考与研究。为了使研究成果具有针对性与可操作性，特别是如何指导一线师生进行生成性教学文化重建，深化课程改革，将客家区域宝贵的教学文化资源激活为教学文化资本，优化教学文化环境，提高教学育人质量，做到理论研究能接"地气"，后来将全书的主题确定为"客家区域教学文化的生态化研究"，以立足梅州客家区域教学文化的历史发展、特征、主要内容、存在的问题及新教学文化的重建为核心，开展研究。为了达到这个目的，项目组成员牺牲节假日，充分利用工作之余查找资料、进行调研、指导实验学校师生开展工作。几年探索即成烟云，回顾往事历历在目。衷心希望该成果能对振兴发展客家基础教育有所裨益。

　　本书由项目负责人——嘉应学院杜德栎教授与继续教育学院胡梅老师（编写第四章、第五章）合作完成。兴宁市第一中学校长张远明、蕉岭县人民小学校长古芹巧参与部分内容的著述，陕西师范大学张俊列博士、嘉应学院任永泽博士、卢小陶和钟美萍同志参与部分章节资料的收集和整理工作。该项目的顺利实施，得到了嘉应学院科研处、教务处、教师专业发展中心等部门的鼎力支持，得到了曾宪梓中学、兴宁市第一中学、梅江区人民小学、鸿都小学、大埔县虎山中学、大埔县田家炳小学、蕉岭县人民小学等实验学校的密切合作，验证了新教学文化的科学性，为生成性教学文化重建做了大量具体工作。在此深表感谢。

　　在本书的撰写过程中，我们借鉴、参考和引用了国内外的大量研究成果，在此谨对这些成果的著作权人和作者们表示最诚挚的感谢和敬意。同时还要感谢暨南大学出版社杜小陆和陈绪泉先生的辛苦付出。

　　由于作者学识有限，加之研究时间紧张，书中疏漏之处难免，敬请各位专家、教师和学生批评指正。

杜德栎

2017 年 4 月 15 日

259